定罪方法导论

徐世亮 著

上海人民出版社

序　言

　　定罪活动是连接刑法理论与司法实践的桥梁。其不仅关乎法律的精确适用，更直接影响到社会公平正义。《定罪方法导论》作为研究定罪方法的创新性专著，不仅系统地梳理了定罪理论的历史脉络，还创新性地从哲学意义与具体操作层面分析了定罪的方法，并结合当代司法实践中的新问题、新挑战，提出了许多创新性观点和见解，填补了刑法理论体系中有关定罪方法研究的空白。

　　《定罪方法导论》以定罪问题为研究对象，系统而深入地探讨了定罪的概念、作用、原则、方法、根据以及影响定罪的各种因素（如刑事政策、刑法解释等），为读者构建了一个全面、系统的定罪知识体系。罪刑法定原则、刑法谦抑性原则、加强人权司法保障的法律精神贯穿全书始终。例如，在定罪过程中，作者主张坚持全面评价原则、禁止重复评价原则和疑罪从无原则的统一。对于犯罪构成的理论，作者立足立法、司法实践，以"出罪"的价值取向、评价完备性及逻辑自足性为衡量的依据，既肯定了"三阶层"理论的合理性，又指出完全推翻"一元性"四要件犯罪构成理论并不可取，从而创新性地提出具有中国特色的"双阶层"理论。对于影响定罪的刑事政策因素，作者提出要从过分单一地依赖刑法、泛刑罚化的刑事政策向社会综合治理、刑法谦抑、区别对待和刑事一体化等观念转变。书中作者提出的这些成果不仅深化了定罪理论研究，更为刑法学科的持续发展注入了新的活力。

1

　　"刑罚如两刃之剑,用之不得其当,则国家与个人两受其害。"《定罪方法导论》蕴含巨大的实践价值,对于指导司法实践具有极强的现实意义。定罪是司法机关的重要职责之一,正确定罪是树立法治权威、实现刑法惩罚与教育功能的重要保障。同时,定罪方法的科学性和合理性亦直接关系到人权的保障、司法公正和社会稳定。通过严格、公正的定罪程序,可以确保公民不因界限不清的法律条款而受到不公正的处罚,从而建立公众对法律的信仰、对司法的信任。《定罪方法导论》紧密结合司法实践中的具体问题,提出了一系列切实可行的定罪方法,为中国特色社会主义法治建设提供了有力的理论支撑和实践指导。应该看到,这些理论及方法,能够帮助司法机关形成更加缜密的评价体系与逻辑思维。在泛刑罚化的时代背景下,树立更加谦抑与注重人权保障的价值理念,确立准确、高效地识别行为是否构成犯罪以及构成何种犯罪,无疑是必要的。通过明确、具体的定罪标准、程序和方法,并建立相应的出罪机制,以确保适用刑法人人平等。

　　定罪问题涵盖面极广,既包含犯罪构成又包含刑事政策、刑法解释以及刑事审判价值观问题。这些问题每一个都可以单独研究并撰写成书,因此写作难度很大。我是徐世亮法官的博士生导师,在世亮攻读刑法博士学位期间,其曾与我进行过多次深入探讨。最终我们达成共识:定罪问题与相关基础理论的界分在于,定罪问题应更偏重方法论的研究。也就是说,刑法的基础理论如何通过正确的方法运用到定罪中去,这才是定罪问题研究的范畴。长期以来,我国刑法学界的研究基本上都偏重于基础理论,而对方法论的问题重视不够。徐世亮法官的这本专著从这个角度切入,无疑将极大丰富我国刑法理论的研究。

　　定罪问题横跨理论与实践,学界对这个问题的研究总体比较薄弱。我认为,本书作者徐世亮博士以其扎实的理论功底、丰富的司法实践经验与独到的学术视角,为刑法学界贡献了一部不可多得的佳作。其不仅深化了定罪问题的理论研究,有助于推动刑法学科的持续发展,而且有助于指导审判工作,为法治社会建设贡献了法官智慧。对于广大刑法学者、司法工作者以及法律学生来说,这无疑是一本值得深入研读和珍藏的书籍。可以预见的是,《定罪方法导论》的出版必将对刑法学理论研究的发展起到积极的推动作用。当然,定罪问题是一个宏大的问题,本书对很多问题的研究都还有待进一步深化,但是瑕不掩瑜,它仍是一本值得推荐的创新之作,是为序。

刘宪权

2024 年 11 月 5 日

于华东政法大学六三楼办公室

目录 C O N T E N T S

绪论　定罪的概念及体系定位

定罪,概言之,即认定犯罪。如同其他很多概念一样,我国传统法学理论中定罪的概念来自苏联。苏联刑法学家 A.H.特拉伊宁教授认为:"定罪就是确定被审理的作为(不作为)同法律规定的犯罪构成相符合。"①而 B.H.库德里亚夫采夫则认为:"定罪是施行行为要件与刑法规定的犯罪构成的诸要件的准确相符的确定和法律固定。"②可见,从苏联刑法学家来看,定罪与犯罪构成密切相关,是判定行为与法律规定的犯罪构成要件是否符合的过程及结果。定罪理论引入我国后,我国学者从不同角度对定罪进行了界定。从早期研究的成果来看,除了增加定罪的主体要件之外,与苏联法学家的表述大同小异。比如较早研究定罪理论的何秉松教授指出,定罪是人民法院根据案件事实,依照刑事法律确定某人的行为是否构成犯罪或者犯了何种罪。③王勇博士在其专门研究定罪问题的博士论文《定罪导论》中指出,定罪就是司法机关对被审理的行为与刑法所规定的犯罪构成之间进行相互一致认定的活动④。陈兴良教授也指

---

① [苏]A.H.特拉伊宁:《犯罪构成的一般学说》,王作富译,中国人民大学出版社 1958 年版,第 4 页。

② [苏]B.H.库德里亚夫采夫:《定罪通论》,李益前译,中国展望出版社 1989 年版,第 14 页。

③ 何秉松:《建立具有中国特色的犯罪构成理论新体系》,载《法学研究》1986 年第 1 期。

④ 王勇:《定罪导论》,中国人民大学出版社 1990 年版,第 11 页。

出，定罪是司法机关依照刑法的规定，确认某一行为是否构成犯罪、构成什么犯罪以及重罪还是轻罪的一种刑事司法活动[1]。笔者粗略梳理了一下我国刑法学界关于定罪的概念，总共 20 余种，其表述大同小异，争议和分歧主要在于以下几点：

定罪除了是一种动态活动之外，是否还包含静态的设定。我国研究定罪问题的大多数学者认为，定罪是一种判断行为与法律规定的犯罪构成是否相符合的活动。也有观点认为，定罪不仅局限于司法层面，立法层面罪之设定也属于定罪。[2]上述观点混淆了"定罪"与"设罪"的区别，因而是不正确的。所谓定罪，简单而言就是认定犯罪，即判断某种行为是否构成犯罪以及构成何种犯罪的过程；所谓"设罪"就是立法者将某种行为予以类型化之后设定为犯罪的过程。根据罪刑法定原则的要求，"定罪"必然以"设罪"为前提和基础，即认定犯罪必须以刑法设定了某种行为为犯罪为前提，但是两者最根本的区别在于行为的依据不同。定罪是以犯罪构成为依据，而设罪则以行为的社会危害性为基本考量标准。"设罪标准是立法依据，体现刑法理念对刑事立法的指导作用，它存在于立法者的主观，属于理论观念形态的应然范畴。以什么样的理念作为设罪标准，是立法者经过斟酌、研究、商议、取舍等主观活动才做出的选择。"[3]由于定罪与设罪属于不同的范畴、遵循不同的原则和标准，将两者统一于一个概念进行研究，必然导致理论体系的混乱。

定罪的主体包含哪些。何秉松教授认为，定罪是人民法院依照法律规定进行的一项活动。而大部分学者则认为，定罪是司法机关依法进行的一种司法活动。但关于司法机关的含义，又分为广义和狭义两种观点。广义的观点认为，整个刑事诉讼的目的就是判断行为是否构成犯罪，因此

---

① 陈兴良：《刑法哲学》，中国政法大学出版社 1992 年版，第 547 页。
② 赵秉志主编：《犯罪总论问题探讨》，法律出版社 2003 年版，第 659 页。
③ 夏勇：《定罪与犯罪构成》，中国人民公安大学出版社 2009 年版，第 38 页。

所有具有刑事追诉职能的司法机关均可以成为定罪的主体,包含公安机关、国家安全机关、检察机关以及审判机关。狭义的观点则认为,司法机关包括人民法院和人民检察院。主要理由为:在我国,检察机关和审判机关同属于司法机关;我国《刑事诉讼法》第173条第2款规定:"对于犯罪情节轻微,依照刑法规定不需要判处刑罚或者免除刑罚的,人民检察院可以作出不起诉决定。"上述观点认为,由于人民检察院对于行为是否构成犯罪具有决定权,因此定罪的主体理应包括检察机关。但笔者认为,定罪的主体应当限定为人民法院。我国《刑事诉讼法》第12条明确规定,未经人民法院判决,对任何人不得确定为有罪。因此定罪的主体只能是人民法院。将司法机关作为定罪的主体,不论是广义还是狭义的观点,均将定罪等同于刑事诉讼过程,将定罪建议权等同于定罪权,因而是不足取的。此外,将人民检察院"不起诉决定权"等同于"定罪权",也属于对不起诉决定属性的误解。公诉机关对某一案件作出不起诉的处分,表明公诉机关将不向法院请求进行审判,放弃对犯罪嫌疑人的控诉。实质上是公诉机关依其职权从程序上对案件所作的不予追诉的处分,并非对案件进行实体处分。将检察机关的程序决定权等同实体定罪决定权,属于概念范畴的混淆。

定罪问题的内涵和外延应当如何展开。从大部分刑法学者的论述来看,定罪的依据是刑法规定,更有学者指出是"犯罪构成"。"定罪是指司法机关根据案件事实,依照刑事法律认定犯罪嫌疑人和被告人的行为是否符合犯罪构成的活动。"[1]而有些学者则在定罪概念中引入了刑事程序的概念,"定罪就是人民法院按照刑事诉讼程序,确定被审理的案件事实与刑法中所规定的犯罪概念和犯罪构成是否相符合的活动"。[2]不可否认,在现代刑事司法体系中,刑事定罪必然应依照法定程序进行,而刑事

---

[1] 高格:《定罪与量刑》,中国方正出版社1999年版,第18页。

[2] 苗生明:《定罪机制导论》,中国方正出版社2000年版,第13页。

诉讼中证据的情况也直接影响到定罪的结果。比如在抢劫杀人案件中，最高人民法院《关于抢劫过程中故意杀人案件如何定罪问题的批复》指出，行为人为劫取财物而预谋故意杀人，或者在劫取财物过程中，为制服被害人反抗而故意杀人的，以抢劫罪定罪处罚。行为人实施抢劫后，为灭口而故意杀人的，以抢劫罪和故意杀人罪定罪，实行数罪并罚。如果案件证据能够证实行为人系抢劫后为灭口而杀人的，则应当认定为抢劫罪和故意杀人罪数罪并罚；如果在案证据不能证实上述事实，则只能认定为抢劫一罪。因此，案件证据情况直接影响定罪结果。但是概念具有两个基本特征：内涵和外延。概念的内涵就是指该概念所反映的事物对象所特有的属性，例如"商品是用来交换的劳动产品"。其中，"用来交换的劳动产品"就是概念"商品"的内涵。概念的外延就是指这个概念所反映的事物对象的范围，即具有概念所反映的属性的事物或对象。例如，"森林包括防护林、用材林、经济林、薪炭林、特殊用途林"，这就是从外延角度说明"森林"的概念。概念的内涵和外延具有反比关系，即一个概念的内涵越多，外延就越小；反之亦然。如果将定罪的概念延展至刑事实体和刑事程序两个层面，则定罪的概念就成为一个几乎涵盖整个刑事司法领域的庞然大物，其导致的结果是不可避免地与其他概念、领域、范畴的交叉和包容，反而不利于定罪问题研究的深入展开。因此，虽然定罪与刑事司法程序密切相关，但是在对定罪问题进行研究时，宜将其限定于刑事实体法层面。

总之，定罪是人民法院依照法律规定，判断行为人实施的某一行为是否构成犯罪以及构成何种犯罪的活动。

一、定罪问题在刑法体系中的定位

将定罪作为刑法理论体系的重要内容予以专门化、系统化研究，始于苏联。1963年，苏联刑法学家库德里亚夫采夫发表了他的博士论文《定罪的理论基础》，开始引起苏联学者对这个问题的讨论。1972 年，库德里亚夫采夫在《定罪的理论基础》基础上修订完成的《定罪通论》出版，正式将定罪问题作为一个体系化的问题进行研究。该书于 1989 年在我国翻译出版，引起我国学者对这个问题的关注。

我国将定罪问题作为一般理论问题提出的是何秉松教授。1986 年他发表了《建立具有中国特色的犯罪构成理论新体系》，提出在刑法中增设定罪一编，以集中研究解决定罪的概念、意义、定罪的基本原则和基本要求以及正确定罪的方法问题。此后，王勇博士撰写了《定罪导论》的博士论文并于 1990 年作为专著公开发表。1993 年 6 月，何秉松教授将定罪论作为一章纳入其主编的《刑法教科书》中，置于犯罪构成理论之后、刑事责任之前，详细阐述了定罪的概念和特征、定罪的原则和方法、类推与定罪、一罪与罪数问题等。1993 年 12 月，高铭暄教授主编的《刑法学原理》出版，在中国刑法学理论史上具有影响力，其中增设了由王勇博士执笔的定罪一章，包括定罪的概念和作用、定罪的原则、定罪的根据、影响定罪的其他因素。

此后，定罪问题逐渐引起理论界的关注。一些学者从不同角度对定罪问题进行了研究。通过知网（www.cnki.net）检索，检索到以"定罪"为主题的论文 20551 篇（截止日期 2024 年 9 月 4 日），但大部分都系个罪如何认定，涉及定罪基本理论的论文仅 10 余篇，比较有代表性的是陈兴良教授于 2001 年撰写的《定罪之研究》、2001 年郑州大学殷田夫撰写的硕士论文《论定罪》，2003 年中国政法大学王桂萍撰写的博士论文《定罪总论》、2008 年复旦大学张军英撰写的硕士论文《定罪理论研究》以及 2014 年武汉大学洪星撰写的博士论文《定罪基础理论和实践问题研究》等。总体看来，我国刑法关于定罪理论的研究仍处于起步阶段，定罪问题尚未引起理论界的充分重视，研究的广度及深度尚有待提高。

定罪问题在中国刑法学研究中始终未引起充分重视有其深刻原因。

首先,理论研究对定罪问题如何进行定位尚未达成统一。前文指出,定罪是判断某一行为是否构成犯罪以及构成何种犯罪的活动,因此该问题涉及刑事实体法和刑事程序法。有些学者在研究定罪问题时,往往引入刑事程序法的一些内容,比如在论及定罪的原则时,有学者认为证据确实充分应当是定罪的原则之一,"证据是犯罪事实的依据。刑事诉讼活动中认定的犯罪事实,实质上是一种证据事实。因为,任何事实都不可能完全复原,只能是根据证据所认识到的事实。因此,证据理所当然地成为定罪的基础。而基础一旦动摇,也势必影响司法人员的认识。从而影响定罪的准确性和科学性。"①"以往的教科书及相关论著对这一问题(即定罪)大多是从实体法的角度进行论证的,往往忽略了程序性原则对正确定罪的指导价值。事实上,定罪发生在刑事诉讼过程中,一些重要的程序性原则直接关系到案件事实的查明及诉讼的进程,关系到国家刑罚权的正确行使。定罪作为刑事司法活动的核心内容,本身是刑事实体法(刑法)与刑事程序法(刑事诉讼法)融为一体的过程。"②而在我国刑法理论研究中,刑事实体法与刑事程序法是严格界分的,故此这一横跨刑事实体法和刑事诉讼法的研究课题,无论在实体法的研究还是在诉讼法的研究中,均处于较为尴尬的境地。而由于英美法系国家普遍采用"双层次犯罪构成理论",判定犯罪必须同时考虑实体意义上的犯罪要件和诉讼意义上的犯罪要件,加之英美法系普通法的传统,定罪问题在英美法系国家中几乎不存在,在英美法系中专门研究定罪问题似乎意义也不大。

其次,定罪问题之所以在苏联兴起,主要因为苏联倡导的犯罪构成是一个由"犯罪客体、犯罪客观方面、犯罪主体、犯罪主观方面"构成的平面封闭结构。这种平面的、封闭的结构导致静态的犯罪构成模式与动态的定罪(也就是最终确定犯罪)之间存在缝隙,有必要通过一定的形式予以

---

① 郑广宇:《试论定罪原则》,载《河北法学》1998 年第 1 期。
② 闵春雷:《定罪概念及原则的刑事一体化思考》,载《当代法学》第 18 卷第 4 期。

弥补。由此,定罪的理论首先在苏联兴起。有学者研究了苏联包括当前俄罗斯刑法理论后提出,"根据俄罗斯学界的普遍立场,犯罪构成对定罪具有原则性意义。俄罗斯刑法中的定罪模式,以现实生活中实施的社会危害行为与现行刑事立法中规定的相应犯罪构成相比照,其既定程序为:第一步,通过比照所实施行为的实际情况来确定拟适用刑法规范的范畴;第二步,若该行为符合某个特定犯罪构成则意味着其具有形式上的违法性,即进入下阶段的判断;第三步,对具有'形式违法性'的行为进行实质性的判断,若该行为具备某种阻却违法或责任的法定事由则排除行为的实质违法性,若无则进入下个阶段——生成判决。由此可见,俄罗斯学界所探讨的'定罪模式'相当于我国学界所称的狭义'犯罪论体系',而犯罪构成只是此犯罪论体系(定罪)中的构成要素"。①而在大陆法系三阶层理论架构下,这种立体的、层层推进的结构本身就是一种定罪的思维结构,而不单纯是一种犯罪构成结构,这种结构"将对法官认定犯罪的指引作用发挥得淋漓尽致"。②苏联刑法定罪理论中的一些问题,实质都可纳入三阶层理论的"实质违法性"以及"有责性"中研究,故在大陆法系定罪问题并不突出和迫切。中华人民共和国成立后,我国刑法及刑事理论研究基本来源于苏联。苏联刑法遇到的问题,在我国也必然遇到。由此,定罪理论的研究在苏联兴起后便迅速传到我国,但我国学者尚未来得及对其进行系统研究时,在 2000 年左右理论界就展开了犯罪构成"四要件理论"和"三阶层理论"两大阵营的论战,主张"四要件理论"的学者将注意力逐渐转向对四要件理论本身的证成,无暇对作为四要件理论"附属品"的定罪问题进行深入研究。而坚持"三阶层理论"的学者,基于三阶层理论本身就是一种定罪理论,更无需专门就定罪问题进行研究,由此定罪问题在我

---

① 庞冬梅:《犯罪论体系的误解与澄清——俄罗斯犯罪论体系构建模式及对我国镜鉴》,载《北方法学》2023 年第 6 期。

② 黎宏:《刑法学》,法律出版社 2012 年版,第 62 页。

国兴起一段时期后,逐渐趋于平静。

第三,定罪问题在很大程度上是一个实践问题。我国刑事法学理论研究与刑事司法实务之间始终存在一种特殊的"鸿沟"。张明楷教授曾深刻分析了这个问题。他提出,我国学者和法官之间对同一问题至少存在以下不同意见:学者注重自己观点的学术价值,一种观点是否被实务采纳,并不是学者特别关注的;即使实务乃至立法采纳了某种观点,也不意味着该观点具有学术价值;而法官一般不会注重判决的学术价值,而是注重判决的具体妥当性,希望自己的判决结论尽可能被各方接受,因而往往走中庸之道,不会轻易采纳极端观点。学者们总是希望通过提出一般性原理与规则,解决所有特殊的、异常的案件;法官对刑法的适用除了实现一般正义外,还必须在具体的个案中实现个别正义。学者们一方面乐于批判他人的学说,另一方面乐于批判社会现状。而法官习惯于遵从先例、尊重以往的权威,对相同的案件要相同处理。法官的判决要面对公众,要对公众有个交代,不能为所欲为。学者撰文发表观点时,可能考虑专业杂志是否刊发与转载,而不会考虑媒体的反应。媒体一般不会对学者产生压力,即使媒体批判学者的观点,学者也不会因此受到消极影响,相反表明学者的观点引起了重视,甚至会提升学者的学术地位。法官则不同,他们在办理大案要案与奇特案件时总是面临着媒体的压力。①由于我国法官和学者之间具有思维方式差异,而定罪在某种程度上属于一种实践的、动态的、司法性的问题,所以对定罪问题司法实践部门的热情要远远大于注重理论逻辑合理的法学理论研究。从笔者梳理的关于定罪问题的研究成果中,实务界发表的成果远远多于理论界。

我国刑法理论体系一直分为犯罪论和刑罚论两部分,没有把定罪问题作为专门内容加以研究。然而从刑事司法的角度,定罪却是一个重要

---

① 张明楷:《死刑问题上学者与法官的距离》,载《中外法学》2005年第5期。

环节,是实现从文本的犯罪"规定"到实际的犯罪"认定"的一个重要过程,也就是犯罪个别化的过程。定罪问题与犯罪本体理论既有联系又有区别:定罪理论必须以犯罪理论为基础,以犯罪本体理论为指导,定罪必须符合犯罪构成要件,遵循罪刑法定原则。然而定罪理论与犯罪本体论的区别也非常明显,是在犯罪构成理论的指导下,解决如何理解法律、如何适用法律、如何确定罪名等问题,因而定罪问题有着自己独特的规则和要求,比如谦抑原则在犯罪论体系中就很难容纳,将其纳入定罪问题的研究更为适宜。长期以来,我国刑法理论界始终将定罪问题与犯罪构成问题作为一个整体研究,认为犯罪构成问题解决了,定罪问题自然也就解决了。但实际情况并非如此。比如由事实到法律是一个归纳、演绎的过程,如何从众多事实中筛选、归纳出相应的犯罪事实,并与犯罪构成要件进行相应的比对,就是一个定罪问题而不是一个犯罪构成问题。再如法律解释,这个实际上也不是犯罪构成要件本身研究的问题,而是在犯罪构成确定的情况下如何理解和解释法律的问题,等等。所以定罪论与犯罪论最大的区别在于,犯罪论研究的主要是犯罪构成理论,主要解决某种行为在何种情况下构成何种犯罪的问题;而定罪论主要侧重于在犯罪构成确定的情况下,如何适用法律的问题,也就是实现由书本的法律到现实的案件的过程,从而搭建起从犯罪构成到罪名确定的桥梁,定罪问题应当有自己独特的范畴和规则。从这个意义上说,定罪论更侧重于方法论的研究。

二、定罪问题研究的内涵和外延

虽然我国刑法理论已经对于定罪所涉及的很多独特问题进行了深入研究,比如刑法解释、刑事政策、影响定罪的因素、罪名确定、定罪与量刑的互动等,但是由于缺乏体系性的研究,关于定罪问题究竟包含哪些内容,尚未形成较为统一、科学的观点。

1970 年莫斯科大学制定的《定罪的科学依据》的教学大纲基本体系

为:定罪的概念、正确定罪的意义、定罪的方法论原理和基本方法、定罪的法律根据、定罪与犯罪构成、未完成罪的行为的定罪、共同犯罪的定罪、行为人实施若干犯罪行为时的定罪问题、刑法典分则一般规范与特殊规范的冲突与定罪、在刑事诉讼的各个阶段上进行的定罪。①

库德里亚夫采夫的《定罪通论》的内容体系为:定罪的概念和意义及其在科学知识体系中的地位、定罪的方法论原理、犯罪构成是定罪的法学根据、犯罪构成要件、罪的区分、定罪的过程、规范竞合、数罪的定罪、定罪的改变。②

何秉松教授在《建立具有中国特色的犯罪构成理论新体系》一文中提出,在刑法中增设定罪一编,其基本内容包括:定罪的概念、定罪的意义、定罪的基本原则、定罪的基本要求、如何正确定罪等内容。③

王勇博士《定罪导论》的基本内容包括:定罪的概念和作用、定罪的基本原则和方法论基础、定罪的根据、犯罪构成诸要件与定罪、法律与定罪、法律解释与定罪、判例与定罪、政策与定罪、形势与定罪、刑罚与定罪,定罪过程中的阶段。④

高铭暄教授主编的《刑法学原理》一书中定罪一章内容包括:定罪的概念和作用、定罪的原则、定罪的根据、影响定罪的其他因素。⑤

周洪波博士在其论文《论定罪的地位及体系内容》中提出建立这样一个定罪论体系,上篇:定罪的概念和作用、定罪的基本原则、定罪的根据和影响因素、定罪的方法论基础、定罪的阶段和过程;下篇:罪与非罪的认定,此罪与彼罪的认定、犯罪形态的认定、共同犯罪的认定、罪数的认定。在定罪的影响因素中主要论述法律解释与定罪、判例与定罪、政策与定

---

① 何秉松:《建立具有中国特色的犯罪构成理论新体系》,载《法学研究》1986 年第 1 期。
② 〔苏〕B.H.库德里亚夫采夫:《定罪通论》,李益前译,中国展望出版社 1989 年版。
③ 何秉松:《建立具有中国特色的犯罪构成理论新体系》,载《法学研究》1986 年第 1 期。
④ 王勇:《定罪导论》,中国人民大学出版社 1990 年版。
⑤ 高铭暄主编:《刑法学原理》(第二卷),中国人民大学出版社 1994 年版。

罪、形势与定罪及刑罚与定罪等;将"排除犯罪性行为"从犯罪论中抽出放在"罪与非罪的认定"中论述,在其中还纳入"两可"行为与定罪、情节与定罪;将"法条竞合"置于"此罪与彼罪的认定"中论述,其中还纳入"犯罪性质转化与定罪";将"认识错误"从犯罪论抽出分散于"罪与非罪的认定"等相关章节中论述。①

　　纵观上述关于定罪问题的专门研究,将定罪的概念和作用、定罪的原则、定罪的方法、定罪的根据(包含定罪与犯罪构成的关系、定罪的法律依据、定罪与法律解释)、影响定罪的因素(包括定罪与刑事政策、定罪与量刑)等问题纳入定罪的研究范畴,基本能够达成共识。至于此罪与彼罪的认定问题,一般通过犯罪构成来解决;而犯罪形态、共同犯罪的问题,通过修正的犯罪构成亦能解决,故无需纳入定罪论研究的范畴。目前主要争议在于:

　　第一,排除社会危害性的行为是否应纳入定罪的研究范畴。的确,在现行四要件理论下,排除社会危害性行为,比如正当防卫、紧急避险,确实处于尴尬地位(关于此点将在下文详述),但是在三要件体系下,正当防卫、紧急避险一般作为阻却违法的事由存在,也就是说在三阶层理论下,正当防卫、紧急避险一般纳入犯罪构成要件的范畴进行研究。因此,在坚持四要件说的理论体系中,正当防卫、紧急避险应纳入定罪的范畴研究,但是在三阶层理论体系中,正当防卫、紧急避险可纳入犯罪论的体系,而无需归入定罪问题研究。

　　第二,一罪与数罪问题是否应纳入定罪的研究范畴。有观点指出,定罪的内容是包括确定行为构成一罪还是数罪的问题,也即罪数是定罪必须解决的问题。没有定罪,就没有罪数问题。当然,罪数影响量刑,罪数问题不解决也就无法解决量刑问题,但不能因此将罪数归入量刑论。罪

① 周洪波:《论定罪的定位及体系内容》,载《公安高等专科学校学报》1999 年第 4 期。

数影响量刑,这正是定罪作用的体现,是定罪制约量刑的一个方面。刑罚论容纳不了罪数,犯罪论也容纳不了罪数。犯罪论是从静态角度来认识、剖析刑法中所规定的犯罪,它不涉及社会现实中形形色色的行为事实认定问题,而罪数问题实质上是指认定社会现实中的行为事实是符合一个犯罪构成抑或是数个犯罪构成,也即构成一罪或是数罪的问题,而这恰恰是定罪的内容。所以,罪数问题是定罪论所要研究的问题,而为犯罪论所不容。①有学者指出:"罪数论是为计算犯罪个数而设立的,但为什么要将它置于犯罪论的尾端,理由并不清楚。这是因为罪数论的体系机能是什么,它与刑法体系中其他子系统(如犯罪构成论、数罪并罚论)存在何种协同、承接关系,学理上并不重视。罪数论之前被置于刑罚论中,即使回归犯罪论,其与犯罪论其他子系统的关系仍显得疏离。通说认为,犯罪的未完成形态、共同犯罪和罪数属于犯罪的特殊形态。但前二者是犯罪构成的修正形态,而罪数论并非对犯罪构成的修正。如果说基本形态和修正形态已是对犯罪构成形态的周延划分,那么,罪数论只能被作为一种编外形态,位于犯罪论的边缘。"②笔者认为,所谓罪数问题主要解决的是需不需要并罚的问题。理论通说认为,牵连犯、连续犯都是"实质的数罪、处断上的一罪",单纯从犯罪构成的角度研究牵连犯、连续犯并不能说明问题,也无法有效解释为什么将实质上的数罪作为一罪处理。"当一定的行为事实适用于一定的罪名时,中间必须介入司法实践的评价活动后才能得到认定。因此,行为事实中一罪与数罪的认定,司法实践的评价活动具有将两者有机连接起来的独特作用。在对罪名所蕴含的犯罪构成主客观要件认识和理解的基础上,如何判断和评价行为事实中具有的符合一罪还是数罪的事实和性质,就成了司法实践所要完成的重要任务。"③而从犯

---

① 周洪波:《论定罪的定位及体系内容》,载《公安高等专科学校学报》1999 年第 4 期。

② 庄劲:《机能的思考方法下的罪数论》,载《法学研究》2017 年第 3 期。

③ 杨兴培:《论一罪的法律基础和事实基础》,载《法学》2003 年第 1 期。

罪构成到司法实践的评价活动就是定罪,因此一罪与数罪的问题也就成了定罪所要完成的重要任务。正如刘宪权教授所指出的,我国刑法中犯罪竞合的体系定位,应当存在于定罪与量刑的过渡阶段,也即其既是定罪的最后一环,也是量刑的起始标志。①

三、构建有中国特色的定罪论体系

显然,定罪问题已超出了"犯罪构成"的藩篱而具有独立的意义。有学者指出:"为了确保案件办理的妥当性,办案人员需要综合考量法益保护的必要性、刑罚配置的轻重、犯罪的构造、刑事政策、行为的普遍性以及处罚的必要性,妥当选择刑法解释的方法。"②该学者虽然是从刑法解释的角度进行阐述,但是也揭示了定罪问题的复杂性,即定罪要综合考虑犯罪构成、刑事政策、定罪与量刑的关系以及适当的法律解释方法。苏联法学家 B.H.库德里亚夫采夫早在 20 世纪 70 年代就指出:"在刑法科学中,对定罪这一课题几乎全部是按一些特定类型的犯罪研究的。盗窃社会主义财产罪、侵害人身罪、渎职罪、经济犯罪、军职罪以及其他一些犯罪的定罪问题,在苏联刑法分则教程和教科书、各种专著和杂志的文章中都做了非常充分的研究。然而,把定罪这一课题作为一个整体加以研究,却超出了这些研究的范围。定罪有其总的原理和原则,它们对于任何类型的犯罪都有意义,决定着不管任何范畴的具体案件均可适用的刑事法律条文的依据和选择程序。"③五十多年过去了,上述情形仍然没有任何实质性的改变,不免令人感到遗憾。

构建一套有中国特色的定罪方法体系具有理论和实践的双重意义,

---

①　刘宪权:《罪数形态理论正本清源》,载《法学研究》2009 年第 4 期。
②　何荣功:《刑事争议案件的分析方法》,载《法律适用》2023 年第 11 期。
③　[苏]B.H.库德里亚夫采夫:《定罪通论》,李益前译,中国展望出版社 1989 年版,第 32 页。

然而构建这个体系又是一项非常艰巨的任务。"刑事审判方法不局限于单纯的法律适用的方法和技能,还涵盖某些事务性的举措,与哲学、心理学、经济学以及数学、化学,及生物学等部分自然科学的方法融合,并整合程序方法、证据方法、法律思维方法、事实发现方法、法律解释方法、自由裁量方法、裁判方法、文书制作方法。"①如何在这纷繁复杂的头绪中寻找正确的路径,笔者认为要坚持三点:

一是坚持以科学的理论为指导,深入贯彻习近平法治思想。科学的理论是正确行为的先导,不同理论指导下可能会形成不同的路径选择。"以马克思主义基本原理作为指导,关注、调查、研究和凝练当下中国社会中的法律热点和法治难点问题,是最为基本的路径。"②

二是坚持立足中国司法和理论研究实践,坚持从实践中总结提炼规则和方法。法律是规范人的行为的规则。一个国家之所以需要法律是要通过规范社会成员的行为构造一定的秩序。因此,法律制度不是纯理论的东西,它必然来源于社会生活实践又反作用于社会实践,而检讨某项法律制度成败得失的标准也只能是实践。"中国特色法学话语体系是对中国特色社会主义法治实践规律的理论概括与总结升华,中国特色法学话语体系只能在中国特色社会主义法治实践中产生。中国特色社会主义法律体系不是凭空产生的,它既是理论体系,也是实践的体系、科学的体系,只有来自实践的理论才是生动的,才是具有深厚基础的,才能不断获得实践的滋养。"③

三是吸收、借鉴国内外有益的经验和成果。法律制度作为一种社会规范既有个性也有共性。法律作为上层建筑必然受不同国家、不同时期

---

① 南英、高憬宏主编:《刑事审判方法》,法律出版社 2013 年版,第 3 页。

② 何勤华、路培欣:《论构建中国自主法学知识体系的本土资源——以中国古代律学的传承与创新为视角》,载《华东政法大学学报》2024 年第 2 期。

③ 卓泽渊:《加强中国特色法学话语体系建设》,载《民主与法治》2023 年第 21 期。

经济基础以及社会制度的影响,因而法律制度不可能千篇一律,但是法律作为一门社会科学也有其内在的规律,这种规律不会因具体社会生活的不同而产生差异。"吸收、借鉴国外先进国家的法治经验和法学知识体系的成果,也是一个重要的路径,因为任何知识体系的构建都离不开对人类整体文明成果的吸收和借鉴,不可能闭关锁国、闭门造车。……因为'自主'永远是和'本土'紧密相连的,本土色彩越浓、自主性就越强。当然,这种本土色彩应当是符合人类整体文明的发展步伐和发展方向的。"①

---

① 何勤华、路培欣:《论构建中国自主法学知识体系的本土资源——以中国古代律学的传承与创新为视角》,载《华东政法大学学报》2024 年第 2 期。

第一章　定罪的过程及影响定罪的因素

　　定罪是行为人的行为与法律规定的犯罪构成要件进行比较的过程，确定行为人构成什么犯罪，一般应当通过犯罪构成要件的比较完成，必须选择能够全面评价行为特征及其法律属性的法律条文。但是由于法律是一般规则，抽象性、概括性是规则的基本特征。刑事立法者在确定犯罪成立条件时往往通过弹性犯罪成立条件的适用，保持刑罚的确定性和行为方式多样性之间的张力，以实现刑法社会保护机能和人权保障机能的平衡。因此，如何在具体的案件事实与抽象的条文规范间完成刑法机能的平衡，就需要对定罪的过程加以系统分析和论述。

　　从心理学的角度来看，定罪的过程可以看作是解决由许多成分组成的特定任务。解决任何一项任务的实质在于，确定其开端的前提和最终结论(结果)之间的相互联系，寻求它们之间的逻辑途径。任何一种解决方案一般根据两点：一个是目的是什么，另一个是已经得到了什么。只有依靠某种可以作为出发点的条件和哪怕在大体上明了致力于什么的情况下，才能完成任务。任务的困难不仅取决于任务的条件与解决这两者之间的逻辑联系的复杂性，而且也取决于提出任务时这项任务本身的确定性，取决于对这一任务的开端和最终结果提出了何等准确的要求：任务的条件以及任务被解决后应该得到的结果。根据这些一般原理，对定罪时

所产生的任务性质进行分析,大体上可以区分为以下三个基本阶段:

第一,无论是前提还是结果都不确定的任务。换言之,拥有什么样的案件事实和会有怎样的结论都不清楚。这类任务通常在侦查阶段产生并得到解决,这时还没有查明刑事案件的全部事实,因而缺乏有关对行为应如何评定的材料,甚至常常不清楚到底有没有以刑法条文进行定罪的依据,或者在行为人的行为中有没有犯罪构成。如果事实确实查不清楚,定罪的进程到此结束。

第二,还不知可能出现的结果,但前提已经明确确定的任务。即案件的全部事实、情节得到充分查明,案件的全部证据已被收集,但对是否构成犯罪尚不清楚,犯罪本身还没有被认定。在这一情形下,案件事实往往已经清楚,但所需要对应的刑法规范却并不清楚,这是从事实到寻找法律规范的过程,在侦查、审查起诉、审判阶段均可能遇到。

第三,其前提和结果已经非常确定,即无论是事实,还是法律规范都已经清楚的任务。对这一任务的完成,还需要进行检查。必须检查定性结论的正确性,即复查一下从前提到结论、从事实到规范(或者相反)所研讨过的逻辑途径,在这个过程中可能出现三种结果:第一种是从前提到结果均没有问题,至此定罪任务完成;第二种是前提没有问题,但结果有问题,需要寻求其他结果或同一前提可能对应多种结果,需要确定最佳方案;第三种是对应某种结果的前提仍不完善,就需要补充侦查有关案件事实、情节,然后再判断前提与结果之间的逻辑关系是否成立。

通过对定罪任务的分析,我们可以看到,在实体法层面所需要完成的定罪是上述第二种和第三种任务,也就是从事实到规范的确定联系和二者之间的关系论证。

一、定罪过程的三段论

三段论是我国刑法理论和实践中占有统治地位的定罪模式。早在

18 世纪中期,刑事古典学派的创始人贝卡利亚就指出:"法官对任何案件都应进行三段论式的逻辑推理。大前提是一般法律,小前提是行为是否符合法律,结论是自由或者刑罚。一旦法官被迫或自愿做哪怕只是两种三段论推理的话,就会出现捉摸不定的前景。"①从上述论述中我们可以看出,贝卡利亚一方面认为刑法的规范评价的过程在本质上应当是三段论逻辑推理的过程,另一方面又认识到了三段论推理不当所隐含的风险。因此,伴随着上述论断的就是贝卡利亚对法律解释的禁止。然而,法学理论和司法活动的发展历史表明,不仅法律解释无法禁止,甚至连三段论推理本身也开始饱受攻击和批评。面对这种情形,如何正确看待定罪三段论所面临的危机以及如何构建能够保证刑法的规范评价有效运作的模式,就成为研究定罪问题不得不关注的问题。

我国台湾地区学者苏俊雄教授认为,包括刑事案件在内的每一种法律案件的判决,均可透过一种法律逻辑推理程序,而获得思维的结果。在他看来,法律三段论包括以下几个方面:其一,以抽象的法律规则的存在为大前提;其二,以特定法律事实的存在为小前提;其三,就该特定的事实,加以分析推理,判断是否符合相关法律规范的内容,而有适用的该当性,最后确定所规定的效果为其结论。②上述所称的"法律三段论"即为人们所通称的"司法三段论"。定罪三段论则是司法三段论在刑事定罪领域的具体适用。"所谓定罪三段论,就是以有关罪名概念的定义为大前提,以表述某人或某些人的犯罪事实的判断为小前提,推出某人或某些人犯了某罪与否的推理形式。"③在定罪三段论中,大前提为刑法规范,小前提为待决案件事实,结论则为有罪或者无罪(在有罪的情况下尚包括构成何种特定犯罪)。定罪三段论推理的过程,是通过将待决案件事实置于刑法

① [意]贝卡利亚:《论犯罪与刑罚》,黄风译,中国大百科全书出版社 1993 年版,第 18 页。
② 苏俊雄:《刑法推理方法及案例研究》,台湾大学法学院图书部 1999 年版,第 12 页。
③ 吴廷金:《到底什么是定罪三段论》,载《逻辑与语言学习》1988 年第 5 期。

规范中所包含的构成要件之下,以判断二者是否具有符合性并由此得出有罪或无罪、此罪或彼罪结论的推理过程。在司法实践中,定罪三段论的推理形式在每一起刑事案件的诉讼过程中都会有所体现。检察机关如果指控某人犯某罪,必须在起诉书中建构起三段论的逻辑推理,以相应的罪刑规范作为大前提,以指控的案件事实为小前提,在说明二者具有同一性或符合性的基础上,合乎逻辑地推导出被告人已经构成某罪的结论。辩护人如果要否认检察机关对被告人的指控,也要以起诉书中所引用的罪刑规范为大前提,然后说明指控的犯罪事实并不符合罪刑规范中确定的构成要件,通过对大前提和小前提之间符合性的否定,来得出被告人无罪的结论。而法院的判决书则是在综合考虑控辩双方意见的基础上,通过运用定罪三段论的肯定形式或否定形式而得出被告人有罪或无罪的结论。

以张某故意杀人案为例,某人民法院作出如下判决:

公诉机关×××人民检察院。

被告人张某(身份及强制措施情况)。

辩护人王某,×××律师事务所律师。

×××人民检察院以×××起诉书指控被告人张某犯故意杀人罪一案,于×××年×月×日向本院提起公诉。本院依法组成合议庭,公开开庭审理了本案。×××人民检察院指派检察员×××出庭支持公诉。被告人张某及其辩护人王某到庭参加诉讼。现已审理终结。

×××人民检察院指控:……(指控的事实)。

公诉机关认为:张某的行为已构成故意杀人罪。

被告人及其辩护人提出:系被害人首先拿刀攻击张某,张属于防卫过当,主观上并没有杀害被害人的故意;张自愿认罪,请求法院对张从轻处罚。

经法院审理查明：×××年×月×日凌晨2时许，被告人张某进入×××足浴店内，因故与店主蔡某发生争执。张某持刀戳刺蔡某头部、项部及躯干部等并切割颈部，刺破主动脉及左肺，致被害人蔡某右侧颈总动脉及右侧颈静脉完全离断等，造成失血性休克而死亡。张某作案后逃离现场，同月14日被抓获归案。张某到案后如实供述了杀人罪行。

认定上述事实的证据有：公安机关的《受案登记表》《110接警单》《案发经过》《抓获经过》《现场勘验笔录》及照片，《证据调取清单》《法庭科学DNA鉴定书》《手印鉴定书》《鉴定书》，相关的《居民死亡确认书》、监控录像及截图、《检查笔录》《鉴定意见书》，证人李某等的证言，被告人张某的供述及辨认笔录。

关于张某是否属于防卫过当及本案的定性。经查，张某提出被害人首先持刀对张进行攻击，没有相关证据予以证实。《鉴定书》显示，被害人蔡某头部三处创口均深达颅骨；颈前一横形创口深达颈椎，食管、气管、右侧颈总动脉及右侧颈静脉完全离断；项部及躯干部等有多处创口，系生前被他人用锐器戳刺头部、项部及躯干部等并切割颈部，刺破主动脉及左肺，并致右侧颈总动脉及右侧颈静脉完全离断等，造成失血性休克而死亡。根据张某的作案手段及被害人的伤情，足以证实张某主观上具有杀害被害人的直接故意。现张某及其辩护人提出张某行为属于防卫过当及张某主观上无杀人故意，与查明的事实不符，本院不予采纳。

本院认为，被告人张某故意杀人，致一人死亡，其行为已构成故意杀人罪，公诉机关的指控成立。根据被告人犯罪的事实、性质、情节及对社会的危害程度，依照《中华人民共和国刑法》第二百三十二条、第六十七条第三款、第四十八条、第五十七条第一款、第五十条第二款的规定，判决如下：

一、被告人张某犯故意杀人罪,判处死刑,缓期二年执行,剥夺政治权利终身。

二、犯罪工具予以没收。

从这份判决书中,我们可以看出定罪三段论的整体思维过程。首先确定大前提:公诉机关指控张某构成故意杀人罪;其次确定小前提即案件事实(即经审理查明部分):张某持刀杀害被害人;再次根据控辩双方提出的事实、证据、法律问题,进行分析论证。最后根据相关法律规定(依照《刑法》第232条、第67条第3款、第48条、第57条第1款、第50条第2款的规定),得出定罪结论:张某的行为构成故意杀人罪。

事实上,在逻辑推理中,除了三段论的演绎推理外,还存在着归纳、设证等推理形式。笔者认为,三段论之所以能够进入司法领域,成为法律评价的基本模式,有其深刻的内在原因:

一方面,三段论的演绎推理是唯一从规则出发的推理形式,它与作为一般性调整的法律评价具有内在机理上的契合性。从推理方向上看,演绎推理指的是从某类事物的一般性知识出发,推出其中的特殊对象具有某种特性的推理,是从一般到特殊的推理。这种"从一般到特殊"推理特点,契合了法律评价是根据普遍性、一般性的法律规范对具体的、特殊的社会行为进行调整的本质特征。三段论演绎推理与法律评价之间内在机理上的契合,使得法律评价活动必然也只能以三段论的演绎推理作为其基本的思维框架。从某种意义上说,也只有三段论的演绎推理才能为法律规范在个案中的实现提供必要的思维形式上的保障。我国学者王晨光教授在对西方国家的法律推理进行考察后也认为,"在以成文法为主的大陆法系中,最常用的法律推理方式就是演绎推理方式。即使在普通法系国家,多数学者也认为'运用三段论的演绎方法进行推理是法律推理的主导形式'。这是因为演绎推理是从已知的大前提和小前提中推导出结果的推理模式;而法律推理也采用从已知的法律规范和事实情况推导出结果的推理模式；它们之间有极为相似的特征"。①

　　另一方面，只有三段论的演绎推理可以得出必然性的结论，而其他推理形式如归纳、设证等所得出的结论都不具有必然性。德国著名法学家考夫曼指出，演绎是从规则推论到案件，它是法官甚至所有适用或发现法律之人的思维方式。②美国著名法学家波斯纳则用一个生动的比喻来说明三段论推理所蕴含的必然性。他认为，三段论推理实际上是在说，"这里有一个贴了标签'人'的箱子，箱子里有一些东西，其中每一个都'会死'。小前提则告诉我们，箱子里的东西都有个名字牌，其中有一个牌子上写的是'苏格拉底'。当我们把苏格拉底拿出箱子时，我们就知道他是会死的，因为箱子里所有的东西都是会死的"。③因此，对于三段论的演绎推理而言，其前提与结论之间具有必然性的联系，只要它的前提是真，其结论就必然是真，不会出现前提真而结论假的情况。正是基于前提与结论之间联系的必然性，"无论在关注常识的一般的生活领域，还是在寻求法律正确的司法领域，三段论的推理形式能够保证在前提真的情况下，得出真的结论"。④这就是三段论的演绎推理在司法实践中受到青睐的根本原因。

　　因此，三段论的演绎方式进入法律的适用过程绝非偶然，而是由法律一般调整的需要和三段论从一般到特殊的逻辑方式能够最大限度地满足这种需要的特征共同造就的必然结果。⑤

　　在逻辑三段论与司法三段论的关系上，虽然古希腊哲学家亚里士多德在历史上最早建构了逻辑学的理论体系，并对三段论的演绎推理作出

---

　　① 王晨光：《法律运行中的形式推理模式》，载葛洪义主编：《法律方法与法律思维》，中国政法大学出版社 2002 年版，第 128—129 页。
　　② ［德］考夫曼：《法律哲学》，刘幸义等译，法律出版社 2004 年版，第 110 页。
　　③ ［美］波斯纳：《法理学问题》，苏力译，中国政法大学出版社 2002 年版，第 49 页。
　　④ 陈兴良主编：《刑法方法论研究》，清华大学出版社 2006 年版，第 307 页。
　　⑤ 张玉萍：《司法三段论的历史》，载陈金钊等主编：《法律方法》第 6 卷，山东人民出版社 2007 年版，第 503 页。

了明确的阐述,但并不是说司法三段论和定罪三段论只能出现在亚里士多德时代或者之后。事实上,人们运用逻辑三段论的历史要远远长于逻辑学理论体系建构的历史。"历史表明,迄今为止在逻辑方面取得的丰硕成果,并非逻辑学家们的创造。亚里士多德的逻辑,是在古希腊丰富的辩论材料和几何证明材料的基础上,对正确辩论和有效证明的思维经验的总结。"①由于司法三段论体现了法律调整从一般到个别、必然的思维逻辑,可以认为,随着人类社会出现了法律和法律调整,也就必然随之出现了司法三段论的运用。根据逻辑史学家的研究,三段论的逻辑形式早在古代埃及和美索不达米亚的"法律判词"中已经开始运用,也说明了司法三段论历史之悠久。同理,定罪三段论的出现和运用也不是逻辑学体系形成之后才有的事情,而是与刑法和刑法调整的出现相伴而生的。可以说,任何运用刑法规范对待决案件事实进行评价的过程,都是一个运用三段论进行演绎推理的过程,而不管我们对此是否有所认识,是否在自觉地、有意识地运用三段论进行逻辑推理。

由于司法三段论以法律规则为推理的大前提,以被证据充分证明的案件事实为推理的小前提,然后依据严格的形式逻辑推导出法律裁判,这就排除了法官在司法活动中的个人情感和意志因素,从而保证了判决结论的唯一性和确定性。因此,至少从贝卡利亚开始,司法三段论就不仅仅是作为一种推理工具在使用,而是更多地被倾注了维护法治的理想,从而被赋予了限制法官恣意、维护国家法治的重要使命,并深受崇尚法治的法律形式主义者的青睐。19 世纪肇始于德法的概念法学派以及流行于英美的分析法学派对此都有明确的理论言说。比如,概念法学的主要特征之一就是强调法律体系的逻辑自足性,认为无论生活中发生什么案件,均可依逻辑方法从现在的法律体系中获得解决,而法官不过是适用法律的

---

① 　雍琦主编:《法律适用中的逻辑》,中国政法大学出版社 2002 年版,第 4—5 页。

机械,只能对立法者制定的法规作三段论的逻辑操作,其目的则是为了实现"依法裁判"的原则,确保裁判的公正和法的安定性。①分析法学的代表人物边沁和奥斯丁虽然承认在某些情况下,法律规定无法提供明确的解决答案,但他们都认为这是一种次要现象,并仍然将三段论推理作为法律适用的基本模式,"这不仅是实际观察得出的结论,而且是法治价值要求的结果"。②

如果将司法三段论看作是维护法治的工具的话,那么相对于民事司法等领域的三段论运用而言,定罪三段论在维护刑事法治方面的功能就更加值得我们关注。一方面,定罪的过程和结果直接涉及被告人的生杀予夺,需要特别强调"依法裁判"的原则,防止法官恣意司法,损害国民对裁判公正和法的安定性的期待;另一方面,罪刑法定原则是现代刑法的基本原则,它严格禁止以类推适用为代表的法官造法,更加需要防止法官以个人的独断评价代替蕴含在法律规范中的立法者的评价,以保证法官能够代表法律的逻辑去实施裁判行为。因此,对以定罪为核心的刑事司法活动而言,更加需要强调对三段论推理模式的严格遵守,以确保法官"代表法律的逻辑"而不是"代表其自身"去裁断案件,从而实现对刑事法治的维护。

二、三段论下定罪活动的基本过程

根据三段论的基本要求,定罪活动应分为事实的筛选、法律规范的寻找、具体犯罪构成的选定和论证推导四个阶段。

（一）筛选事实

案件的事实是揭示案件发生过程的具体客观要素,若完整展开,具有多样性。每一个案件若作为故事叙述,有起承转合,有前因后果,皆由不

---

① 梁慧星:《民法解释学》,法律出版社 2009 年版,第 63 页。
② 刘星:《法律是什么》,中国政法大学出版社 1998 年版,第 56 页。

同的事实要素组合而成。但定罪活动需要的案件事实,在于具有法律评价意义的事实,这部分事实较之其他事实在法律意义上有明确的归属,在反映内容上有清晰的指向,是所有案件事实中作为骨架的部分,是将案件完整清晰展现的基础。因此,事实的筛选就是要在完整的各项案件事实中逐步提取归类出具有法律意义的这一部分骨架事实。根据学者的研究,所谓有法律意义的事实一般可以分为以下三种类型:

第一,与犯罪构成直接相关的事实。在目前四要件模式下,这部分事实基本可分为四个方面:一是表明犯罪客体的事实情节,这一方面的事实情节主要通过犯罪对象表现出来,如奸淫幼女罪的客体是幼女的身心健康,这就必须把幼女未满 14 周岁的事实情节给揭示出来。二是表明犯罪客观方面的事实情节,如行为的方式方法、行为导致的结果,行为与结果之间的因果关系以及在特殊条件下行为的时间、地点等情况。三是表明犯罪主体的事实情节,如行为人的年龄、智力发育状况及特殊的身份等。四是表明犯罪主观方面的事实情节,如行为人在实施行为时的主观罪过形式、动机、目的等。

第二,隐含性定罪事实。所谓隐含性定罪事实是指,刑法条文在表述符合或违反刑法规范的事实情况时,将有关事实隐含在其他类型的事实情节之中,其具体内容和形式要根据其他事实的含义和条款的上下文进行推定。刑法条文对有些犯罪构成要件的内容通常是采取隐含的方式表述,不能认为只有刑法条文载明的内容才是该规范要素所指的情节。比如《刑法》规定的抢劫罪就并未规定抢劫行为是当场实施,但它显然隐含了"当场实施"这一事实要素,这也是抢劫罪同敲诈勒索等犯罪的本质区别之一。《刑法》第 336 条规定的非法行医罪,其犯罪对象在刑法条文中没有表述,但可以通过其他的规范要素推定出是伤病的自然人,那么,符合"伤病的自然人"这一规范的事实情况就是隐含性定罪情节。

第三,与构成犯罪有关的其他事实。除了本身就能表明行为具备犯罪构成要件的那些事实情节外,在一定条件下,凡是能说明行为的社会危害性和行为人的人身危险性的其他事实情节,也可以说明一定的犯罪构成要件,从而对定罪发生一定的影响作用,成为定罪中所应当筛选出的事实。例如,对于某些处于罪与非罪临界线上的行为来说,任何一种说明其社会危害性和行为人人身危险性的情节都有可能说明行为是否"情节严重"或"情节恶劣",从而决定行为的罪与非罪,对定罪发生一定的作用。

（二）寻找法律规范

进行事实筛选后,定罪过程进行到了第二个步骤——法律规范的寻找。法律规范是定罪的深层依据,因此犯罪的确定就必须有明确的法律规范,以此作为充足的依据。法律规范的寻找,即是为了准备充足依据而进行的找法活动。定罪的过程之所以要寻找法律规范,是因为法律是具有高度概括性的普适性的法律,非是按照一案一立设立的具体的法律。在中国古代的法律规范中,常常针对个案而立法,存在大量一事一立法的情况,而随着社会的发展,人们越来越多的行为需要法律来进行规范和约束,伴随着语言的精炼和思维的深度,立法也就从一事一立逐渐往普适性立法上发展,法律规范因此具有了概括性和抽象性。找法活动就是在普适性立法中寻找具体个案是否概括其中的过程,通过法官目光在事实与规范之间的往返流转,为其后的三段论推理提供具有推论力的大前提和小前提。以盗窃为例,行为人实施盗窃行为,但由于身份、对象、后果等不同,可能涉及的罪名也会发生变化:行为人利用职务便利实施盗窃,可能构成职务侵占、贪污等犯罪;盗窃对象为公共设施的,可能构成破坏电力设备、破坏交通工具、破坏交通设施、破坏广播电视设施、公用电信设施等犯罪;盗窃对象为林木的,可能构成盗伐林木罪;盗窃对象为文物的,可能构成损毁文物、名胜古迹罪、盗掘古文化遗址、古墓葬等犯罪;盗窃对象为枪支的,可能构成盗窃枪支罪;盗窃对象为公文、证件、印章的,可能构成盗窃国家机关公文、证件、印章罪;盗窃对象为虚拟财产的,可能构成非法获取计算机信息系统数据、破坏计算机信息系统、侵犯公民个人信息等犯罪。

实践证明,在解决案件的最初阶段,对规范的寻找是无法按照纯粹的逻辑公式进行的。很多情况下,法官都是基于"直觉""预感",通过"顿悟"的方式直接发现"尝试性的结论",然后从这个结论出发,寻找可以对该结论予以支撑的论据(法律规范和案件事实),并通过反复的检测、比较、权衡,以获取与案件事实相适应的裁判规范。实际上,在听取当事人的最初陈述之后,法律职业者已经对案件有了大致的结论,事实的进一步查证和法规范的寻找都是为证明他最初结论的正确。当然,也有不少情况,法官并不能凭借"直觉""预感"直接得出结论,而是要通过对案件事实的深刻分析,逐步缩小搜索的范围,通过反复地比较和权衡,最后找出能够与待决案件匹配的裁判规范。司法实践经验也表明,那些能够凭借"直觉""预感"发现裁判结论(无论对错)的案件,往往是我们自己较为熟悉的案件,或者说是相对简单的案件。无论法官"找法"的外在表现形式如何,其本质都是要通过法官目光在事实与规范之间的来回审视,通过事实与规范间的彼此比照,实现法律规范和案件事实的相互适应,为其后的三段论推理提供大前提和小前提。具体的路径则表现为"事实的一般化"和"规范的具体化"。所谓事实的一般化,是指在复杂的犯罪事实各个环节中,梳理出抽象的、格式化的、与犯罪构成相符的事实;所谓规范的具体化,就是寻找与具体犯罪事实相符的具体法律规定。其中牵涉到大量的法律解释、政策把握等因素。

(三)确定具体犯罪构成

在具体犯罪构成的选定阶段,不但要选定具体犯罪构成,确定具体罪名,以解决此罪与彼罪的界限问题,还要解决犯罪阶段、共同犯罪、一罪与数罪、重罪与轻罪等一系列与犯罪构成紧密相关的问题。

（四）论证推导

在法官的主观意识中，经事实筛选环节建构过的事实已经具有了涵摄于规范之下的"资格"和"能力"，在某种程度上已经初步形成了案件的裁判结论。但是，由于前置的环节主要是法官主观思维的过程，因此，这种判断仍然带有假定的性质，必须经过人们所公认的客观程序加以检验和确认。涵摄则是将法官关于案件事实与裁判规范的"思维运作"以公认的演绎三段论的形式"再现"出来，并进行理性的检验，在获得最终确认的基础上，合乎逻辑地推导出裁判结论。

三、三段论在实践中存在的问题

三段论的适用取决于三个前提性条件：其一，作为案件基础的事实必须确定；其二，作为演绎大前提的法律规则必须完备，即完整、明确；其三，作为从事实到法律的演绎规则必须明确。然而在司法实践中，上述三个前提条件似乎都存在一定的问题。

（一）案件事实必须清楚

要完成三段论的演绎推理，司法人员就必须在演绎推理之前进行大小前提的构建。确定前提，而不是从前提中得出结论，才是真正的困难所在，也是易于出错的地方。然而困难在于，在发现前提方面靠逻辑是不起作用的。因此正确地认定事实是正确适用法律的前提。然而事实并不总是像想象中的那么确定。一方面，即便在因果关系确定的情况下，对于一个复杂的行为如何按照法律的规定进行适当的切分，从而明确行为究竟是构成一罪还是数罪、此罪还是彼罪，是一个值得深入研究的问题。另一方面，事实的认定依赖于刑事诉讼程序的查明，同样的案件，可能由于刑事诉讼中出现的种种问题，所得出的结论可能并不相同。近年来，人民法院纠正了多起重大冤假错案，其中大部分是因为证据出现问题，后按照疑罪从无的理念宣告无罪。

（二）法律规定必须明确

罪刑法定是现代刑法的基本原则。罪刑法定的前提是法律规定必须明确。然而我们越来越发现，随着法律科学的发展，法律规定表面上看日益精密，但实际上反而更加模糊：词语的弹性更大、罪与罪之间的交叉更为频繁。

第一，法律规定存在交叉，刑法中存在大量的法条竞合现象，而且随着法律的精细化，罪名之间交叉的现象反而越来越普遍。比如，1979年《刑法》中仅存在一个诈骗罪，随着刑法的细分，又演化出合同诈骗罪、集资诈骗罪、贷款诈骗罪、保险诈骗罪，等等。由于法律在设定时不像想象的那么严密，使得法律适用产生困难。比如单位以非法占有为目的，实施贷款诈骗行为，由于法律没有规定贷款诈骗罪的单位犯罪，导致此类犯罪在法律适用上存在困难。对此，2001年《全国法院审理金融犯罪案件工作座谈会纪要》规定，根据《刑法》第30条和第193条的规定，单位不构成贷款诈骗罪。对单位实施的贷款诈骗行为，不能以贷款诈骗罪定罪处罚，也不能以贷款诈骗罪追究直接负责的主管人员和其他直接责任人员的刑事责任。但是在司法实践中，对于单位十分明显地以非法占有为目的，利用签订、履行借款合同诈骗银行或其他金融机构贷款，符合《刑法》第224条规定的合同诈骗罪构成要件的，应当以合同诈骗罪定罪处罚。对同样实施了贷款诈骗行为，个人可按贷款诈骗罪定罪，单位及其直接负责的主管人员却以合同诈骗罪定罪，显然存在问题。再比如，同样在合同诈骗罪里，最高人民法院一方面承认口头合同也可以构成合同诈骗，另一方面严格限定口头合同构成合同诈骗的适用范围，那么在口头合同的情况下，诈骗罪和合同诈骗罪区分的界限究竟是什么？在张某诈骗案中，张某从事机票代理业务，王某等人曾通过张某购买过机票。疫情期间，中美之间的机票非常紧张，张某谎称能够买到中美之间的机票，王某等人信以为真，遂向张某预定了某日飞往美国的机票，张某收到王某等人的预付款后用于偿还个人债务,随后失联。王某等人遂报警。一种观点认为,在本案中,张某从事机票代理业务,王某等人向其求购机票,并约定了机票的时间、地点等要素,从民事合同的角度,有要约和承诺而且合同的内容十分明确,合同成立。根据《刑法》第 224 条的规定,以非法占有为目的,在签订、履行合同过程中,收到对方给付的货物、货款、预付款或者担保财产后逃匿的,构成合同诈骗。另一种观点认为,张某与王某之间虽然存在民事上的合同,但该合同不属于合同诈骗中的合同,从合同诈骗侵犯的客体来看,合同诈骗破坏的是市场秩序,因此口头合同在合同诈骗中的适用应当严格限定范围,一般限于生产、销售领域。对于在日常生活中利用口头合同进行诈骗的,一般不能认定为合同诈骗。因此张某的行为仅构成一般诈骗而不构成合同诈骗。根据有关规定,合同诈骗的起刑点为 2 万元,而普通诈骗的起刑点最低仅为 3000 元。故如何理解合同诈骗中的合同,对认定是否构成犯罪至关重要。

第二,法律规定中存在大量空白罪状,犯罪的认定往往借助于其他法律的规定,由于法律体系的不完备,形成其他法律规定与刑法衔接的空白。比如《刑法》第 253 条之一规定,违反国家有关规定,向他人出售或者提供公民个人信息,情节严重的,处三年以下有期徒刑或者拘役,并处或者单处罚金;情节特别严重的,处三年以上七年以下有期徒刑,并处罚金。那么如果要判断行为人的行为是否构成非法出售公民个人信息罪,首先要查明是否存在相关国家规定,是否违反国家规定,违反了什么规定。在显性的空白罪状之外,隐性的空白罪状也在刑法中大量存在。

以陈某重婚案为例。陈某与王某甲在安徽插队时认识,1980 年 4 月生育一女,后王某甲先回城。1981 年 6 月,王某甲以陈某妻子名义,将户籍迁入陈某父亲为户主的上海市漕溪路的一处房产。1984 年 2 月陈某回城后,也将户口迁至上述地址。此后,相关户籍资料等证据可证实陈某与王某甲一直以夫妻名义共同生活,但两人并未办理婚姻登记手续。

1990 年，陈某与陶某经朋友介绍认识。两人发生性关系，陶某怀孕并生育一子。1994 年五六月份，陈某与王某乙通过朋友介绍相互认识。1994 年六七月开始，两人开始以夫妻名义共同生活至今。本案的争议焦点是在前一个事实婚姻未予解除情形下，又与他人以夫妻名义居生活的能否构成重婚罪。

一种观点认为，前后均属事实婚的行为不构成重婚罪。主要理由为：（1）我国《刑法》第 258 条保护的应当是合法的婚姻关系。我国《刑法》第 258 条规定，有配偶而重婚的，或者明知他人有配偶而与之结婚的，构成重婚罪。所谓的"有配偶"应当根据有关婚姻法律规定进行界定。原《婚姻法》规定，符合结婚条件的男女，应当亲自到婚姻登记机关进行结婚登记，取得结婚证，方能形成法定的配偶关系。因此，我国《刑法》第 258 条规定的"有配偶的人"，应理解为依法已经登记结婚的人。对未依法登记结婚而以夫妻名义共同生活的，不能称为"有配偶的人"。（2）关于事实婚能否构成重婚的问题。从历史上看，由于我国实际国情，原来司法实践一直承认事实婚能够构成重婚。但这种情况在 1994 年《婚姻登记管理条例》出台后发生了变化。1994 年 2 月 1 日《婚姻登记管理条例》第 24 条规定"符合结婚条件的当事人未经结婚登记以夫妻名义同居的，其婚姻关系无效，不受法律保护"。从而彻底否定了事实婚姻，也由此引发了事实婚能否构成重婚的争论。1994 年 12 月 14 日最高人民法院关于《〈婚姻登记管理条例〉施行后发生的以夫妻名义非法同居的重婚案件是否以重婚罪定罪处罚的批复》明确指出，新的《婚姻登记管理条例》发布施行后，有配偶的人与他人以夫妻名义同居生活的，或者明知他人有配偶而与之以夫妻名义同居生活的，仍应按重婚罪定罪处罚。1999 年第 2 期《刑事审判参考》刊登的"方伍峰重婚案"指出：1994 年 2 月 1 日以后，在重婚罪中，是否排除了事实婚姻的存在呢？根据最高人民法院的前述批复，事实婚姻仍可作为重婚罪的构成要件。对最高人民法院批复中所谓"有配偶的人"，应理解为是指已经依法登记结婚的人。对未经依法登记而以夫妻名义共同生活的人，不能称为"有配偶的人"。因此，已经登记结婚的人，又与他人以夫妻名义同居生活，或者明知他人已经登记结婚，还与之以夫妻名义同居生活，今后同样构成重婚罪。对于先有事实婚姻，又与他人登记结婚和两次及两次以上均是事实婚姻的，则依法不构成重婚罪。(3)从保护客体来说，重婚罪保护的应当是合法婚姻关系。重婚罪侵犯的客体"是社会主义婚姻家庭中的一夫一妻制……它不仅使合法的婚姻关系的一方或者双方遭到破坏，而且败坏社会道德风尚，对人们的思想起着腐蚀的作用。因此，我国刑法把重婚规定为犯罪，予以法律制裁，是十分必要的"。①而最高法院在"方伍峰重婚案"中对此进一步解释：对于有配偶的人又与他人以夫妻名义同居而形成事实婚姻的，之所以应当以重婚罪追究刑事责任，是因为不能允许行为人以事实婚姻去肆意破坏依法登记的合法婚姻。法律不保护事实婚姻，但必须保护合法的婚姻关系不受非法侵犯。按照上述解释，虽然《刑法》仍然承认事实婚，但不是所有的事实婚都可以构成重婚，只有先存在合法婚姻再有事实婚的情况下，才能考虑是否构成重婚。综上所述，所谓"有配偶的人"，应理解为是指已经依法登记结婚的人。从现行法律规定以及立法本意考虑，刑法规定重婚罪所保护的客体是经过登记的合法婚姻。对于前后均属事实婚的行为，不构成重婚罪。

　　另一种观点认为，前后两个事实婚可以构成重婚罪。主要理由为：(1)重婚侵犯了婚姻家庭制度中的一夫一妻制，而非婚姻登记制度。在前一个事实婚姻没有解除的情况下，又与他人形成事实婚，实际也侵害了一夫一妻制，损害了对方的合法权益，败坏了社会风气，对此种行为有以刑法惩处的必要。(2)事实婚虽然不属合法登记婚姻，但也受到法律保护。

---

① 　周道鸾、张军主编：《刑法罪名精释》(第四版)(下)，人民法院出版社2013年版，第605页。

1989 年 11 月 21 日最高人民法院《关于人民法院审理未办结婚登记而以夫妻名义同居生活案件的若干意见》即指出，1986 年 3 月 15 日《婚姻登记办法》施行之前，未办结婚登记手续即以夫妻名义同居生活，群众也认为是夫妻关系的，一方向人民法院起诉"离婚"，如起诉时双方均符合结婚的法定条件，可认定为事实婚姻关系；如起诉时一方或双方不符合结婚的法定条件，应认定为非法同居关系。1986 年 3 月 15 日《婚姻登记办法》施行之后，未办结婚登记手续即以夫妻名义同居生活，群众也认为是夫妻关系的，一方向人民法院起诉"离婚"，如同居时双方均符合结婚的法定条件，可认定为事实婚姻关系；如同居时一方或双方不符合结婚的法定条件，应认定为非法同居关系。自民政部新的《婚姻登记管理条例》施行之日起，未办结婚登记即以夫妻名义同居生活，按非法同居关系对待。1994 年 4 月 4 日最高人民法院发布的《关于适用新的〈婚姻登记管理条例〉的通知》指出：1989 年 11 月 21 日我院《关于人民法院审理未办结婚登记而以夫妻名义同居生活案件的若干意见》（以下简称《意见》）第 3 条规定："自民政部新的婚姻登记管理条例施行之日起，没有配偶的男女，未办结婚登记即以夫妻名义同居生活，按非法同居关系对待。"1994 年 2 月 2 日，民政部发布了新的《婚姻登记管理条例》，并于发布之日起施行。因此，自 1994 年 2 月 1 日起，没有配偶的男女，未经结婚登记即以夫妻名义同居生活的，其婚姻关系无效，不受法律保护。对于起诉至人民法院的，应按非法同居关系处理。在此之前，未经结婚登记即以夫妻名义同居生活，新的《婚姻登记管理条例》施行以后起诉到人民法院的，仍按我院上述《意见》中的有关规定办理。2001 年 12 月 24 日《关于适用〈中华人民共和国婚姻法〉若干问题的解释（一）》第 5 条规定，未按《婚姻法》第八条规定办理结婚登记而以夫妻名义共同生活的男女，起诉到人民法院要求离婚的，应当区别对待：一、1994 年 2 月 1 日民政部《婚姻登记管理条例》公布实施以前，男女双方已经符合结婚实质要件的，按事实婚姻处理；二、1994

年2月1日民政部《婚姻登记管理条例》公布实施以后,男女双方符合结婚实质要件的,人民法院应当告知其在案件受理前补办结婚登记;未补办结婚登记的,按解除同居关系处理。综上可以看出:第一,司法实践中不是不承认事实婚姻,而是要区别对待。根据最新的最高法院关于《婚姻法》的司法解释,对1994年《婚姻登记管理条例》出台后形成的事实婚姻,法律不予承认;而对于1994年《婚姻登记管理条例》出台前已经形成的事实婚姻,如果符合结婚实质要件,法律仍然予以承认并保护。第二,司法实践中,事实婚姻仍然受到民事法律保护,也就是说事实婚姻仍然是"合法婚姻",只不过不是合法登记的婚姻,在当事人不能达成合意解除的情况下,事实婚姻关系仍应通过法律程序予以解除。实践中,事实婚姻离婚案件也是按照法定婚离婚的原则处理的。因此,在已经形成事实婚的情况下再与他人形成事实婚,符合1994年12月14日,最高人民法院《关于〈婚姻登记管理条例〉施行后发生的以夫妻名义非法同居的重婚案件是否以重婚罪定罪处罚的批复》中规定的"有配偶的人与他人以夫妻名义同居生活的,应按重婚罪定罪处罚"的规定,可以构成重婚罪。

可见在本案中,是否承认事实婚姻直接决定了行为人的行为是否构成重婚罪,而是否承认事实婚姻又必须依靠相关民事法律规范进行判断。

第三,法律概念存在不确定性。概念是一类具有相同本质属性的事物的界定。"人类在认识过程中,把所感觉到的事物的共同特点抽出来,加以概括,就成为概念。"[①]但事物在不同场景下又往往具有不同的意义和属性,比如某人从性别的角度可以界定为男人,但从社会关系的角度又可以被界定为父亲、儿子、领导、国家工作人员、组织领导者、直接负责人员等。以刑法中的"卖淫"为例。2011年7月,广东佛山南海警方发现一理发店雇请多名按摩女子为客人提供手淫等色情按摩。后警方以涉嫌组

---

① 中国社会科学院语言研究所词典编辑室编:《现代汉语词典(第5版)》,商务印书馆2005年版,第438页。

织卖淫对这家店的老板李某和两名管理人员刑事拘留并立案调查。检察院以同样的罪名向法院提起公诉。2011年底，李某等三人被一审法院以组织卖淫罪判处有期徒刑5年不等。一审判决后，李某提出上诉，二审将本案发回重审，重审期间检方经过两次补充侦查后，在2012年初以"不应当追究被告人刑事责任"为由，撤回起诉，3名被告人无罪释放。公安机关认为，根据公安部2001年对广西壮族自治区公安厅的批复，不特定的异性之间或者同性之间以金钱、财物为媒介发生不正当性关系的行为，包括口淫、手淫、鸡奸等行为，都属于卖淫嫖娼行为。2003年浙江省法制办又向国务院法制办就公安部批复的合法性进一步请示，在国务院法制办公室《对浙江省人民政府法制办公室〈关于转送审查处理公安部公复字〔2001〕4号批复的请示〉的复函》（国法函〔2003〕155号）中，对卖淫嫖娼的含义进行了解释，"卖淫嫖娼是指通过金钱交易一方向另一方提供性服务，以满足对方性欲的行为，至于具体性行为采用什么方式，不影响对卖淫嫖娼行为的认定"。该复函征求了全国人大常委会法工委意见，全国人大常委会法工委认为"公安部对卖淫嫖娼的含义进行解释符合法律规定的权限，公安部公复字〔2001〕4号批复的内容与法律的规定是一致的"。所以，这"两个行政解释性文件"可以作为认定"容留卖淫罪"的依据。根据上述文件，提供手淫等色情按摩当然属于卖淫。然而，广东高院则认为，手淫与性交等不具有同等的社会危害性，因此不构成刑法意义上的"卖淫"，但属于治安管理处罚范畴内的"卖淫"。可见，警方是从卖淫的本质特征"以金钱换取性服务"出发，认定提供手淫等色情按摩属于卖淫；而法院方面则是从社会危害性的角度来理解和评价提供色情按摩是否属于卖淫。两者的立场不同，所得出的结论当然不同。对此笔者认为，行政法的概念不能当然等同于刑法上的概念。但是如何对刑法概念与行政法上概念进行明确界分，目前尚缺乏标准。即对于刑法和行政法上共用的概念，刑法与行政法区别的根本何在？理论和实务界尚未对此进行充分研究。

（三）逻辑演绎的过程必须明确

实践证明，定罪的判断过程很少从一个明确的前提开始，一般是从一个模糊地形成的结论出发，然后试图找到证明这一结论的前提。这一命题直接表明了法律适用循环性的外在表征：在司法过程中针对具体案件进行法律适用时，法官需要在认定事实和适用规范之间进行循环往复的比照。

美国法律现实主义学者哈奇森强调，法官实际上是通过感觉而不是通过判断，通过预感而不是通过推理来判决的，对判决最重要的推动力是在一个具体案件中关于是非的直觉感。在杜威和弗兰克等学者看来，法官发现裁判结论的过程分为四个环节，即"困惑与沉思""尝试性顿悟""顿悟的检验""判断的作出与结论的说明"。美国法律现实主义关于司法裁判过程的研究揭示了法官定罪过程的三个特点：一是法官裁判案件的思维属于"结论主导型"思维模式，某种程度上说是逆向思维而非正向思维；二是"预感""直觉"等非理性因素在司法裁判中的重要作用；三是司法裁判中"发现"环节与"说明"环节之间的互动关系，即形式理性前提下的纯粹演绎三段论不可能真正实现，定罪的实际过程是在一般（规范）与特殊（事实）间地来回转换，即诠释学循环。三段论的推导演绎只能是定罪思维过程当中的一部分。

苏联学者库德里亚夫采夫曾进行过一项有趣的实验。根据案件情节要求判断某行为系故意杀人还是中伤他人致死。为了正确区分两个犯罪，必须回答四个问题：（1）是否使受害者的身体遭受重伤？（2）造成重伤是否是故意的？（3）是否导致了死亡？（4）造成他人死亡是否是故意？实验的结果是，大多数情况下问题（2）和（4）被忽略掉了。许多论断的进程是：重伤他人身体——故意——死亡——故意杀人。库德里亚夫采夫指出，这种现象属于"逻辑程序的收缩"。思维的这一特点在于逻辑示意图的某些环节完全被排除，特别是如果得到对于某些问题的肯定回答，法律工作者便按照简化了的逻辑程序进行活动。结果便会出现"跃过""树"的一些"结"（所谓"树"是指逻辑思维的过程，所谓"结"是指逻辑思维过程中必须经过的环节）的现象。被实验人觉得极为明显的那些构成要件，就不再吸引他们的注意力。其结果就是那种没有根据的分析简化，引导出大量错误的结论（平均达 30％）。①而且这种现象在越是专业的人员身上越容易发生，因为他们对于熟悉的案件往往依靠经验、直觉而不再进行严格的逻辑推理来解决。

在定罪活动中，由于法律规定与案件事实并非简单的对应关系，法官的自由裁量发挥着重要作用。有时法律对于犯罪构成要件的规定存在一些评价要件。评价要件的实质是立法者将决定权授予法官，当这些评价要件关乎罪与非罪时，法官就具有了定罪的自由裁量权。因此，定罪中的演绎绝非贝卡利亚所认为的那样只是一个机械的逻辑演绎，而是包含着法官的主观能动性的运用的问题。但是，在"预感""直觉"等非理性因素在司法裁判中的重要作用的情况下，应以何种规则来指导法官根据正确的思路进行演绎推理？这就牵涉对定罪原则、定罪规则的研究。司法实践中出现的大量所谓"同案不同判"，一方面牵涉对法律规范的理解不同，另一方面也与演绎、归纳的方法不同有关。

四、以实践为基础的定罪过程分析

司法是一个极其复杂的过程。"当我决定一个案件时，我到底做了些什么？我用了什么样的信息资源来作为指导？我允许这些信息在多大比重上对结果起了作用？它们又应当在多大比重上发挥作用？如果可以适用某个司法的先例，在什么时候我会拒绝遵循这一先例？当没有可以适用的先例时，我又如何获得一个规则而同时又为未来制定一个先

---

① ［苏］B.H.库德里亚夫采夫：《定罪通论》，李益前译，中国展望出版社 1989 年版，第227—240 页。

例？……日复一日，所有这些成分被投入法院的锅炉中，酿造成这种奇怪的化合物。"由此导致的结果是"在这整个国度的数百个法院里，每天都在进行决定案件的工作。人们也许会想，任何法官都会认为可以很容易地描述他沿袭了成千上万次的司法决定的过程。然而，没有比这离事实真相更为遥远的了"。①因此，我们需要一种方法，"我们必须拥有一种可以传承、可以复制、可以推广的方法，这样我们可以实现司法的理性判断"。②

实质上，任何司法活动，无论刑事、民事、行政，都存在一个从认定事实到适用法律的过程，都面临着如何将复杂的、非类型化的事实适用于概括的、类型化的法律规定的问题。对此，民事法律方面的专家已经进行了卓有成效地探索。比如，杨立新教授提出"五步法"的裁判方法，即发现请求权、请求权定性、寻求请求权法律基础、确定请求权、适用法律裁判。③而邹碧华法官则在总结实践经验的基础上提出"要件审判九步法"：固定权利请求、找到权利请求基础规范、寻找抗辩（权）基础规范、基础规范构成要件分解、检索诉讼主张、整理诉讼争点、证明事实要件、认定事实要件、要件归入并作出裁判。④民事审判强调的是当事人的意思自治。比如，同样一个民事事实发生，当事人可以以违约作为请求权向法院提起诉讼，也可以以侵权作为请求权向法院提起诉讼，两种请求权审判的思路、责任承担的方式是不同的，但法官要充分尊重当事人的选择权，也就是说即使法官认为以另一种责任承担方式对当事人更有利，法官可以释明但原则上不能强迫当事人改变请求权。所以请求权的确定是长期困扰民事审判的一个难题。"案件不能及时审结，还有几个更加重要的主观原因应当引起我们的重视：一是诉讼请求不固定；二是法律条文不固定；三是诉

---

① ［美］本杰明·卡多佐：《司法过程的性质》，苏力译，商务印书馆1997年版，第1—2页。

② 邹碧华：《要件审判九步法》，法律出版社2010年版，第16页。

③ 杨立新：《民事裁判方法》，法律出版社2008年版。

④ 相关内容参见邹碧华：《要件审判九步法》，法律出版社2010年版。

讼主张不固定；四是证据材料不固定。"①"比如说，我们有一个案子，审了大概两年了，还在继续审理。我看这个案子的时候，有一个感觉，那就是这个案子再有一年也未必能审完。为什么呢？因为这个案子的诉讼主张还没完全固定下来，法官还在跟着当事人的诉讼主张跑。"②所以民事审判方面的专家关注的重点主要集中在确定请求权基础方面，上面"五步法"中有四步都是在解决请求权问题，而"九步法"中至少有六步也是解决请求权问题。但刑事案件不同。刑事案件是运用公权力查明犯罪事实并正确定罪量刑的过程，针对一个相对固定的事实，要么是此罪，要么是彼罪，要么不构成犯罪，理论上不存在可以是此罪也可以是彼罪的情形③，也就是在刑事审判中，只能有一个相对正确的定罪结论，检察机关认为侦查机关适用的罪名不正确，可以径行改变侦查机关移送审查起诉的罪名，而法院在起诉事实相同的情况下，也可以改变公诉机关指控的罪名。

　　但是民事审判专家所作的探索对我们而言并不是完全没有借鉴作用，它实际上揭示了这样一个问题：一个案件发生了，我们应当以怎样的思路和方法在事实与罪名之间进行法律的推理和演绎，而这就成为定罪问题研究的核心和重点。"思维方式甚至比他们的专业知识更重要，因为专业知识是有据可查的，而思维方式是靠长期专门训练而成的。"④即使三段论存在诸多缺陷，但其仍然是定罪过程的基本哲学逻辑。美国著名学者博登海默指出，要使法律成为一个完全的演绎制度是永远不会成功的，但是否认或缩小形式逻辑在法律制度中的作用也是不恰当的，事实上，形式逻辑是作为平等、公正执法的重要工具来起作用的。它要求法官

---

①　邹碧华：《要件审判九步法》，法律出版社 2010 年版，第 8 页。

②　邹碧华：《要件审判九步法》，法律出版社 2010 年版，第 30 页。

③　当然，刑事审判中也存在事实竞合和法律竞合的现象，但这种竞合是一种法律适用规则问题，而不是当事人选择权的问题。

④　[美]鲁格罗·亚狄瑟：《法律的逻辑——法官写给法律人的逻辑指引》，唐欣伟译，法律出版社 2007 年版，第 5 页。

始终如一地和不具偏见地执行法律命令。虽然逻辑演绎不能解决最棘手的法律问题,但是这并不意味着逻辑与经验之间的相互关系是对立或者背离的。逻辑和经验在司法过程中与其说是敌人,毋宁说是盟友。①因此以"三段论"为基本逻辑骨架,以实践经验作为补充的定罪方法是合适的。

从实践的角度,我们看法官是如何定罪的。以宋某故意伤害案的判决书为例。

公诉机关×××人民检察院。

被告人宋某,男,32 岁,汉族,小学文化,农民。因涉嫌犯故意伤害罪于 2023 年 5 月 5 日被取保候审。

×××人民检察院以某号起诉书指控被告人宋某犯故意伤害罪,向法院提起公诉。在开庭审理过程中,因辩护人作无罪辩护,本案依法变更为普通程序,组成合议庭公开开庭进行了审理。现已审理终结。

×××人民检察院指控,2023 年 3 月 16 日 12 时许,被害人沈甲与李乙因琐事发生口角并互相撕扯,被告人宋某呵斥沈甲放开李乙未果后,拉扯并猛拧沈甲的左手腕,致沈甲左胳膊受伤住院治疗。经鉴定,沈甲的身体损伤构成轻伤一级。

公诉机关认为,被告人宋某故意伤害他人身体,致人轻伤,其行为已触犯《中华人民共和国刑法》第二百三十四条第一款之规定,应当以故意伤害罪追究其刑事责任。被告人宋某经传唤到案后如实供述自己的犯罪事实,依据《中华人民共和国刑法》第六十七条第三款的规定,可以从轻处罚;其自愿认罪认罚,依据《中华人民共和国刑事诉讼法》第十五条的规定,可以从宽处理。建议判处被告人宋某有期徒刑八个月,如赔偿被害人损失或者取得谅解,可适用缓刑。

---

① ［美］博登海默:《法理学、法律哲学与法律方法》,邓正来译,中国政法大学出版社 2004 年版,第 517—518 页。

被告人宋某对指控事实、罪名及量刑建议均无异议。辩护人针对指控事实和罪名提出如下辩护意见:1.被告人宋某的行为构成正当防卫,不构成犯罪,本案被害人的损伤构成轻伤一级,亦不属于防卫过当;2.被告人明知他人报案而在现场等待,到案后如实供述犯罪事实,具有自首情节;3.被害人对案发起因、冲突升级存在重大过错,且本案属于情节轻微的邻里纠纷案件;4.被告人没有前科劣迹,主观恶性不大,且其愿意赔偿被害人的损失。综上,建议对被告人从轻处罚,并适用缓刑。

经审理查明,2023年3月16日12时许,被害人沈甲与李乙因琐事发生口角并互相撕扯,被告人宋某呵斥沈甲放开李乙未果后,猛拧沈甲的左手腕并甩开左胳膊,致沈甲左胳膊受伤。经鉴定,沈甲的损伤主要是左上肢外伤致左侧尺骨远端粉碎性骨折等,其损失构成轻伤一级。

公诉机关就其指控事实,向法庭提交如下证据予以证明:

1. 书证……

2. 证人证言……

3. 被害人沈甲的陈述……

4. 被告人宋某的供述与辩解……

5. 某法鉴定中心鉴定书,证明被害人沈甲构成轻伤一级。

6. 勘验、检查、侦查实验等笔录……

7. 视听资料、电子数据……

本院认为,被告人宋某故意伤害他人身体,致人轻伤,其行为已构成故意伤害罪。公诉机关的指控成立。关于辩护人提出被告人宋某构成正当防卫的辩护意见,经查,本案被害人沈甲和李乙因生活琐事而相互争吵,继而撕扯倒地,双方都有过错且在撕扯中并未使用凶器,亦未采取明显不当的暴力行为,沈甲虽骑在李乙身上,但在案证据并不足以证实沈甲对李乙形成现实、紧迫的危险。综上,被告人的行为不符合正当防卫的相关条件,不构成正当防卫。故该辩护意见理由不能成立,不予采纳。关于辩护人提出被告人具有自首情节的辩护意见,经查,案发后被告人宋某明知沈甲报警而在案发现场等待,民警到达现场后对宋某进行口头传唤,其到案后如实供述犯罪事实,系自首。该辩护意见理由成立,予以采纳;关于辩护人提出被害人在本案中存在过错的辩护意见,经查,沈甲与李乙因生活琐事发生口角后相互撕扯,宋某到达现场后没有采取合理合法的方式劝架,而是抓住沈甲的左手腕用力向外猛拧,拧开沈甲的左手的同时又使劲甩沈甲的左胳膊,将沈甲甩倒在地。故沈甲对本案的引发及造成的伤害行为并无刑法意义上的过错责任,该辩护意见理由不能成立,不予采纳。被告人宋某系自首,且自愿认罪认罚,认罪态度较好,依法可从轻处罚;在审理过程中,其主动预缴医疗费等部分费用,确有悔罪表现,可酌情从轻处罚。辩护人有关被告人具有上述法定从轻处罚情节的辩护意见,理由成立,予以采纳。公诉机关的量刑建议适当,予以采纳。根据被告人的犯罪事实、情节、危害后果及悔罪表现,结合社区矫正调查评估意见,对其可适用缓刑。依照《中华人民共和国刑法》第二百三十四条第一款,第六十七条第一款,第七十二条第一款,第七十三条第二款、第三款、第三十六条第一款之规定,判决如下:

被告人宋某犯故意伤害罪,判处有期徒刑八个月,缓刑一年。

通过分析上述判决书,可以看到司法实践中定罪问题是通过解决以下环节进行解决的:

第一个环节:是否可以定罪。在这个环节中,面对一定的案件事实,司法者需要将案件事实与相关的法律规定进行比对,以确定某种行为是否符合法律规范,也就是是否具有该当性。在这个环节中有以下三个因素发挥作用:定罪的原则、刑法的解释以及某一具体犯罪的犯罪构成分析。如果第一个问题的答案是"可以",那么就进入第二个环节。如果将案件事实与相关法律规定进行比对后,发现不符合任何犯罪构成的该当性,按照罪刑法定原则,应当依法宣告无罪。本案中,宋某使用暴力致被害人受伤,符合故意伤害罪的犯罪构成。此外,辩护人提出了被告人系正当防卫的责任阻却事由。对此判决书进行了详细分析,认为"在案证据并不足以证实沈甲对李乙形成现实、紧迫的危险,被告人的行为不符合正当防卫的相关条件,不构成正当防卫"。据此,法院认为被告人宋某故意伤害他人身体,致人轻伤,其行为构成故意伤害罪(需要说明的是,如果法院认定被告人的行为具有正当防卫性质,则根据"正当防卫排除犯罪故意"的原理,本案不能以故意犯罪论处;如果防卫过当,可能构成过失犯罪,由于过失致人伤害必须达到重伤的程度才能构成犯罪,本案仅造成轻伤后果,应宣告无罪)。

第二个环节:如何定罪。当案件事实与相关法律规定进行比对时,可能出现三种结果:第一种结果就是某一事实与某一犯罪构成也完全符合;第二种结果就是可能与多个犯罪构成都具有一定的符合性;第三种结果就是某种行为与一定的犯罪构成既有符合性也有差异性。在这个环节,我们需要运用一定的方法来确定行为究竟是一罪还是数罪,以及具体的罪名。本案不存在上述情形,可以跳过该环节。

第三个环节:是否需要定罪。从很多理论研究的立场来看,通过以上两步,定罪问题似乎已经结束,但在实践中还存在着第三步:是否需要定罪。在这个过程中,刑事政策、价值观判断、社会危害性衡量等因素发挥着重要作用。一个行为表面上符合某一犯罪构成,但如果基于特定的刑事政策、价值衡量,通过综合评判认为该行为情节显著轻微、危害不大的,可以做无罪处理。如果不存在上述情形,则应依法宣告某一行为构成某一犯罪。至此,定罪过程才最终完毕。本案中,法院仔细分析了被害人是否有过错、被告人认罪悔罪的表现等，"根据被告人的犯罪事实、情节、危害后果及悔罪表现"，最终认为被告人构成故意伤害罪且应当承担相应的刑事责任。

根据上述分析，司法实践中的定罪过程可以图 1 表示：

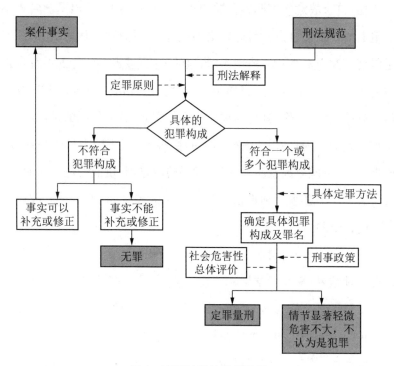

图 1　定罪过程的思维导图

第二章 定罪的基本原则

定罪是从案件事实到法规规范的推理演绎过程。定罪中的演绎,绝非如贝卡利亚所认为的那样,只是一个机械的逻辑演绎,而是包含着法官的主观能动性的运用。问题在于,当法官的"预感""直觉"等非理性因素在司法裁判中发挥作用的情况下,应以何种原则来指导法官根据正确的思路进行演绎和推理?这就涉及对定罪基本原则的研究。英国学者丹尼斯·贝克教授曾举过一个例子:某项法律规定,行为人"站街"拉客属于违法。法院认为,如果妓女站在临街房间的窗户前,搔首弄姿引诱客人,针对的是街上的男人,行为人就属于"站街"拉客。该判决基于以下推理:一是,成文法禁止妓女或其他人站街拉客;二是,"拉客"指代对男性进行诱惑;三是,相关法律禁止妓女站在街上对他人进行性诱惑;四是,现在有妓女对街上的人进行性诱惑;五是,因此,行为人在站街拉客。丹尼斯教授指出,上述推理的谬误应当是显而易见的。最后一个前提,存在暗含的连字符:妓女对"街上的人"进行诱惑,这并不意味着行为人的性诱惑行为是在街上进行的,如果在自己的房间内唱歌给街上的某个人听,我们几乎没有人会说行为人是在街上唱歌。[1]可见,没有正确的原则指引,貌似精密

---

① ［英］丹尼斯·贝克:《格兰维尔·威廉姆斯刑法教科书(犯罪论编)》,李立丰译,法律出版社 2023 年版,第 20 页。

的逻辑推理,得出的结论也可能是荒谬的。

一、定罪原则的理论争鸣

关于定罪问题的专门研究始于苏联并延续至现在的俄罗斯。根据俄罗斯学界通说立场,所谓的定罪原则意指对于任何特定犯罪行为定性时所必须遵守的、作为普遍规则适用的本源性规定,涵盖客观性、真实性、准确性、完整性四大基本原则。所谓客观性包含三层含义:一是要全面评估与犯罪有关的情况;二是要正确选择法律规范并对法律规范进行客观阐释;三是要对行为与构成要件之间的符合性准确认定。所谓真实性也包含三层含义:首先适用的规范必须符合现实(也就是规范与行为之间要有对应性);其次要充分客观地认定案件事实;最后是定罪过程必须正确。所谓准确性,就是定罪时要准确、完整地引用法律规范。所谓完整性包含五层含义:第一,要完整、全面查明刑法分则中含有相关行为特征的所有条文;第二,定罪应当包含对于每个刑法条文所有被违反的"项"的援引;第三,如果刑法规范中规定了行为的若干选择性客观要件,则定罪时应当指明所实施犯罪行为涉及的所有要件;第四,必须查明所涉及犯罪构成的所有必要要件,即使某些必要要件并没有被立法者直接在条文中予以具体规定;第五,完整性的遵循不仅包括对于行为人所违反的《刑法》分则所有条文的援引,也涵盖《刑法》总则规范的适用。[①]显然,俄罗斯刑法学界对定罪原则的界定涵盖《刑法》《刑事诉讼法》,涵摄很广。

在我国,关于定罪的基本原则,不同学者从不同层面进行了阐述。大体可以分为"一元论"和"多元论"两种。"一元论"即是在一个层面研究定罪的基本原则,而"多元论"则是基于不同层面提出定罪的基本原则。站在一元论的立场,王勇博士在其早期著作《定罪导论》中提出了定罪的四

---

① 庞冬梅:《犯罪论体系的误解与澄清——俄罗斯犯罪论体系构建模式及对我国镜鉴》,载《北方法学》2023 年第 6 期。

项基本原则:主客观统一原则、协调统一原则、平等公正原则和疑罪从宽原则。①张明楷教授提出,在定罪过程中,应当遵循合法原则、平等原则、协调原则和谦抑原则;②何秉松教授则认为,定罪原则应包括以事实为根据、以法律为准绳,法律面前人人平等,严肃与谨慎相结合三个方面。③

后期,"多元论"的代表夏勇博士似乎认识到定罪问题的复杂性,仅从一个角度对定罪问题进行阐述似乎都不全面,因而将定罪原则分为四个部分:入罪原则、出罪原则、疑罪原则、一罪原则。在入罪上,主张遵循罪刑法定原则;在出罪上,主张遵循法制原则,对疑罪,应坚持疑罪从无原则。④闵春雷博士也提出,定罪的原则包括程序法原则与实体法原则两大组成部分,定罪的程序法原则为程序法定原则、证据裁判原则、无罪推定原则;定罪的实体法原则包括罪之法定原则、主客观相统一原则、必要性原则。⑤

综观上述学术观点,定罪的基本原则大体包含以下内容:以事实为依据、以法律为准绳原则;罪刑法定原则(包括依法定罪原则、合法原则等不同表述);主观客观相统一原则;平等原则(有的表述为法律面前人人平等原则)、统一原则(或协调统一原则)、谦抑原则(或疑罪从无原则)等。⑥

原则是说话或行事所依据的法则或标准。⑦一方面,原则不同于规则,规则是运行、运作规律所遵循的法则。⑧在普遍意义上,原则高于规则,是规则的本源和基础,依据不同的原则可以形成不同的规则;此外,原

---

① 王勇:《定罪导论》,中国人民大学出版社 1990 年版,第 34—49 页。

② 张明楷:《刑法学》,法律出版社 1997 年版,第 339 页。

③ 何秉松主编:《刑法教科书》,中国法制出版社 2000 年版,第 472—474 页。

④ 夏勇:《定罪与犯罪构成》,中国人民公安大学出版社 2009 年版,第 361—406 页。

⑤ 闵春雷:《定罪概念及原则的刑事一体化思考》,载《当代法学》2004 年第 4 期。

⑥ 至于何秉松教授提出的严肃与严谨相结合,笔者认为这是一种工作态度,很难称为法律原则。

⑦ 中国社会科学院语言研究所词典编辑室编:《现代汉语词典》(第 6 版),商务印书馆 2014 年版,第 1601 页。

⑧ 参见 https://baike.sogou.com/v64292697.htm?fromTitle＝规则,2018 年 6 月 15 日访问。

则又必须具有普遍性的指导意义和拘束力,而不应当只是适用于某一阶段或者某一环节中。另一方面,不同层面和不同角度有不同的原则。因此,我们在界定原则时,必须将其置于特定的立场,限定其特定的范畴。

关于以事实为依据、以法律为准绳以及法律面前人人平等原则。《宪法》第 5 条规定:"任何组织或个人都不得有超越宪法和法律的特权。"第33 条规定:"中华人民共和国公民在法律面前一律平等。"因此,法律面前人人平等(或者平等原则)是《宪法》确定的原则,任何法律都不得与《宪法》这部根本大法相冲突,所有法律都必须遵循《宪法》确定的基本原则。毫无疑问,在定罪过程中应当遵循"平等"这一宪法原则,但是以"平等"作为定罪的基本原则,无法反映定罪这一特定活动所应遵循的特殊规则。同理,"以事实为依据、以法律为准绳"是《刑事诉讼法》确定的基本原则,在整个诉讼中都应当遵循,以此作为定罪的基本原则,亦无法反映定罪活动的特殊属性。

关于主客观相一致原则。陈兴良教授指出,定罪是司法机关依照《刑法》的规定,确认某一行为是否构成犯罪、构成什么犯罪以及重罪还是轻罪的一种刑事司法活动。定罪是以犯罪构成为根据的,因而定罪是一个罪体与罪责相耦合的过程。在定罪活动中,应当遵循一定的规则,这就是主观与客观相统一的定罪原则。他认为,犯罪构成要件是罪体与罪责的统一,罪体是犯罪的客观层面,是对犯罪的客观评价;罪责是犯罪的主观层面,是对犯罪的主观评价,因此,在定罪活动中坚持主观与客观相统一的原则就是要以罪体与罪责作为认定犯罪的标准。[①]笔者认为,"定罪"不同于"设罪",所谓定罪是指认定某种行为是否构成犯罪以及构成何种犯罪的活动,是将犯罪事实与法律设定进行类型化比较的过程。我们研究定罪的原则,目的是明确在定罪这一特殊活动过程中需要遵循的规则和

---

① 陈兴良:《定罪之研究》,载《河南省政法管理干部学院学报》2000 年第 1 期。

方向。而"设罪"是指立法者设定某种犯罪的标准。如陈兴良教授所言，近现代刑法经历了从客观归罪到主观归罪再到主客观相统一的演变，但这是针对"设罪"而言的，是立法者在确定某项行为是否构成犯罪以及构建其犯罪构成要件时应当遵循的原则。从定罪的角度，法律规定了什么，定罪就应当审查什么，如果某项法律规定某项行为仅需客观行为就可以构成犯罪，那么定罪只需考察行为人是否实施了该行为即可。因此，笔者认为，主客观相统一应当是"设罪"遵循的原则。有学者注意到上述问题，将主客观相统一原则的内涵加以替换，提出主观与客观的统一的内容，具体包括：(1)司法人员的主观认识与案件事实本身相符。这又分为两项内容：一是司法人员的主观认识与案件事实中的主观要件事实本身相符。例如，行为人是 13 周岁，而司法人员却错误地认定行为人已满 14 周岁。这就是司法人员的主观认识与案件事实中的主观要件不符。二是司法人员的认识与案件事实中的客观要件事实本身相符。例如，行为人将被害人打成轻伤害，而司法人员却认定为重伤害，这也就产生司法人员的主观认识与案件事实中的客观要件事实不符。(2)司法人员的主观认识与既定的法律评价相符。也就是说，司法人员对案件事实所作的刑法评价与刑法内在的、既定的评价相一致。就定罪而言，这包括是否构成犯罪、构成何种犯罪、是否共同犯罪、是何种犯罪形态以及构成几个罪等内容。①诚然，正确地认定事实、准确地认识法律是正确定罪的前提和基础，如果事实认定错误、对法律的理解产生错误，定罪的结果必然是错误的。但这种意义上的所谓"主客观相一致"很难称得上是一种法律原则，将其界定为"工作要求"似乎更为妥当。

　　关于协调统一原则(或者统一原则)。其含义是指在一定的时间和空间内，在对某种行为是否定罪、定什么罪的问题上应当协调起来，使定罪

---

① 周洪波：《论定罪的原则》，载《首都师范大学学报（社会科学版）》2002 年第 2 期。

保持一定的稳定性和统一性,而不致出现朝令夕改、相互冲突的情况。有学者将其归纳为四个方面:第一,对某行为此时定罪,彼时不定罪;第二,对某种行为此时定此罪,彼时定彼罪;第三,对某种行为此地定罪,彼地不定罪;第四,对某种行为此地定此罪,彼地定彼罪。固然,法律的严肃性来源于法律的统一性。适用法律不统一,裁判结果相互冲突,必然对法律的严肃性和权威性造成损害。在前述手淫是否构成卖淫的案件中,由于各地执法尺度不一致,对司法的权威性带来了很大的负面影响。执法的协调统一十分重要,但协调统一作为一种目标似乎更为妥当。我们需要研究的问题是应当遵循何种原则来开展定罪活动,以确保定罪结果的统一。因此,将协调统一作为定罪的原则,似乎存在本末倒置之嫌。

二、定罪的总原则应当是罪刑法定原则

在定罪活动中应当遵循一项总的原则:罪刑法定原则。有的学者将"罪刑法定"作为一项刑法原则,这在总体上是没有问题的,但问题是这项原则是放在犯罪论中研究还是放在定罪问题中研究。罪刑法定原则源于资产阶级反对封建统治的斗争,其目的就是反对罪刑擅断、出入人罪。"而经历了两百多年的发展变化的罪刑法定主义,在世界范围内逐渐传播,并最终成为普遍的刑法基本原则,正是源于它彰显了保障社会不受国家权力过度干预的机能。"①罪刑法定原则是在反对封建主义罪刑擅断中产生的,虽然经历两百年的发展其内涵不断丰富,但其三项基本要求——法定化(即犯罪和刑罚必须事先由法律作出明文规定,不允许法官随意擅断)、实定化(即对于什么行为是犯罪和犯罪所产生的法律后果,都必须作出实体性的规定)、明确化(即刑法文字清晰、意思确切、不得含糊其辞或模棱两可)以及其派生出来的禁止类推、反对扩张解释、禁止溯及既往、反

---

① 刘宪权:《罪刑法定原则在我国 60 年的演进》,载《法学论坛》2009 年第 5 期。

对绝对不确定刑,限制自由裁量权等思想——与定罪所要求的基本价值取向具有高度的契合性。刘宪权教授曾指出,长达30年"无法"的结果不仅使普通百姓付出了沉重的代价,同时使执政者本身深受其害。在这种背景下,包括1979年《刑法》在内的诸多法典得以陆续通过无疑是痛定思痛的结果。1997年《刑法》明文规定罪刑法定原则,并废除了类推制度,明确规定罪刑法定原则,标志着中国的刑法已经向现代化迈进,标志着法治国家的建设在刑事法领域的立法层面得到了原则的实现,其价值意义不可估量。对于罪刑法定原则所体现的基本精神可以从很多角度去考察,但是从对罪刑法定原则基本内容所坚持的"不定罪、不处罚"这一侧重面和偏向性分析,我们不难看出,罪刑法定原则所要体现的根本精神就是"有利于被告人",是从保护被告人的合法权利的角度提出并发展的。[①]罪刑法定原则中所蕴含的人权保障思想和公平正义理念,对规制定罪过程中的任意性具有重要的意义,也正是我们研究定罪问题所追求的价值目标。因此,将罪刑法定原则作为定罪的基本原则是妥当的。

坚持罪刑法定原则应当坚持法律规定优先原则。也就是说,当法律有明确规定时,应当严格按照法律规定进行定罪,而不能以法理分析替代法律规定,这里需要分清提示性规定和法律拟制。以王某变造金融票证案为例。王某在银行存款人民币3000元,经两次花用,银行存款余额为5元。后王某在家中采用涂改等方式将银行存折上的存款余额改为10805元并至银行试图取款,银行工作人员发现存折被涂改后报警,王某被抓获。在这个案件中,王某涂改银行存折的行为构成变造金融凭证罪,其使用变造的金融凭证至银行取款行为构成金融凭证诈骗罪(未遂)。从法理上分析,上述行为构成牵连犯。按照牵连犯的一般规则,应"从一重罪处断"。但是《刑法》第194条第2款规定,使用伪造、变造的委托收款

---

① 刘宪权:《罪刑法定原则在我国60年的演进》,载《法学论坛》2009年第5期。

凭证、汇款凭证、银行存单等其他银行结算凭证的，以金融诈骗罪定罪处罚。这里所谓变造的委托收款凭证、汇款凭证、银行存单等其他银行结算凭证，既包括使用他人变造的银行结算凭证，也包括使用自己变造的银行结算凭证。按照上述规定，应直接以金融凭证诈骗罪定罪。所以在这个案件中，虽然其变造金融凭证既遂，量刑可能较金融凭证诈骗罪（未遂）重，但不能按照一般法理"从一重"的规定处理。

坚持罪刑法定原则要注意不同犯罪之间质的规定性。刑法规定的罪名之间存在一定的交叉，这并不是立法技术问题，而是立法者基于特定考虑所做的特殊规定，因此在把握存在交叉关系的犯罪时，不能仅因为行为方式存在相似性就简单认为存在竞合。比如，对于国家工作人员利用职务便利实施盗窃、诈骗行为，如果达不到贪污罪的标准，如何定罪。最高人民法院、最高人民检察院《关于办理盗窃刑事案件适用法律若干问题的解释》（法释〔2013〕8号）第1条规定：盗窃公私财物价值1000元至3000元，认定为数额较大，可以以盗窃罪追究刑事责任。最高人民法院、最高人民检察院《关于办理贪污、贿赂刑事案件适用法律若干问题的解释》规定，贪污或者受贿数额在3万元以上不满20万元的，应当认定为数额较大，具有特定情形的数额在1万元以上不满3万元的，可以认定为其他较重情节，依法可以贪污罪定罪量刑。因此，贪污罪的起刑点较高而盗窃罪的起刑点较低，当行为人的行为已达到盗窃罪的起刑点，但未达到贪污罪的起刑点时，对利用职务便利实施的盗窃行为，能否以盗窃罪论处？有观点认为，盗窃罪和贪污罪属于法条竞合犯，贪污罪属于特别法。对于法条竞合犯，一般情况下应当适用特别法优于普通法，但在特别法上不构成贪污罪的情况下，也可以适用普通法。但贪污罪是国家工作人员利用职务上的便利，侵吞、窃取、骗取或者以其他手段非法占有公共财物的犯罪。是国家工作人员利用职务便利实施的一类特定犯罪。受贿罪侵犯的客体是公务人员职务的廉洁性。因此构成贪污罪，行为人必须具有国家工作人员身份而且必须利用职务便利实施了侵吞公物的行为,如果行为人不具有国家工作人员身份或者虽具有国家工作人员身份但侵吞的不是公共财物,均不构成受贿罪。比如,某公安人员在依法对犯罪嫌疑人的住处进行搜查时,发现该处有一枚珍贵邮票,遂趁其他人不备将该邮票据为己有。在这个案件中,行为人虽然具有国家工作人员身份,但是其将邮票据为己有的行为没有利用职务便利,而仅仅是利用了职务形成的便利条件,能够进入室内接触到犯罪嫌疑人的财物,并且此时该邮票仍属私人财物,因此行为人的行为仅构成盗窃罪而不是贪污罪。但如果该邮票系涉案财物,经依法扣押后,公安人员利用经手、保管、处置该财物的职务便利将该邮票据为己有,则其行为构成贪污罪而不是盗窃罪。那么根本区别在哪里呢? 区别就在于是否存在职务便利,《刑法》将利用职务便利实施的盗窃行为特定出来,那么这种行为就区别于普通盗窃行为而具有新的质的规定,就不能再以一般行为进行评价。

坚持罪刑法定原则要防止机械套用法律的倾向。定罪过程是案件事实与法律规范之间符合性判断的过程,在很多情况下,事实与法律规范并不完全吻合,就需要在这个过程中不断调整,其中可能会出现三种情形:其一,事实与法律规范之间无法吻合,也就是说法律规范所要求的要件,案件事实没有具备,此种情形下应寻找其他法律规范。比如运用强迫手段与男性发生性关系的行为,显然不能以强奸罪论处,因为强奸罪的犯罪对象只能是妇女,但是可以强制猥亵罪认定,等等。如所有法律规范均无法做到与案件事实完全吻合,宜作无罪处理。其二,案件事实部分与法律规范吻合,此种情况下可考虑以吻合部分定罪,其他情况做量刑考虑。其三,案件事实与多个法律规范吻合,在这种情况下,如果事实之间存在牵连、竞合、包容关系的,可按牵连犯、想象竞合犯、吸收犯处理;如果案件事实之间不存在上述关系,且案件事实不同部分可以为多个法律规范分别评价,在法律无相反规定的情况下,按数罪并罚原则处理。

三、定罪的三项具体原则

根据罪刑法定的总原则,在定罪过程中可以延伸出三个基本原则:全面评价原则、禁止重复评价原则和疑罪从无原则。

（一）全面评价原则

全面评价原则,就是在将某一行为与法律规则进行比对时,必须选择能够全面评价行为特征及其法律属性的法律条文。在四要件理论下,行为所侵犯的客体、行为的主体、行为的主观方面、行为的客观方面;在三阶层理论下,行为的构成要件该当性、违法性、有责性都必须得到全面地反映和评价。根据我国《刑法》规定,故意杀人罪是故意剥夺他人生命的行为,认定某人的行为必须全面考察行为人是否具有剥夺他人生命的故意,是否实施了剥夺他人生命的行为,故意和行为之间是否存在因果关系,是否造成了他人死亡的后果,只有上述要素全面符合,才能认定某一行为构成故意杀人罪。全面评价要求,在诸多交叉的罪名选择上,应当选择最能全面涵盖案件事实的罪名。

比如王某以危险方法危害公共安全案。王某因经济拮据,于某日深夜窜至某交通要道,窃得下水道窨井盖 3 个,价值人民币 200 余元。窨井盖被窃当日凌晨,苗某骑摩托车路经该地时落入窨井并当场死亡,随后,陆续有多人经过该处时,因窨井盖被窃而被摔伤。次日,公安机关将王某抓获归案。在该案中,如果仅以盗窃行为评价王某的行为显然是不妥当的,王某的行为不仅侵害了公共财产,而且对公共安全造成了损害(导致行人受伤),因此仅以盗窃罪定罪不能全面评价王某行为所造成的危害后果,应当以以危险方法危害公共安全罪论处。

再如,周某等人敲诈勒索案。某日,被告人周某伙同他人将被害人王某骗至一酒店,在吃饭时以敬酒为名,将王某灌醉,然后将王某带至某宾馆,故意设置赌局,在王某醉酒的状态下,以王某输钱为名,让王某写下

4 万元借条。后周某将王某的别克小轿车开走。次日,周某打电话给王某,要求王某还钱赎车,王某随即报案。本案中,被告人故意将被害人灌醉,并设置赌局,让王某写下欠条,符合诈骗罪的构成要件。但是本案被告人的行为并未就此结束,在骗得被害人写下欠条后,被告人进一步将被害人的车辆开走,此次又以该欠条和车辆作为要挟,要求被害人还钱。对于此后的这一系列行为,仅以诈骗罪显然无法涵盖,因此以诈骗罪定罪不符合全面评价原则。事实上,此前骗得借条的行为已经不再具有独立意义,而仅成为此后敲诈勒索被害人的一个把柄。被告人为了最终获得财物,正是利用该借条以及扣押的被害人的轿车作为要挟。如果被害人想赎回自己的轿车,就必须按照被告人的要求交付钱款,对此以敲诈勒索罪定罪更为妥当。

在理解全面评价原则时,必须充分理解其与想象竞合犯、牵连犯等处断上的一罪之间的关系。想象竞合犯,是指一行为触犯数结果的情形;所谓牵连犯,是指行为的手段或结果又触犯了另一罪名的情形。想象竞合犯与牵连犯均属于"罪数不典型"的情形,即行为虽然在形式上符合数罪,但是在构成要件上相互之间存在交叉,如按数罪处理会造成处断上的不妥当的情形。虽然在牵连犯、想象竞合犯概念的界定上,学界多有分歧,但对此情形按"从一重处断"则是理论和司法实务界的共识。所谓的"重处断"就充分体现了全面评价原则,这里的"重"就是在"从一"的范畴之外,考虑到行为还造成其他后果(想象竞合)以及还有其他多余行为(牵连)而作出的评价,否则"重处断"就失去了依据。

应当指出的是,"实践中有一种观点值得引起注意,即当其中某一罪名因为证据欠缺或未达到追诉标准而难以认定时,将不同罪名中的某个具有相似属性的碎片化构成要件予以重点评价,转而倾向性地适用其他罪名,使本不具有竞合关系的法条产生了似是而非的竞合关系,并以此作为刑事认定的依据。这种歧义化的定罪思路值得警惕,容易扰乱刑法体系的罪名逻辑关系,影响依法正确理性判断。"①比如在很多犯罪中都会涉及"骗"的问题,那么是不是所有涉及骗的行为都会产生其他犯罪与诈骗罪的竞合? 如此,就会产生非常多的竞合,导致整个刑法体系的混乱。现代刑法是行为刑法,所谓刑法中的行为是指具有刑法评价意义的完整行为,其与自然行为存在不同,某一动作在自然生活中可能就被视为一个行为,而在刑法规范中,该动作可能就不能被视为一个刑法意义上的行为,而必须结合刑法规定的构成要件进行完整考量,比如前文提到的盗窃罪与贪污罪的问题。窃取行为在贪污罪中只是行为的一个组成部分,只有利用职务便利窃取公共财物,在贪污罪中才是一个完整的具有刑法意义的行为,可以说"窃取"只是贪污犯罪行为中的一个"碎片",不能据此得出贪污罪与盗窃罪存在竞合的结论。"所谓碎片化要件,是对具体罪名犯罪构成中多个客观要件中的某一特定要件的形象化表述,这种客观性质的要件可以存在于多个罪名的犯罪构成之中,因而容易引发不同罪名之间的竞合问题,但这种竞合不是刑法概念中的法条竞合,本质上是一种观念上的竞合,罪名之间并无法律竞合关系。"②

(二)禁止重复评价原则

禁止重复评价,是指某一行为事实已作为一个犯罪的构成要件时,不能再在同一次犯罪评价过程中作为另一犯罪的构成要件。目前理论界对禁止重复评价原则的研究仍然不够深入。对禁止重复评价的定位、禁止重复评价的内容、对象等研究尚未达成高度共识。我国台湾地区刑法学者林山田教授认为:"禁止重复评价乃谓禁止对法条所规定之构成要件要素,在刑罚裁量中再度当作刑罚裁量事实,重加审酌,而作为加重或减轻刑罚之依据。"③林山田教授的观点来源于德国《刑法》。德国《刑法》第46

---

① 曹坚:《厘清碎片化构成要件罪名界分竞合效应》,载《检察日报》2020年8月24日。

② 曹坚:《厘清碎片化构成要件罪名界分竞合效应》,载《检察日报》2020年8月24日。

③ 林山田:《刑法通论》,台湾三民书局1984年版,第431页。

条的规定,已经属于犯罪构成要件的事实,不得在量刑时作为量刑情节考虑。俄罗斯《刑法》亦有类似规定。而陈兴良教授则认为,"禁止重复评价是在定罪量刑时,禁止对同一犯罪构成事实予以二次或二次以上的法律评价"。①赵廷光教授认为,"禁止重复评价不仅指在定罪过程中已经发挥过作用的具体事实情况,在量刑时不能再作为是否处刑和处刑轻重的依据,也就是说案件中的某一特定事实情况不能兼作定罪情节和量刑情节,还指在量刑阶段对同一情节不能考虑两次或两次以上"。②

目前,所谓禁止重复评价在两点上几乎达成共识:第一,当某一事实已作为犯罪构成要件考虑,就不能再作为量刑情节考虑,而不论该事实有利于被告人还是不利于被告人。比如,在交通肇事案件中,根据最高人民法院《关于审理交通肇事刑事案件具体应用法律若干问题的解释》的规定,交通肇事致一人以上重伤,负事故全部或者主要责任,为逃避法律追究而逃离事故现场的,以交通肇事罪定罪处罚。在此情况下,交通肇事后逃逸已经成为定罪事实,就不能再以该事实对被告人升格量刑。又如,在协助组织卖淫罪中,协助行为已经成为该罪犯罪构成要件,不能再以被告人处于从属地位而认定被告人为从犯,从而对其从轻或减轻处罚。第二,所谓禁止重复评价一般是针对行为事实或情节,对主体事实一般不存在重复评价的问题。比如国家工作人员利用其国家工作人员身份贪污并收受贿赂应当数罪并罚,并不存在重复评价的问题。第三,重复评价一般仅发生于一次刑事评价中,在不同的刑事评价中一般不存在重复评价的问题。虽然周光权教授认为,对于犯罪人在服刑完毕后被发现有同种余罪(包括同种数罪,以及以前犯罪中的部分事实),且服刑前后被发现的罪行是财产犯罪、经济犯罪或者其他数额、数量决定违法性的犯罪时,实践中

①　陈兴良:《禁止重复评价研究》,载《法学论坛》1993年第4期。
②　赵廷光:《论定罪剩余的犯罪事实转化为量刑情节》,载《湖北警官学院学报》2005年第1期。

通常对新发现的余罪单独定罪量刑,但这违反禁止重复评价、禁止不利评价的原则,合理的做法是采用"综合评判"的方法,即在余罪发现之后,以原来的判决没有认定全部事实,存在事实认定不清的情形启动审判监督程序,撤销原来的判决,将前后两次发现的犯罪数额累加、综合起来进行一次性评价。①但上述观点响应者寥寥。

目前,实践和理论界争议较大的问题在于:在不同犯罪构成产生事实上的交叉时,如何界定"重复评价"? 这里所谓的不同犯罪构成产生事实上的交叉,不包括想象竞合犯、牵连犯。比如,行为人在实施强奸后,临时起意,在被害人清醒但不敢反抗的情况下,取走被害人财物的行为,既不存在想象竞合关系,也不存在牵连关系。目前比较主流的观点是构成强奸罪和抢劫罪,这里面是否存在重复评价的问题? 有观点认为,应当构成强奸一罪,事后取财的行为可作情节考虑。主要理由是抢劫是以暴力和胁迫以及其他方式,抢劫公私财物的行为,强奸罪是以暴力、胁迫或其他手段,强行与妇女发生性关系的行为。在强奸后取财的案件中,暴力、胁迫行为已作为强奸罪的构成要件,不能再作为抢劫罪的构成要件,否则就违反了禁止重复评价原则。笔者同意该论者的观点,但不同意其结论。在不同犯罪构成事实(主要指行为事实)产生交叉时,如果不能用想象竞合犯、牵连犯、吸收犯、连续犯等理论解释时,原则上不能以数罪并罚的方式处理,从刑法谦抑的角度出发,可将多余事实转化为量刑情节。但是在强奸后取财的情况下,之所以可以认定为取财行为构成抢劫罪,并不是将强奸行为的暴力、胁迫作为抢劫罪的构成要件,而是将强奸行为形成的威慑条件,作为抢劫罪的构成要件。在我国刑法中抢劫罪的行为方式除了暴力、胁迫之外还存在"以其他方法",在这里,因强奸行为形成的威慑,可以视作抢劫犯罪中的"其他方法",故不存在重复评价问题。

① 周光权:《论禁止重复评价——以刑满后发现同种余罪的处理为切入点》,载《人民检察》2012 年第 9 期。

另外，人身危险性的事实是否可以"重复评价"？以人身危险性作为入罪条件的罪名在刑法中的行政犯中并不少见。最高人民法院、最高人民检察院《关于办理组织、强迫、引诱、容留、介绍卖淫刑事案件适用法律若干问题的解释》第8条规定，一年内曾因引诱、容留、介绍卖淫行为被行政处罚，又实施容留、介绍卖淫行为的，以容留、介绍卖淫罪定罪处罚。最高人民法院《关于审理非法行医刑事案件具体应用法律若干问题的解释》规定，因非法行医被卫生行政部门行政处罚两次以后，再次非法行医的，构成非法行医罪。最高人民法院《关于审理掩饰、隐瞒犯罪所得、犯罪所得收益刑事案件适用法律若干问题的解释》规定，一年内曾因掩饰、隐瞒犯罪所得及其产生的收益行为受过行政处罚，又实施掩饰、隐瞒犯罪所得及其产生的收益行为的，应当依照《刑法》第312条第1款的规定，以掩饰、隐瞒犯罪所得、犯罪所得收益罪定罪处罚。实践中产生的争议在于，根据上述司法解释的规定，在一定期限内因同种行为受过行政处罚再实施该行为，可以构成犯罪，那么在一定期限内因同种行为受过刑事处罚再实施该行为，是否可以构成犯罪？例如，根据最高人民法院、最高人民检察院《关于办理组织、强迫、引诱、容留、介绍卖淫刑事案件适用法律若干问题的解释》的规定，一年内曾因引诱、容留、介绍卖淫行为被行政处罚，又实施容留、介绍卖淫行为的，以容留、介绍卖淫罪定罪处罚。如果行为人一年内因容留卖淫受到刑事处罚，刑满释放后，继续容留卖淫，又被查获（单从该次容留卖淫行为来看，不具备司法解释规定的其他入罪条件），对此能否认定该人的行为构成容留卖淫罪？有观点认为，在这种情况下，如果行为人本次行为不符合其他入罪条件，不能认定其构成容留卖淫罪。理由为：被告人先前实施的容留卖淫行为已为刑事司法所评价，按照一次行为仅受一次刑事评价的原则，不能让先前容留卖淫行为再在本次刑事司法过程中进行评价。这种观点失之偏颇。"一次行为仅受一次刑事评价"这个原则无疑是正确的，但其所对应的情形并不是本案所指情形，比如行为人因容留 2 人以上卖淫,构成容留卖淫罪,此次又容留 1 人卖淫,在本次审判时,将前次容留 2 人卖淫计算入本次犯罪,以被告人容留 3 人卖淫,认定被告人构成容留卖淫罪。这种情况当然属于重复评价,应当予以禁止。但是在上述司法解释规定的情形下,作为入罪条件的是行为人的主观恶性和人身危险性,而不是前次犯罪行为本身。司法解释的起草者指出:这样规定,是因为此类人员主观恶性较深,人身危险性更大些。①总体而言,根据我国刑法,人身危险性可以重复评价,否则累犯理论就很难在刑法中获得正当性。

（三）疑罪从无原则

古罗马法中采用"罪案有疑,利归被告"的原则,从有利于被告的角度出发,作出从宽或从免的判决。疑罪从无原则在资产阶级启蒙运动中被作为一项思想原则提出来。意大利刑法学家贝卡利亚提出了无罪推定的理论构想:在法官判决之前,一个人是不能被称为罪犯的。只要还不能断定他已经侵犯了给予他公共保护的契约,社会就不能取消对他的公共保护。后该原则被许多西方国家的宪法、宪法性文件或国际条约所采用。疑罪从无在大多数情况下是针对刑事诉讼中的证据而言的,即现有证据既不能证明被告人有罪,也不能证明被告人无罪,按照"疑点利益归于被告"的原则,应宣告被告人无罪。我国《刑事诉讼法》第 195 条第 3 项规定:"证据不足,不能认定被告人有罪的,应当作出证据不足、指控的犯罪不能成立的无罪判决。"笔者认为,这项原则同样适用于定罪。之所以将疑罪从无作为定罪的重要原则,是因为法律的原则性、模型化结构往往与不典型的危害行为之间产生冲突,在这种情况下,采用何种立场和原则就显得尤为重要。在实践中经常出现一些"两可行为",即介于罪与非罪之间的行为。"两可行为"并不是由于证据不足导致的事实不清,而是适用

---

① 周峰、党建军、陆建红、杨华:《〈关于审理组织、强迫、引诱、容留、介绍卖淫刑事案件适用法律若干问题的解释〉的理解与适用》,载《人民司法（应用）》2017 年第 25 期。

刑法过程中出现的行为性质不甚明晰的情况,诸如介于违法与犯罪之间的行为或因为刑法的概括性规定形成的模糊认识,如《刑法》分则中规定为某些犯罪构成要件的"情节严重"等。法律适用中的"疑罪"大部分存在于社会发展过程中出现的新类型行为与法律规定滞后之间,政策把握不明导致是否构成犯罪的争议案件中。2018 年 5 月 30 日,原物美控股集团有限公司董事长张文中被宣告无罪,这起案件是少数非单纯因证据问题宣告无罪的大案。导致这些因政策把握问题产生的冤错案件发生,有着复杂的历史原因,但是其中很重要的一条就是,没有贯彻实体法上"疑罪从无"的基本原则。

刑法是社会防卫的最后一道屏障,恰如卢梭所言:刑法在根本上与其说是一种特别法,还不如说是其他一切法律的制裁力量。刑法的最后手段性某种程度上也就是刑法的谦抑性。刑法的谦抑性主要包含两个层面的含义,一个方面是刑法的处罚范围,即凡是适用道德或其他的法律手段足以抑止某种违法行为、足以保护合法权益时,就不将此种行为规定为犯罪。另一个方面,从刑法处罚的程度即凡是适用较轻的制裁方法足以抑止某种犯罪行为足以保护合法权益的,就不要规定较重的制裁方法。确立定罪过程中的必要性原则是由刑法的目的性和刑法的功能性决定的。

一方面,刑法手段的最后性受刑法谦抑原则的制约。孟德斯鸠针对封建法治曾指出,当一个人握有绝对权力的时候,他首先便是简化法律。在这种国家里,他首先注意的是个别的不便,而不是公民的自由,公民的自由是不受到关怀的。但是,随着现代法治的发展,刑法不再仅以保护国家利益为出发点、以国民为规制对象,而以保护国民利益为出发点、以国家为规制对象,刑法因而不再被作为维护国家利益的"刀把子"加以利用,刑法被赋予了限制国家刑罚权、保护国民人权大宪章的机能。就像德国刑法学家李斯特所说,刑法既是善良人的大宪章,也是犯罪人的大宪章。正是在此基础上,才产生了作为刑事法领域根本法治原则的罪刑法定原则。刑法谦抑性与罪刑法定原则之间存在着千丝万缕的联系,应当说,刑法谦抑性是随着罪刑法定原则的产生而逐渐形成的,与罪刑法定原则是一体两面的关系,两者的价值取向是同一的,即权力制约和权利保障,能够用其他手段调整的,要少定罪、少用刑,只有当构成社会赖以生存的基本价值和最基本秩序受到不可容忍的侵犯和否定,且没有其他有效的方法和手段予以保护时,刑法才应作为最后的手段进行干预,防止刑法的不当扩张对公民权利造成侵害。

另一方面,刑法手段的最后性受刑法功能制约。在摒弃了刑法万能论的理念之后,我们深刻认识到刑法作为一种社会调节手段,其功能必须建立在合理定位基础之上。刑法是一把双刃剑,它既是社会秩序的调节器,又是一种恶,是一种不得已而采取的"以恶制恶",刑法的消极作用是显而易见的。严密的刑事法网在抑制犯罪的同时也可能窒息社会生活的活力,妨碍社会的发展。更由于刑法乃所有规范中最具严厉性、强制性与痛苦性的法律手段,因而其只能作为规范并维护社会共同生活秩序的最后手段。刑法的制裁作用,并非一种实现正义的绝对目标,而只是一种以正义的方式达成维护社会秩序目的时不得不采用的必要手段而已。倘若刑法以外的方法足以防止不法行为并对遭受不法行为侵害的对象进行有效救济时,那么就应当避免使用刑罚。

确立必要性原则要防止仅从形式意义上理解刑法最后一道屏障的意义。刑法是一种制裁法和保障法,刑法是对不服从第一次规范(如民法规范、经济法规范、行政法规范等)所保护的利益、权益或第一次规范难以保护的权益所进行的带有强制力的第二次保护的规范。也就是说对于某种危害社会的行为,国家只有在适用民事的、行政的等法律手段和措施,仍不能抗制时才通过刑事立法将其规定为犯罪。这种观念实质上将刑法的最后保障功能理解为形式意义上的保障功能,实践中需要特别防止片面理解刑法的最后保障功能,即只要第一层保障不能充分发挥作用,就必须进行第二层保障从而动用刑法,这实际上背离了刑法保障功能的根本出发点,容易造成刑法滥用和刑法扩张。

综上所述,在定罪过程中,应当选择最全面反映某一行为特征的法律规范,但也要防止重复评价,因法律界限不清晰,在遵循上述两个原则仍无法对行为人的行为作出合适评价时,应当秉持刑法谦抑原则,按疑罪从无处理。

第三章　定罪与犯罪构成

　　认定某一行为是否构成犯罪，必须将该行为与刑法规范进行比对才能得出结论。刑法规范作为一种概念性的规定，由于其语言及含义的高度精练概括，致使其形式上显得简单而又笼统，而现实生活中发生的案件事实却总是纷繁复杂、千变万化。如何将这种极简的文字概括和繁杂的案件事实准确对应、对号入座，需要一个桥梁，这个桥梁就是犯罪构成。犯罪构成实际上是为了弥补刑法规范文本的"不足"而创制的一种认识犯罪、分析犯罪、确认犯罪的理论工具。冯亚东教授认为，犯罪构成是由立法者、法学家和司法者共同建构的一种模型：立法只是型构模型的粗疏轮廓；而对模型做全方位精心打扮、使其轮廓清晰、能够辨认的工作则是由法学家来完成的；法官们在此基础上，在法律和理论合二为一的混杂观念的指导下，去把握具体行为与自己"观念模型"的切入点，最终形成所宣告的判决①。陈兴良教授也认为，从犯罪构成建构的方法论中，涉及一个从事实到概念再到类型，最后到模型的演变过程。②笔者认为，定罪是从事实到法律的思维活动过程。一方面，案件事实通过犯罪构成的映射，从繁杂的客观事实中抽丝剥茧出要件要素。案件事实是复杂的，我们要确定

---

① 冯亚东：《犯罪构成本体论》，载《中国法学》2007 年第 4 期。
② 陈兴良：《定罪之研究》，载《河南省政法管理干部学院学报》2000 年第 1 期。

哪些事实是在定罪时需要考虑的事实,从而将复杂的客观现实依照法律的要求进行裁剪,使其逐渐类型化,为确定某种行为或某些行为是否构成犯罪奠定事实基础。另一方面,刑法规范通过犯罪构成的分解,丰富具体的含义,分析出应然的要件。法律虽然是规范,但由于语言的模糊性或者立法者的立法意图等原因,很多情况下这种规范又是相对模糊的,需要不断地对规范进行理解、分析、解释,不断地明确规范的内涵和外延。事实和规范就处于定罪的两端,当两边所抽离或分解出的要件相互吻合时,案件事实就与刑法规范的规定产生了关联,定罪也就自然而然成立了。

一、犯罪构成的理论体系

在当今世界刑法体系内,犯罪构成理论体系主要分为三大类:一种是以大陆法系为代表的三阶层犯罪构成理论;一种是以英美法系为代表的双层次犯罪构成理论;还有一种是以苏联和我国刑法理论为代表的"一元性"四要件犯罪构成理论。

（一）英美法系犯罪论体系

英美法系以判例为其法律渊源,其犯罪成立的判断来源于众多判例的支持,来源于已有判例中对各犯罪行为的认定和解释。因此,其犯罪构成模型构建的基础并非成文法含义的分解,而是从众多判例所提炼出的一系列基本要素。不过,在犯罪成立要素的组合上,学者们有不同的见解,形成了不同的犯罪论体系。有学者主张,从技术和理想层面上而言,一个行为具备以下七个要素时才能被认为成立犯罪:(1)危害,即犯罪实施所造成的外部后果,包括身体上的和言辞上的;(2)合法性(符合刑法的规定),这一要素包含两层含义:行为所引起的危害是刑法所禁止的;刑法不具有溯及力,即刑法不能是事后法;(3)行为;(4)罪过;(5)因果关系;(6)一致性,指犯罪行为和罪过同时发生,同时存在;(7)刑罚。①但是,更

---

① 陈兴良:《犯罪论体系研究》,清华大学出版社 2005 年版,第 98 页。

多的学者赞成这样的概括——双层次模式。顾名思义,双层次模式包括两个层次:

第一层次是犯罪本体要件,包括犯罪行为和犯罪心态。从广义上说,犯罪行为是指除犯罪心态以外的犯罪行为本身及与之相关联的一切客观要素,包括犯罪行为、犯罪结果和犯罪情节。犯罪行为作为构成犯罪的首要要素,是指为法律所明令禁止的有害法益的行为。犯罪行为在表现形式上包括作为、不作为和持有三种方式。其中,作为是指积极地去实施刑法所禁止的行为;不作为是以负有作为义务为前提,简言之就是当为而不为;持有则是介乎于作为与不作为之间的第三种独立的行为方式。犯罪结果是指由犯罪行为所造成的一切损害事实,包括直接结果与间接结果、实害结果与危险结果。犯罪情节是指与犯罪相关联的一系列附随情状,包括时空条件、因果关系等。犯罪心态,就是行为人在实施社会危害行为时应受社会谴责的心理状态。犯罪心态是规范内容和心理内容的统一。前者是犯罪心态的客观标准,即应受道德规范和法律规范的谴责与否定;后者是犯罪心态的主观根据,即具有知和意的心理要素,认识行为性质以及行为与危害结果的关系,并且表明对行为和结果的意向。两者的统一,构成了完整的犯罪心态,两者共同决定着犯罪心态的质和量。以《模范刑法典》为代表的美国当代刑法中的犯罪心态模式有四种:蓄意(purpose或者 intention),就是自觉希望实施某种特定行为,或者自觉希望发生某种特定结果;明知(knowledge),就是认识到行为的性质并且自觉去实施这种行为;轻率(recklessness),就是已经认识到并且自觉地漠视法律禁止的结果可能发生的危险,虽然主观上对此结果持否定态度,但还是冒险地实施了产生此结果的行为;疏忽(negligence),行为人在行为时没有认识到产生法律禁止的结果的危险,然而按照守法公民的通常标准是应当认识到这种危险的。[1]

---

[1]　储槐植、江溯:《美国刑法》(第四版),北京大学出版社 2012 年版,第 45—47 页。

　　第二层次是责任充足要件。在英美法上，未成年、错误、精神病、醉态、被迫行为、警察圈套、安乐死、紧急避险和正当防卫等，被称为合法辩护事由。即便行为符合犯罪本体要件，如果行为人能够证明自己未成年、错误、精神病、醉态、被迫行为、警察圈套、安乐死、执行职务、紧急避险和正当防卫等，便可以不负刑事责任。换言之，如果行为符合犯罪本体要件，行为人不能证明自己存在合法辩护事由，即排除合法正当性，这就具备了责任充足条件。[①]

　　源于注重程序的传统，英美法系的这种双层次模式也被称作实体意义上的犯罪要件和诉讼意义上的犯罪要件。运用双层次模式判断某一行为是否构成犯罪时，首先要对第一层次实体意义上的犯罪本体要件作出判断，然后再对第二层次诉讼意义上的责任充足要件进行判断。责任充足要件，即能满足追究犯罪行为人刑事责任的要件，是将符合犯罪本体要件的行为纳入刑事责任领域予以评价。从这种意义上讲，责任充足要件类似于大陆法系犯罪构成体系中的不法性和有责性要件。责任充足要件旨在排除刑事诉讼中的合法辩护事由，即行为人提出的证明自己行为合法或排除犯罪性的事由。进一步而言，美国刑法将合法辩护事由分为两类：一类为"正当理由"，如正当防卫、紧急避险等；另一类为"可得宽恕"，如未成年、精神病、认识错误、被胁迫等。合法辩护事由是从反面来推翻行为人负刑事责任的依据，其功能相当于大陆法系中的责任阻却事由，即当某行为虽符合实体意义上的犯罪本体要件，但行为人能证明自己存在上述合法辩护事由，便不用负刑事责任；反之，如果行为符合犯罪本体要件，而行为人又不能证明有合法辩护事由的存在，就具备了责任充足要件。英美法系的双层次犯罪构成理论同样体现出鲜明的层次性，该理论分别从客观与主观、积极与消极两两相对的层面来展开犯罪构成体系的

　　[①]　储槐植、江溯：《美国刑法》（第四版），北京大学出版社 2012 年版，第 30 页。

内容,并实现了实体与程序的有机统一。

(二)大陆法系犯罪论体系

在以德、日为代表的大陆法系刑法学中,有代表性的犯罪论体系主要有:区分犯罪的客观要素和主观要素的体系;区分行为、违法性、责任和犯罪类型的体系;区分行为、违法性、责任和客观的可罚性条件的体系;区分行为、构成要件符合性、违法性和有责性的体系;区分构成要件符合性、违法性和责任的体系;区分行为、不法和责任的体系;区分行为、构成要件、违法性、责任和可罚性条件的体系,以及区分行为和行为人的体系。[①]在上述八种犯罪论体系中,构成要件符合性、违法性和有责任性体系为目前德、日刑法学界的通说。

该种犯罪论体系由构成要件符合性、违法性和有责性三个递进式阶层体系组成,即犯罪的成立需要经过三个有先后顺序的层次的判断。这三个层次分别为构成要件符合性、违法性和有责性,即一个行为要构成犯罪,除了行为符合构成要件且属于违法之外,行为人尚须负有责任。该理论在判断某一行为是否构成犯罪时,首先要对构成要件该当性作出判断,即判断该行为是否符合刑法分则规定的具体的犯罪构成要件。该要件一般包括客观要素和主观要素两个方面。客观要素有危害行为、行为主体、行为结果、行为对象及因果关系等内容:危害行为是最基本的构成要素,指行为人在其自由意志支配下实施的危害社会的行为;行为主体指实施行为并依法对其行为负责的人,包括自然人和法人两类主体;行为结果,即危害结果,指由危害行为所导致的对法益的现实损害或损害的危险;行为对象指为危害行为所侵害的具体的人或具体的物;因果关系指危害行为与损害结果两者间引起与被引起的关系。主观要素有故意或过失、动机、目的等内容:故意或过失体现行为人认识因素与意志因素的统一,统

---

① 赵秉志主编:《外国刑法原理(大陆法系)》,中国人民大学出版社2000年版,第68页。

称为罪过;动机指激发行为人实施某行为的内在起因;目的指行为人希望通过实施其行为来达到某种危害结果的心理状态。通常,《刑法》分则在规定某种具体犯罪的构成特征时,都需要从主客观两方面构成要素进行全面分析。因此,判断某一行为是否具有构成要件符合性,就是看该行为是否具备上述犯罪构成的各种要素。只有当行为符合了某一犯罪的构成要件,才能进入下一阶段——行为违法性的判断。违法性是指行为属于刑法规范所明令禁止的行为,具有严重的社会危害性。通常情况下,符合犯罪构成要件的行为即是违法行为,但也存在例外,即违法阻却事由的出现。违法阻却事由使得行为的违法性基础消失,从而导致犯罪不能成立。典型的违法阻却事由有正当防卫和紧急避险两种。当存在违法阻却事由时,行为本身便不具有违法性,对其不必再进行有责性的判断;反之,如果不存在这类违法阻却事由,则需要进一步探讨责任的有无,这便进入了第三层次的判断,即行为有责性的判断。所谓有责性,是指刑法对符合构成要件的、具有违法性的行为科以一定的刑事责任,从而实现对行为人的惩罚。有责性的判断是对行为否定性评价的集中体现,是国家落实刑罚权的依据。判断有责性需要考虑三个方面的要素:责任能力、故意与过失以及期待可能性。责任能力的有无依据行为人年龄、精神状况等因素来判断,例如丧失辨认和控制能力的精神病人故意杀人的,就没有有责性而不负刑事责任。

(三)我国的犯罪构成理论体系的演变及争议

我国传统的犯罪构成理论体系来源于苏联,犯罪构成由客体、客观方面、主体、主观方面四部分组成。在四大要件之下,又分别包括特定的组成要素,如犯罪客观方面就包括危害行为、危害结果、因果关系等,基于各个犯罪行为的具体情况各异,犯罪构成要素又有必要性要素和选择性要素的区别。通过将上述要素组成要件,要件耦合而成整体,实现对一个犯罪行为从粗到精、由表及里以及从整体到部分、由部分回归整体的剖析。

　　我国传统四要件犯罪构成理论与大陆法系三阶层构成理论,虽然其研究的逻辑、层次不同,但是研究的本质内容是一致的,相关内容大体上有对应。我国犯罪构成理论中犯罪主体的特殊身份对应大陆法系构成要件要素中的行为主体的特定身份;主观要件与大陆法系构成要件的故意和过失及责任的故意与过失对应等。差异主要体现在四个方面:第一,犯罪构成的基本性质。三阶层理论中的"构成要件该当性"主张形式的犯罪构成,而四要件主张实质的犯罪构成,这是两种犯罪构成区别的关键。第二,犯罪构成要件是否等于犯罪成立要件。在大陆法系刑法学中,构成要件的该当性不能最终决定某一行为是否成立犯罪,它的构成要件该当性或者说符合性只是与违法性、有责性相并列的犯罪成立的一个要件;而在四要件理论中犯罪构成就是犯罪成立要件的唯一意义上的犯罪构成。第三,犯罪构成各要件的逻辑结构不同。四要件构成体现的是各要件具有密切的相互依存性,对犯罪与否的评价是综合性的一次评价,形式和实质内容的判断没有先后顺序之分,各要件间的逻辑关系相对模糊;而大陆法系的犯罪构成体系三要件之间是相互独立并各自发挥独特评价功能的关系,三要件之间环环相扣、层层递进,对某行为是否构成犯罪是"先形式后实质"的一种判断过程,各要件间逻辑结构相当清晰。第四,具体构成要件要素差异。主要是有无"犯罪客体"。大陆法系国家犯罪成立体系中有称为客体的,也是作为行为客体或保护客体意义上的概念来使用。这里的行为客体就是苏联刑法理论中的犯罪对象,而保护客体是指法益,行为客体是构成要件,保护客体不是构成要件。而在四要件理论中,在保护客体意义上使用的犯罪客体概念却是作为构成要件来使用的。

　　"四要件理论"长期在我国刑法犯罪构成理论中处于统治地位。1979年《刑法》及其后的修正,直至今日均未脱离"四要件理论"的藩篱。然而2000年之后,移植于苏联的"四要件理论"受到的挑战日益增长。此时,在否定四要件理论的中国学者面临两种选择路径,一种是英美的双层模式;另一种是德日的三阶层理论。

英美法系的双阶层犯罪论体系具有鲜明的普通法特色,适合其法律文化传统,且与诉讼程序相结合,充分调动当事人的积极性,有利于保证刑事司法的公正性。其犯罪本体要件,必须由公诉方证明存在,它侧重体现国家意志,表现为公诉机关的权力,有利于发挥刑法维护社会秩序、保护社会的功能;其第二层次,即合法抗辩,则由公民来证明,它侧重体现公民权利,有利于发挥刑法人权保障的功能,体现了对国家权力的制约。两个层次的相互结合,实为控辩双方的斗争,是其制衡理念在刑事司法领域的体现。将犯罪成立条件与诉讼程序结合起来,是英美法系犯罪论体系的最大特点。但由于英美法系犯罪论体系是在长期判例法传统的基础上的经验总结,追求直观性和可操作性,所以理论的系统性、体系性不强,其导致的另一个缺陷是犯罪本质的缺失。犯罪本质的意义,在于说明法律为什么将某种行为规定为犯罪,它对于立法具有重要的指导意义。而英美法系犯罪论体系直观地指出成立犯罪的条件:犯罪行为、犯罪心理及缺乏合法辩护,并没有指出犯罪的本质所在。英美法系犯罪论体系没有形成犯罪本质的概念与理论,一定程度上说明其理论仍然停留在直观、自发的阶段,没有上升到自觉的程度,但是这样的犯罪论体系在司法实践中运行良好,这与其判例法传统不无关系。其犯罪论体系的要素直接来源于判例、习惯法的经验总结,并注重构成要件在动态的犯罪认定过程中的功能,追求其确定性与可操作性,而犯罪本质的意义在于说明立法者为什么将某种行为规定为犯罪,作为抽象的概念,它本身并不是成立犯罪的具体条件,所以犯罪本质在英美法系的犯罪论体系中没有得到体现。[①]从而导致其犯罪构成理论缺乏系统性,很难从理论上进一步深化、发展,更不适合其他法系国家的借鉴、移植。

---

① 秦永峰:《犯罪论体系的比较与建构》,武汉大学博士学位论文。

我国具有深厚大陆法系渊源,在这种情况下,部分学者逐渐转向德日的三阶层理论便成为一种水到渠成的趋势。2003年复旦大学出版社出版了陈兴良教授主编的《刑法学》,在这本刑法教科书中,直接将"三阶层理论"作为整个刑法总论的基本架构,从体系上彻底颠覆了"四要件理论"的统治地位。2009年张明楷等学者将"三阶层理论"引入国家司法考试大纲,由于国家司法考试的巨大影响力,引发了四要件理论支持者的巨大危机感,整个刑法学界围绕着犯罪构成体系展开了旷日持久的激烈论战,逐渐形成了两大阵营。

三阶层论对四要件理论的批判主要集中在四个方面:第一,罪与非罪认定标准混乱,内容相互矛盾。我国刑法理论与实践均坚持犯罪构成是刑事责任产生的唯一根据,认为行为一旦满足犯罪构成要件,就毫无例外地成立犯罪,不允许存在具备犯罪构成要件而不成立犯罪的情形;反之,某一行为不构成犯罪也是由于不具备犯罪构成要件。然而,在我国的刑事司法实践中,对某一行为罪与非罪的评价过程中,除了运用犯罪构成之外,还存在两个辅助性标准,即正当防卫、紧急避险等违法阻却事由和犯罪概念。后者作为除罪标准从否定方面将行为排除出犯罪圈,从而在事实上分割了犯罪构成的罪与非罪的评价功能,导致了罪与非罪认定标准的混乱。第二,判断过程缺乏层次性。四要件理论是一个平面式结构,看不出哪一个要件需要优先评价,无法充分发挥犯罪构成要件的指引作用,要么造成主观归罪,要么造成客观归罪。第三,是封闭的犯罪构成,而不是开放的犯罪构成,不能体现控诉与辩护的统一。我国现有的封闭的犯罪构成体系留给被告人合法辩护的空间非常狭小,被告人难以平等地与国家进行对话与交涉、充分表达自己的意见。这就势必致使诉讼活动在很大程度上成为权威单方主导的定罪流程,自由对话、中立判断等对抗制模式功能得以正常发挥所必需的先决条件不能得到保证。第四,犯罪构成要件设计不合理,四要件通说将客体作为犯罪成立的首要条件,所谓客体就是刑法所保护而为犯罪所侵害的社会关系,这就是实质性的价值判断。此判断一旦完成,行为就被定性,被告人无法为自己进行辩护。这是一种过分强调国家权力的做法,它会导致一系列危险,不利于保障人权和实现法治。

　　而主张四要件理论的学者则对上述观点进行了反击。第一,在我国,犯罪构成是形式要件与实质要件的统一,行为符合犯罪构成,就意味着该行为不仅在形式上符合某具体犯罪的轮廓或者框架,而且在实质上也具有成立该罪所必要的相当程度的社会危害性。在正当防卫、紧急避险的场合,由于行为缺乏社会危害性,缺乏犯罪构成的实质侧面,因此也就不存在所谓的犯罪构成符合性的问题。换言之,正当防卫、紧急避险等问题不应放在犯罪构成的层面进行讨论。第二,关于层次性的问题。坚持客体、客观方面、主体、主观方面的这种排列方式,遵循了人们的认识规律。如一个犯罪行为发生后,人们首先意识到的是"人被杀死了""财物被盗了",揭示了犯罪客体的问题。随后,人们随之要思考的问题是,人是怎样被杀死的,财物是怎样被盗的;谁杀死了这个人,谁盗走了这些财物。这就涉及犯罪客观方面和犯罪主体的问题。当然,最后犯罪分子被发现或被抓获之后,人们还要进一步审视这个人实施犯罪行为时的内心状况,这就是犯罪主观方面要解决的问题。因此,四要件犯罪构成理论客体、客观方面、主体、主观方面的排布并不是杂乱无章的,而是符合人们的认识规律的,是一个有机统一的整体。[①]第三,被告人是不是能够参与刑事诉讼,是不是享有合法辩护权,在多大程度上享有合法辩护权,这些是由作为程序法的《刑事诉讼法》所规定的内容,而和作为实体法的《刑法》没有多大关系。犯罪构成是作为实体法的刑法所规定的成立犯罪的规格、标准和类型,它本身是一个被辩论的对象,并不能决定被告人所享有的辩护空间

---

　　①　高铭暄:《论四要件犯罪构成理论的合理性暨对中国刑法学体系的坚持》,载《中国法学》2009 年第 2 期。

范围的大小。如果从可辩护内容的数量多寡来看,可以说,我国的犯罪构成为被告人提供了更为广阔的辩护空间。第四,在德日的犯罪判断体系中,可以将犯罪客体排除在外,因为,在他们看来,构成要件符合性的判断是形式判断,不需要考虑实质性的内容。但在德日,并不是不考虑犯罪客体,只是不放在构成要件符合性的阶段加以考虑而已。以德日的情况为例说明我国的犯罪构成中不应当考虑犯罪客体的观点,是没有注意到国外的犯罪体系和我国的犯罪构成之间的差别而得出的错误结论。

二、从定罪的角度评价三种犯罪构成理论

前文指出,犯罪构成是定罪过程中从事实到罪名的桥梁。这个桥梁方向是否正确、是否坚固、是否顺畅、是否舒适,直接影响定罪的过程和结果。正如日本学者平野龙一所指出的:"犯罪论体系的主要功效是整理法官的思考方法,其作为统制法官判断的手段存在。"[①]笔者认为,单纯从逻辑体系的角度研究,无论哪一派都可以自圆其说,但同时又都难以说服对方。我们不妨从检验定罪实践效果的角度观察三种犯罪构成理论,使之成为评判三种理论纷争的切入点。

(一)双层次犯罪构成体系与我国现行理论体系难以兼容

双层次犯罪构成体系是一种程序与实体兼容的模式,与我国现行理论体系难以实现兼容,但是双层次犯罪构成体系中存在合理因素。

定罪是指判断某一行为是否构成犯罪以及构成何种犯罪的活动,因此定罪问题实际是一个操作层面的问题,涉及刑事实体法和刑事程序法。有些学者在研究定罪问题时,往往引入刑事程序法的一些内容,比如在论及定罪的原则时,有学者认为证据确实充分应当是定罪的原则之一,"证据是犯罪事实的依据。刑事诉讼活动中认定的犯罪事实,实质上是一种

---

① 转引自周光权:《犯罪论体系的改造》,中国法制出版社 2009 年版,第 9 页。

证据事实。因为，任何事实都不可能完全复原，只能是根据证据所认识到的事实。因此，证据理所当然地成为定罪的基础。而基础一旦动摇，也势必影响司法人员的认识。从而影响定罪的准确性和科学性"。①还有学者指出，"以往的教科书及相关论著对这一问题（即定罪）大多是从实体法的角度进行论证的，往往忽略了程序性原则对正确定罪的指导价值。事实上，定罪发生在刑事诉讼过程中，一些重要的程序性原则直接关系到案件事实的查明及诉讼的进程，关系到国家刑罚权的正确行使。定罪作为刑事司法活动的核心内容，本身即刑事实体法（刑法）与刑事程序法（刑事诉讼法）融为一体的过程"。②

在我国刑法理论研究中，刑事实体法与刑事程序法是严格界分的，故此这一横跨刑事实体法和刑事诉讼法的研究课题无论在实体法的研究还是在诉讼法的研究中，均处于较为尴尬的境地。英美法系国家普遍采用"双层次犯罪构成理论"，判定犯罪必须同时考虑实体意义上的犯罪要件和诉讼意义上的犯罪要件，故上述情况在判例法为主要法律渊源的英美法系国家中几乎不存在，在英美法系中专门研究定罪问题似乎意义不大，而这种模式引入我国的可行性也基本遭到否定。但是从实践中对定罪过程的分析可以看出，双层次犯罪构成体系将一个行为构成犯罪区分为本体要件具备和责任要件充足，这种模式与司法实践中定罪的模式具有一定的契合性，其中蕴含的合理性成分值得认真分析。

（二）三阶层理论具有一定的架构优势

由于犯罪的立法一般都是只定性不定量，这便导致了一些形式上符合构成要件的轻微犯罪行为，若没有犯罪阻却事由便会进入司法判断的领域，进而可能会出现有损刑法谦抑性原则的定罪情形。有学者指出，因为引入了社会危害性理论，所以犯罪构成要件是犯罪实质性审查与形式

---

① 郑广宇：《试论定罪原则》，载《河北法学》1998 年第 1 期。

② 闵春雷：《定罪概念及原则的刑事一体化思考》，载《当代法学》第 18 卷第 4 期。

审查的有机统一。"西方犯罪论发展过程是前后承接有序的,为了反对中世纪罪刑擅断,启蒙思想家提出了罪刑法定原则,而形式的犯罪观正是为了将这一原则彻底贯彻而生发的,资产阶级理论家的软弱决定了他们从不敢奢求当权者能真正代表正义,只能在形式上严格限制。而我们的犯罪构成理论直接来自革命最彻底的无产阶级理论,一开始就提出了最彻底的要求:形式与实质相结合!"①对此,笔者认为恰恰相反。三阶层体系提出可罚的违法性理论,将形式上符合构成要件而不具有违法阻却事由的行为,通过对构成要件从实质的角度进行解释,将实质的违法性程度轻微的行为予以出罪,即除了确定行为性质之外还要确定行为的量,只有在行为具有违法性的质与量两方面同时达到值得科处刑罚的程度,才能成立犯罪。

应当承认四要件理论在这个方面一定欠缺。一方面,四要件宣称,四要件涵盖了行为是否构成犯罪的一切要素。"在科学讨论过程中,大多数苏维埃刑法学家得出了一个结论,即犯罪构成乃是苏维埃刑法规定的、说明行为社会危害行为(犯罪)特征的诸要件的总和,社会主义法制的一个基本原则是:追究一个公民刑事责任的唯一根据是,在他的行为中应具有刑事法律条文严格规定的犯罪构成。"②但是他们同时也承认,形式上符合分则中任一条文规定的要件的行为缺乏社会危害性的情况是存在的。这表明犯罪构成并不是评价行为是否构成犯罪的唯一依据,出现了理论上难以自圆其说的问题。为了解决这个问题,四要件理论提出了犯罪概念与犯罪构成概念共同评判的理论,即犯罪构成是形式评价,犯罪概念是实质评价,也就是犯罪构成体现行为的社会危害性质,犯罪概念体现行为的社会危害程度。形式上符合犯罪构成的行为,如果社会危害程度尚未

---

① 陈璐:《定罪体系化视野下犯罪构成理论研究》,载《河北法学》2010年第10期。

② [苏]皮昂特科夫斯基主编:《苏联刑法科学史》,曹子丹、张广贤、马改秀、王扬译,法律出版社1984年版,第46页。

达到犯罪的程度,可以用犯罪的概念加以剔除。这种影响直接体现在我国刑事立法中。我国《刑法》第 13 条规定,一切危害国家主权、领土完整和安全,分裂国家、颠覆人民民主专政的政权和推翻社会主义制度,破坏社会秩序和经济秩序,侵犯国有财产或者劳动群众集体所有的财产,侵犯公民私人所有的财产,侵犯公民的人身权利、民主权利和其他权利,以及其他危害社会的行为,依照法律应当受刑罚处罚的,都是犯罪,但是情节显著轻微危害不大的,不认为是犯罪。根据我国《刑法》的规定,在所有《刑法》分则条文规定的犯罪构成之外,出现了一个总的认定犯罪的标准——社会危害性大小。但是前文已指出,犯罪构成是行为是否构成犯罪的法律模型,是法官认定某种行为是否构成犯罪的类型化"模板",也是法官认定犯罪的标准和规矩,因而这种构建应当是极其精确和可量化的。"犯罪构成理论作为定罪的法律依据,从来就是一种技术理论工具,但由于它承担着罪刑法定主义的机能,其所包含的内容必然不能超过法律文本规定的范围。为了给定罪提供一个统一的、可操作的技术工具,刑法学者从刑法文本具体规定中提炼出构成犯罪必备的共同要素,把这些要素整理归纳形成类概念并按照一定的逻辑顺序将这些类概念排列组合成一个相互联系、相互制约的有机整体,作为司法实践中定罪的标准,这就是犯罪构成理论体系。"①以犯罪的概念来衡量某种行为是否构成犯罪,与犯罪构成存在同义反复的问题,犯罪构成与社会危害性到底谁是决定性的、谁是被决定性的,始终纠缠不清,反复循环。

（三）三阶层的理论框架下出罪机制得到充分的考虑

定罪过程是一个判断行为与法律规定是否相符的过程,其逻辑结构基本可以设定为:符合——构成犯罪;不符合——不构成犯罪。因此定罪必然包含入罪和出罪两个方面。罪刑法定原则的根本与核心,正如学者

---

① 陈璐:《定罪体系化视野下犯罪构成理论研究》,载《河北法学》2010 年第 10 期。

指出的是"不定罪，不处罚"。因此衡量一种犯罪构成理论是否合适，其"出罪"功能能否充分发挥，也是一个重要的原则和方面。所谓的"出罪"，是刑事司法机关依据法律或者法理，对进入刑法视野的涉嫌犯罪行为进行评价，而最终做出不追究刑事责任结论的司法过程和刑法解释过程。

1997 年修订后的《刑法》确定了罪刑法定的基本原则。《刑法》第 3 条规定，法律明文规定为犯罪行为的，依照法律定罪处刑，法律没有明文规定为犯罪行为的，不得定罪处刑。罪刑法定原则的根本目的在于防止罪刑擅断。罪刑法定原则延伸出法律主义、禁止溯及既往、禁止类推解释等一系列原则，罪刑法定原则的核心在于人权保障。与之相适应，我国《刑事诉讼法》也在一定程度上确定了无罪推定原则。《刑事诉讼法》第 12 条规定，未经人民法院依法判决，对任何人都不得确定有罪。虽然有学者指出，我国贯彻无罪推定原则还需要进一步完善法律和更新观念①，但是从罪行法定到无罪推定，清楚地实现了我国《刑法》和《刑事诉讼法》的价值取向，而这种价值取向的核心就是在打击犯罪的同时保障人权，保障无罪的人不受刑事追究。

在三阶层体系下，认定某行为构成犯罪，要求行为首先满足构成要件的规定，构成要件是指各种犯罪的类型化要件，而符合构成要件的行为通常推定为具有违法性。但在具体个案中，若一个符合构成要件的行为具有正当防卫、紧急避险、被害人承诺等违法阻却事由的，则该行为便不构成犯罪；若行为不具有违法阻却性，则需进一步对行为人是否具有责任能力、违法性认识可能性以及期待可能性等有责性层面进行判断，从而认定是否构成犯罪。英美法系的双层次犯罪论体系，其合法辩护事由是出罪层次。可见，不论是大陆法系犯罪论体系的三阶层理论，还是英美法系犯罪论体系的双层次模式，在判断犯罪构成的思路上，都是逐步进行多重评

———————————

① 宋英辉等：《刑事诉讼原理》，法律出版社 2004 年版，第 95 页。

价的。从外在的形式要件到内在的实质特征、从抽象的行为模式到具体的案件情节、从行为的一般特征到行为人的特殊情形,两大法系犯罪论体系基本做到入罪清楚、出罪明白,限制了刑罚权适用的范围,从而实现刑法社会保护和人权保障的双重机能。其均是在犯罪论体系内部,以违法性阻却事由、责任阻却事由等对行为是否构成犯罪进行出罪判断,即三阶层理论的出罪机制是内含于犯罪论体系之中的。

四要件体系则认为,犯罪构成要件是某行为构成犯罪所必须满足的主客观条件的有机统一整体,缺一不可,其表现为耦合式的定罪机制。四个构成要件之间为并列关系,相互间不存在阶层性,只是单纯地组织结合、堆积构成犯罪论体系。行为符合四个构成要件后即推定为犯罪,至此,犯罪论体系的定罪过程结束。若行为属于《刑法》明文规定的正当防卫、紧急避险和意外事件等法定的排除性犯罪事由的,则行为不构成犯罪。但这个犯罪阻却事由的判断是在四要件体系之外进行的,而非在体系之内进行。"从理论上讲,在说行为符合具体犯罪的犯罪构成的时候,实际上也意味着该行为不可能是正当防卫、紧急避险等排除犯罪事由,换言之,在得出这种结论之前,已经进行了该行为不是正当防卫、紧急避险等正当行为的判断,否则就不可能做出这样的结论来。"[①]但问题在于,如果不进行主、客观的判断,如何能够认定行为构成正当防卫或者紧急避险? 先进行正当防卫、紧急避险等排除非法性事由判断的观点并不符合现实逻辑。有学者宣称,正当化事由是"游离于犯罪构成体系之外,与犯罪构成体系不发生任何关系的活泼元素,一个可以在犯罪构成体系之外对犯罪主观方面进行判断,进而对行为性质的认定即犯罪成立与否的认定发挥作用的自由战士"。[②]该学者的观点可谓一语中的。在三阶层理论中,正当性事由是作为必须考虑的因素存在的,而在四要件理论中,正当

---

① 黎宏:《我国犯罪构成体系不必重构》,载《法学研究》2006 年第 1 期。

② 田宏杰:《刑法中的正当化行为》,中国检察出版社 2004 年版,第 144 页。

性事由则是作为非必要性因素存在的,所谓的非必要就是可以考虑也可以不考虑。这直接导致了我国正当性事由研究发展的滞后以及司法实践中法官适用的谨慎。

2009年邓玉娇正当防卫案引发了社会的广泛关注。2009年5月10日晚上8时许,邓某、黄某等人酒后到巴东县某宾馆玩乐。黄某要求宾馆服务员邓玉娇为其提供异性洗浴服务,遭到拒绝。邓某、黄某为此对邓玉娇进行拉扯、辱骂。邓玉娇两次欲离开房间,均被邓某拦住并推倒在沙发上。倒在沙发上的邓玉娇朝邓某乱蹬,将邓某蹬开,并从随身携带的包内掏出一把水果刀藏于身后,站立起来。当邓某再次扑向邓玉娇时,邓玉娇持刀朝邓某刺击,致邓某左颈、左小臂、右胸、右肩受伤。黄某见状上前阻拦,被邓玉娇刺伤右肘关节内侧。邓某因伤势严重,经抢救无效死亡;黄某所受伤情经鉴定为轻伤。法院以防卫过当等为由,对邓玉娇免于刑事处罚。

时隔七年,2016年"于欢辱母杀人案"再次将正当防卫问题推到了风口浪尖。2016年4月14日,由社会闲散人员组成的10多人催债队伍闯进女企业家苏银霞的工厂,辱骂、殴打苏银霞。苏银霞的儿子于欢目睹其母受辱,从工厂接待室的桌子上摸到一把水果刀乱捅,致使杜志浩等四名催债人员被捅伤。其中,杜志浩因未及时就医导致失血性休克死亡,另外两人重伤,一人轻伤。2017年2月17日,山东省聊城市中级人民法院一审以故意伤害罪判处于欢无期徒刑。于欢不服一审判决,提出上诉。此案经媒体报道后,引发了全社会关于正当防卫问题的大范围讨论。"《人民日报》评论版"微信公众号发布了《辱母杀人案:法律如何回应伦理困局》,《中国青年报》发表评论《刺死辱母者被判无期:请给公民战胜邪恶的法律正义》,《新华每日电讯》发表评论《"刀刺辱母案"评论上亿条,请珍惜民意》。这些评论指出,"这并不是说,法律就该迁就和盲从民意,看舆论脸色行事,而是指司法在保持公正的同时,也要接受舆论监督,经得起法治和民意的考量。如果某个判决在法律公正、人本关怀等指针上与普遍的民意脱节，那我们是否应该反思，是不是有些环节出了问题？"①但是在四要件构成体系下，正当防卫和紧急避险等正当性事由在目前整个犯罪构成论体系中始终处于边缘和尴尬地位，导致法学理论和司法实践均对其缺乏深入研究，这也导致司法实践在很长一段时期内对适用正当防卫和紧急避险持极其谨慎的态度。所以当震动全国的"辱母杀人案"最终判决出台后，《人民法院报》评论说：在这起案件之前，正当防卫被称为"沉睡条款"，鲜有公民的自卫行为被认定为正当防卫事例。于欢案唤醒了这条"沉睡条款"，最终对他的量刑也从一审的无期徒刑改判为有期徒刑5年。②为什么正当防卫这一极为重要的条件在长期沉睡？行为的违法性评价长期游离于构成要件评价体系之外是一个非常重要的因素。

此外，在四要件理论下，犯罪构成与刑事责任的关系形成一个难以厘清的纠缠体。在我国刑法中犯罪构成与刑事责任混用，刑事责任与刑罚轻重也混用，导致刑事责任成为一个含混不清的概念，使期待可能性等责任阻却事由在四要件构成体系中缺乏生存空间。期待可能性等是指根据行为时的具体情况，能够期待行为人实施合法行为的可能性。如果有期待可能性，即能够期待行为人在行为时实施合法行为，行为人违反此期待实施了违法行为，即产生责任；如果无期待可能性，即行为人在行为时只能实施严重违法行为，不能期待其实施合法行为，此为阻却责任事由，行为人不负刑事责任。在三阶层理论中，期待可能性是作为超法规的责任阻却事由来对行为是否出罪进行判断，其诞生的初衷是要求国家对人性弱点保留必要的宽容。在我国的四要件体系下，作为超法规的责任阻却

---

① 参见 https://baike.sogou.com/v164213813.htm?fromTitle＝辱母杀人案，2018 年 12 月 20 日访问。

② 参见 https://www.thepaper.cn/newsDetail_forward_10054948，2022 年 10 月 22 日访问。

事由中的期待可能性问题,在犯罪论体系中没有对应的地位,因而也就失去了理论构建的前提。虽然期待可能性理论在德日受到严格限制,司法实践对其使用均采用非常克制的慎重态度,但是作为一种体现国家人文关怀和法制包容精神的制度,在我国当前特定历史环境下(国家领域分布极大、地域发展极不平衡、法制程度差异极大、社会阶层分化明显、利益诉求极度多元化等),应予足够重视。从"许霆盗窃案"到"天价葡萄案",再到"天津老太非法持枪案",期待可能性理论被一再提及。作为一种弹性理论,期待可能性能够弥补刑法的刚性,对其进行深入研究,对于体现刑法的人文关怀无疑具有重要意义。[①]

(四)三阶层理论比四要件理论对定罪逻辑思维的指引性更强

主张三阶层的论者认为,三阶层犯罪论体系符合思维的一般逻辑顺序与司法实践中认定犯罪的实际思维过程。大陆法系犯罪论体系的三个要件对犯罪的评价分工明确,且紧密相连,层层递进,具有逻辑上的自足性,也符合司法实践认定犯罪的思维过程。对构成要件符合性的判断,是一种抽象的、定型的事实判断;对违法性的判断,是一种具体的、非定型的价值判断,此判断与具体行为人相分离、与行为人的人格非难相分离,是一种客观的法律评价;对责任的判断,也是一种具体的、非定型的价值判断,但这种判断与具体的行为人紧密结合,是对行为人的人格非难内容。在思考的逻辑顺序上来说,对事物的判断应该从一般的判断开始,然后探讨具体的、特殊的情形,而且,对定型的、形式的判断要优先于非定型的、实质的判断。大陆法系犯罪论体系的三个要件判断从定型的构成要件到具体的、非定型的违法性,再到具体地对行为人人格的非难可能性,逐步

---

① 该案中二审法院认为,赵春华明知其用于摆摊经营的枪形物具有一定致伤力和危险性,无法通过正常途径购买获得而擅自持有,具有主观故意。赵春华非法持有以压缩气体为动力的非军用枪支6支,依照《刑法》及相关司法解释的规定,属情节严重,应判处三年以上七年以下有期徒刑。考虑到赵春华非法持有的枪支均刚刚达到枪支认定标准,其非法持有枪支的目的是从事经营,主观恶性程度相对较低,犯罪行为的社会危害性相对较小。

深入,逐渐具体,符合思维从一般到特殊的逻辑顺序。犯罪的发生,就行为人而言,是一个主观到客观的过程,行为人在犯罪人格与环境的影响下,形成主观上犯罪的意志,然后在犯罪意志的支配下实施具体的犯罪行为。而司法实践认定犯罪的过程则与之相反,它是一个从客观到主观的顺序。三阶层理论的顺序排列,也符合司法实践认定犯罪的实际思维过程。

有学者指出,阶层理论的高度体系化的表现之一,就是在犯罪行为的认定上,存在各种严格的审查步骤和检验程序。能够帮助司法人员办案时简化思维方式,降低案件审查难度,按照路标提供的方向指引,有条不紊地一步步走下去,按照体系化的阶层犯罪理论,司法人员好比拿着一份逐一核对的"检验清单",依次审查各个要件以及对于可罚性具有重要性的问题,从而能够最大程度地避免遗漏。①而在四要件理论体系下,由于各要件之间缺乏必要的逻辑关系,虽然不少学者提出了四要件排序的改造理论,但是都没有形成较有说服力的话语,这反过来也印证了四要件内部逻辑体系的欠缺。用通俗的话说就是,因为怎么排都可以,因此谁也说服不了谁。有鉴于此,即使坚持四要件理论的学者也承认"这种从德日刑法学中移植过来的犯罪构成体系最大的长处在于,将对法官认定犯罪的指引作用发挥得淋漓尽致"。②

（五）三阶层理论也并不是完美无缺的

即使承认三阶层理论具有一定的优点,但是它并非完美无缺。

德国乌韦·穆尔曼教授将犯罪构造分为考察阶层和评价阶层。所谓考察阶层包含构成要件符合性、违法性、有责性。所谓的评价阶层,包含不法(构成要件符合性与违法性)与罪责。根据乌韦·穆尔曼教授的观点,即在考察一个行为是否构成犯罪时,应当从构成要件符合性、违法性、

---

① 车浩:《阶层犯罪理论的中国命运》,载《刑事法学》2018 年第 5 期。
② 黎宏:《刑法学》,法律出版社 2012 年版,第 62 页。

有责性三个方面进行考察,以判断某种行为是否已经具有上述要素。但是在对行为进行评价时,应将构成要件该当性与违法性进行同步考虑,以明确该行为是否系刑法禁止的行为,即"不法"的行为。[①]我国主张引入三阶层理论的学者并没有进一步说明他们所主张的"三阶层"究竟是指的哪种意义上的犯罪构成。

日本学者前田雅英指出,自明治时期以来引入日本的,由构成要件符合性、违法性、责任三者所构成的德国型犯罪论体系(三分说),基本上是以刑罚法规所展示的犯罪类型(构成要件)作为犯罪论的根基,认为违法性是关于外部现象的客观判断,与有关主观情况的责任相区别。但也有人指出,抛开"是否值得处罚"这一规范性的评价,构成要件也不能成立,换个角度来说,是对"该当构成要件的行为是与违法性没有关系的"这一观点的质疑;从而认为,如果该当了该构成要件,那么原则上该行为就是违法的,只需要讨论有无否定违法的例外情况(阻却违法事由)即可。这种"作为违法类型的构成要件"的思考方法变得很有影响力。[②]在这里实际上将构成要件的该当性与违法性成为一体,与前述乌韦·穆尔曼教授的观点吻合。日本学者松宫孝明则更进一步指出,面对重重矛盾,团藤重光在其构成要件体系中作出了修正,即将故意区分为"构成要件的故意"和"责任的故意",对于根据构成要件的故意被认定为符合构成要件的行为,可以"假想防卫"为由否定其责任故意。不仅如此,如果行为人对假想事项具有过失则成立过失犯。若采这种观点,在犯罪体系中,根据"构成要件的故意/过失"则不能区分故意犯和过失犯了,即构成要件丧失了区分故意犯和过失犯的犯罪个别化机能。松宫孝明最后指出,最近我感觉

---

① [德]乌韦·穆尔曼:《德国基础刑法课(第7版)》,周子实译,北京大学出版社2023年版。

② [日]前田雅英:《刑法总论讲义(第6版)》,曾文科译,北京大学出版社2017年版,第20—21页。

对于在德日刑法中作为通说的三阶层犯罪论体系的理解也有所保留,我觉得它并不是那么重要,它最终可能只是为了按顺序向学生教授刑法理论而已。①这里,作为责任要素的故意、过失又对构成要件该当性的功能产生了冲击。

近年来,法益侵害说在我国刑法理论界日渐盛行。按照法益倡导说的观点,所谓的法益是超脱于某种具体行为表现方式上的抽象的东西,是犯罪的本质所在,"刑法的目的是保护法益,犯罪的本质是侵害法益"。②而如果上述观点成立,即承认犯罪构成应当是形式该当性与实质应受惩罚性的统一体,也就是说在犯罪构成三阶层理论之外,还存在着一个是否构成犯罪的实质判断标准,而此,与我国传统犯罪构成理论不谋而合。实际上,德日学者都关注到了这个问题,于是提出了形式的构成要件与实质的构成要件的概念,认为作为犯罪构成三阶层理论中第一层的构成要件该当性只是解决了形式意义上某种行为与刑法规定的对应性问题,如果要最终判定某种行为是否构成犯罪,必须结合违法性和有责性进行综合分析,也就是实质的犯罪构成,也就是说,法益侵害的问题放在实质违法性的层面予以考虑。但是这种实质的犯罪构成理论仍不能解决所有问题。松宫孝明指出,近年来,在德国,学者们从对"黑格尔哲学"或者"黑格尔学派"再评价的立场出发,对于刑法中竟然承认"无责任的违法",以及切断犯罪与社会关联性的"法益侵害说"为依据的做法,提出了尖锐的批判。"刑罚"是对自由人格主体实施犯罪而产生的法律效果。因此,首先应当以自由人格主体为前提。另外,犯罪的本质不仅仅是法益侵害,在动摇构成社会秩序统一性的规范意义上,其还具有"社会危害性","刑罚"即通过否定这样的"犯罪",制止人民对规范造成动摇,进而捍卫规范。"今

---

① 微信公众号"刑法问题研究"。
② [日]前田雅英:《刑法总论讲义(第 6 版)》,曾文科译,北京大学出版社 2017 年版,第464 页。

日的现代社会所具有的刑法目标大都一致，所以在是否要区分不法与罪责这个根本问题上没有正当理由作出不同抉择：当我们将这些目标看做法益保护而这些借由一般预防、合理的报应或是由罪责原则正当化的特殊预防时，必定有两种不同的评价观点产生，其一，由社会损害性产生与强调被害人观点的行为非价；其二，强调行为人观点的个人可避免性，亦即可非难性。"①由此，张明楷教授也承认："在此前提下，是采取构成要件符合性、违法性与有责性的三阶层体系，还是采取不法（构成要件符合性与违法性）与责任的二阶层体系，则不是重要问题。"②

三、应将危害性评价纳入犯罪构成体系从而构建一种双层犯罪构成模式

如前所述，在厘清了定罪与犯罪构成的关系以及从定罪的角度廓清了三种犯罪构成理论的孰优孰劣之后，在我国的本土刑法理论中，一个不得不回应的命题便是刑法中"但书"规定与定罪之间的关系问题。明确行为人是否构成犯罪是确定此罪彼罪、罪责刑均衡的前提条件。在我国"定性＋定量"的犯罪成立标准之下，解决"但书"规定与定罪之间的关系，乃至"但书"规定在犯罪构成体系中的合理定位问题，在很大程度上关系着犯罪构成理论的统一性与稳定性。

我国《刑法》第 13 条规定，"一切危害国家主权、领土完整和安全，分裂国家、颠覆人民民主专政的政权和推翻社会主义制度，破坏社会秩序和经济秩序，侵犯国有财产或者劳动群众集体所有的财产，侵犯公民私人所有的财产，侵犯公民的人身权利、民主权利和其他权利，以及其他危害社会的行为，依照法律应当受刑罚处罚的，都是犯罪，但是情节显著轻微危

---

① ［德］许迺曼："区分不法与罪责的功能"。转引自张明楷：《法益初论（增订本）》（下册），商务印书馆 2021 年版，第 486 页。

② 张明楷：《法益初论（增订本）》（下册），商务印书馆 2021 年版，第 486 页。

害不大的,不认为是犯罪"。所谓的"但书"规定便是指该条的后半段,"但是情节显著轻微危害不大的,不认为是犯罪"。

"但书"规定沿袭于苏联的刑事诉讼法和刑法,可以说是一个极具争议的条款。1979 年以前的《刑法》草案中除了初稿之外,在所有的关于犯罪概念的规定中,均有"情节显著轻微危害不大的,不认为是犯罪"或者"不以犯罪论处"的规定。1979 年《刑法》第 10 条明确规定了但书条款,1997 年《刑法》则再次将这一条款予以确认并固定了下来。不论是在四要件犯罪构成,还是在三阶层犯罪构成理论的语境中,对于"但书"规定的体系定位均有激烈的观点对峙。①

尽管四要件犯罪构成理论的体系本身没有诸如三阶层或双层犯罪论体系所拥有的出罪功能,但其对于"但书"规定却与三阶层犯罪构成理论一样,并非没有出罪功能。支持四要件犯罪构成理论的观点认为,"但书"规定对于犯罪圈的限定从而使"轻微行为"出罪的路径是通过与犯罪构成要件分离的独立形式出现的。储槐植先生将"但书"规制下的罪量要素理解为"刑法规定或认可的犯罪构成共同要件以外的,能够体现行为社会危害性程度和行为人人身危险性的大小,从而影响定罪的各种事实情况"。在此前提认知之下,犯罪的认定步骤分为两个阶段:"第一阶段为形式判断,看行为是否符合犯罪构成,如果不符合,则直接排除其犯罪性;第二阶段为实质判断,行为如果符合犯罪构成,再看是否情节显著轻微危害不大,如果是则不认为是犯罪,如果不是则认为是犯罪。"②此种观点也影响到司法实践中处理但书适用的方式,进而形成一种犯罪认定时形式判断与实质判断分离的这样一种典型的逻辑路径。

---

① 王华伟:《中国刑法第 13 条但书实证研究——基于 120 份判决书的理论反思》,载《法学家》2015 年第 6 期。

② 储槐植、张永红:《善待社会危害性概念——从我国刑法第 13 条但书说起》,载《法学研究》2002 年第 3 期。

在支持三阶层犯罪构成理论框架下的观点则认为,犯罪概念不能成为认定犯罪成立与否的具体标准,进而提出"司法机关只能根据刑法规定的犯罪成立条件认定行为是否成立犯罪,而不是直接以社会危害性的大小认定犯罪。如果行为符合犯罪成立条件,当然成立犯罪;如果行为不符合犯罪成立条件,自然不成立犯罪。如果行为符合犯罪成立条件,却又根据'但书'规定宣告无罪,便使刑法规定的犯罪成立条件丧失应有的意义,也违反了刑法罪刑法定原则的规定"。[①]换言之,犯罪构成是认定犯罪成立与否的唯一标准,"但书"规制下的罪量要素应作为犯罪构成要件进行把握,从而在犯罪构成内解决"轻微行为"的出罪问题,即犯罪构成本身是实质的判断而非形式的判断。需要指出的是,三阶层理论否认"但书"的根本目的在于论证四要件理论的欠缺,而不是否认"但书"的价值和意义。他们认为,"但书"所蕴含的价值应当体现于犯罪构成之中而不是之外。"但书"如何在三阶层理论中发挥作用,主要存在以下三种不同的观点:

第一种观点认为,应当通过对构成要件该当性进行实质解释(即坚持实质违法性理论),从而将那些符合"但书"规定的、不值得刑罚处罚的违法行为排除在犯罪之外。例如,梁根林教授指出:"区分值得刑事处罚的该当犯罪构成要件的行为与仅需科处行政罚的该当行政不法构成要件的行为,必须以但书为规范根据。对该当行政不法构成要件,综合案件全部情况认为尚属'情节显著轻微危害不大'的,仅认定为行政不法,科处行政罚;对排除'情节显著轻微危害不大'、符合不法构成要件定性描述的行为,则因涵摄罪量要素的存在,升高其不法程度,具有刑事可罚性,认定为该当犯罪构成要件。"[②]这一观点实际上是将"但书"作为构成要件该当性的阻却事由来加以看待,认为符合"但书"规定的违法行为还并未达到值得进行刑事处罚的程度,因此直接排除构成要件该当性的存在。

---

① 张明楷:《刑法学》,法律出版社 2011 年版,第 93 页。
② 梁根林:《但书、罪量与扒窃入罪》,载《法学研究》2013 年第 12 期。

第二种观点认为,在阶层式犯罪构成体系之下,通过可罚的违法性理论认可犯罪概念的"但书",并继续赋予其出罪功能具有积极意义;不过,仅此还不够,犯罪概念的"但书"也可以与"可罚的责任"相联系。"在目的论二阶层体系下责任构成要件该当性判断至为关键的是有无责任要素故意与过失的判断,而是否存在责任阻却事由则是可罚的责任判断过程。因此,责任能力固然是可罚的责任判断不可或缺的内容,违法性认识可能性、期待可能性等也是可罚的责任必不可少的内容。"由此,"在目的论二阶层体系下犯罪概念'但书'能够在可罚的违法性与可罚的责任意义上发挥出罪功能"。①可见,这一观点不仅将"但书"作为可罚的违法性阻却事由,而且还进一步拓展至责任领域,认为"但书"也可以是可罚的责任阻却事由。

第三种观点认为,"犯罪概念中但书应当包括所有基于实质理性考量的犯罪阻却事由,而不仅仅是情节显著轻微行为的阻却犯罪。相当于三阶层体系中阻却构成要件符合性、阻却违法和阻却责任的全部内容",并认为,"用'情节显著轻微危害不大'来概括正当行为、期待可能性等阻却事由也并无不妥"。②与上一种见解相比,这一观点进一步扩大了"但书"的出罪功能,即"但书"不仅可以是构成要件该当性(符合性)阻却事由,也可以包含期待可能性等责任阻却事由,还可以涵盖正当防卫、紧急避险等违法性阻却事由。也就是说,在三阶层的犯罪构成体系中,每个层次都存在运用"但书"出罪的可能性。

由上所述,不难发现,"但书"规定的出罪路径选择根本上受制于其规制之下的罪量要素的体系性定位问题。根据四要件理论,将犯罪的认定分为形式判断与实质判断两个步骤,显然是将罪量要素作为犯罪构成之

---

① 刘艳红:《目的二阶层体系与"但书"出罪功能的自洽性》,载《法学评论》2012年第6期。

② 王强:《我国〈刑法〉第13条但书规定新解——兼论但书在犯罪构成理论中的展开》,载《法律科学》2011年第5期。

外的影响犯罪成立与否的东西来看待。而持三阶层理论的学者则试图通过刑法解释来解决这个问题。陈兴良教授明确提出罪量要素的体系性定位的命题，并认为"罪量在性质上类似于客观处罚条件。因此，如果采用三阶层的犯罪论体系，将情节和数额等罪量要素作为客观处罚条件来看待是妥当的"。[①]在此种认识下，构成要件的判断是先进行形式判断，然后再进行实质判断，如果要将形式上符合刑法条文规定但实质上不具备刑事可罚性的行为排除在外，就只能援引但书的规定，对于刑法条文可能包含的不值得科处刑罚的行为，通过实质解释予以出罪，这样的思维路径意在强调在形式判断与实质解释判断之间逻辑上的位阶关系。[②]

从实然层面，我国刑法或司法实践实际的定罪过程实质上可以划分为两个层次：第一层，行为的该当性。也就是行为符合刑法分则规定的某种犯罪的构成要件。第二层，行为的危害性。在行为符合《刑法》分则规定的同时排除正当防卫以及紧急避险的情况下，需要运用"但书"规定对行为的危害性进行综合评价，以最终确定行为是否构成犯罪。因此，司法实践中的定罪并不像某些学者所说的是"平面的"，而也存在一定递进的立体结构，这种立体结构与英美法系的双层犯罪构成理论有一定的相似之处，但又存在本质的区别。这种立体结构最显著的特征是将行为的实质性、综合性评价引入对行为的分析中并在行为是否构成犯罪中起重要作用。

持四要件说的学者大部分都同意这样一个观点：我国刑法实然的犯罪构成应当是罪行和罪量的统一体。在形式判断之后，在实际定罪时，还要进行一次行为危害性的实质判断，只有行为同时具备形式上的构成要件符合性以及实质上的危害性（或者应受刑罚处罚性），该行为方可定罪。

---

① 陈兴良：《刑法的明确性问题：以刑法第 225 条第 4 项为例的分析》，载《中国法学》2011年第 4 期。

② 陈兴良：《形式解释论的再宣示》，载《中国法学》2010 年第 4 期。

但由于"但书"规定属于"社会危害性"的综合分析,很难归入"四要件"中的任一要件,然而任由"但书"游离于"犯罪构成要件"之外,正如前文所述:如果行为符合犯罪成立条件,却又根据"但书"规定宣告无罪,便使《刑法》规定的犯罪成立条件丧失应有的意义,导致"犯罪构成是认定犯罪成立唯一根据"这一基本原则的地位丧失殆尽。不仅使得犯罪构成作为认定犯罪的排他性根据难以维持,亦会使得对"情节是否显著轻微、危害不大"的实质判断超越了规范性的犯罪构成范围。为了解决这一问题,储槐植教授曾提出,在"四要件"之外,我国刑法实际存在"第五要件"即"但书"规定,即在"四要件"进行形式解释之后(关于刑法解释的基本立场,笔者倾向于"形式解释说",对此将在刑法解释一章中予以详述),应当运用"但书"规定,对其进行实质解释,从而充分发挥其出罪功能。对此笔者并不赞同。因为危害性评价与四要件理论中的其余四个要件并不处于同一层级。在四要件说中,客体、客观方面、主体、主观方面是处于耦合状态的四个要素,每个要素之间既相互联系又存在严格的界分,而危害性评价既包含四要素的每一个方面,又在一定程度上超脱于四要素之外,是对四要素耦合结果进行的综合性评价,将危害性评价要素与之前四要素并列显然存在逻辑上的问题。

另外,能否通过解释论的方法将危害性评价纳入三阶层的犯罪构成中呢? 比如有学者认为,不宜将危害性单独评价,只能通过指导构成要件的恰当解释(构成要件是值得科处刑罚的违法行为类型)而间接发挥出罪功能。[1]比如,在讨论醉驾型危险驾驶罪是否可以适用但书条款时,有论者指出,醉驾型危险驾驶罪可以适用刑法但书条款的规定,但是在裁判理论上,法院不应当一方面承认案件符合危险驾驶的犯罪构成要件;另一方面基于《刑法》第13条的规定直接认定其属于情节显著而不追究刑事责

---

① 李翔:《论我国〈刑法〉第 13 条"但书"司法化之争》,载《东方法学》2016 年第 2 期。

任。在个案审理中,法院应当借鉴域外的做法,注意将《刑法》第 13 条的精神渗透到对危险驾驶罪具体构成要件的检讨过程中,具体论证其在哪些构成要件上属于情节显著轻微。该论者继续提出,在偏远道路上驾驶机动车,酒精含量未达到 160 毫克/100 毫升,未造成他人伤亡,未损毁公共设施或他人财产的,且无其他从重处罚情节,案发后能积极配合检查,认罪态度良好的,属于《刑法》第 13 条规定的情节显著轻微危害不大的情形,不认为是犯罪。①如果我们进行分析,《刑法》第 133 条之一规定:在道路上驾驶机动车,有下列情形之一的,处拘役,并处罚金:……(二)醉酒驾驶机动车的……即使采用三阶层理论进行分析,从该当性层面分析,只要行为人醉酒(血液酒精浓度达到 80 毫克/毫升)在道路上驾驶机动车即符合法律的规定,满足该当性的要件;从违法性的层面分析,该行为不存在正当防卫或紧急避险的可能;从有责性的层面分析,行为人具有刑事责任能力且不存在期待可能性的问题,那么有关论者所谓"渗透到对危险驾驶罪具体构成要件的检讨过程中,具体论证其在哪些构成要件上属于情节显著轻微"的空间究竟在哪里?

前文指出,为了解决"但书"这一我国刑法的特有问题,持三阶层理论的学者提出三种路径:实质违法性理论、有责性的责任阻却事由以及"在三阶层的犯罪构成体系中,每个层次都存在运用'但书'出罪的可能性"的观点。笔者认为,在三阶层理论中,违法性、有责性基本有相对固定的范畴,将危害性评价引入任何一个范畴都会造成体系的混乱,从而危及整个理论架构的稳定性和协调性。此外,在三阶层理论中,每一个要素几乎都可以单独发挥阻却犯罪的功能。当前一个层次评价为否时,几乎没有必要再进行下一个层次的评价,比如行为缺乏构成要件的该当性,则没有必要再进行违法性和有责性的判断,而行为具有违法阻却的事由时,一般也

---

① 清华大学课题组:《办理危险驾驶机动车刑事案件的疑难问题及解决方案》,载最高人民法院刑事审判第一、二、三、四、五庭主办:《刑事审判参考》2013 年第 5 集。

无需进行有责性的评价,而所有层次的评价均完成之后,犯罪就自然而言地构成了,如果如学者所主张,"在三阶层的犯罪构成体系中,每个层次都存在运用'但书'出罪的可能性",那么"三阶层"和"四要件"几乎没有差别。此外,危害性评价的功能与前述层级功能则截然不同,在某些情况下,危害性评价每一个要素的存在都不能单独发挥阻却犯罪的作用,但可以将之削弱,当多重因素组合起来,就产生了从量变到质变的过程,从犯罪削弱因素转变为犯罪阻却因素。因此无论采用哪种解释路径,现有的三阶层理论也无法与我国目前立法和司法实践相契合。正如有学者指出的"那种主张以构成要件解释完全替代但书适用的观点,要么无视但书内涵的丰富性,将但书视为一种纯粹客观的、体现结果无价值的规定,要么是忽视了不法构成要件与罪责应有的差异"。①

实际上,部分持三阶层理论的学者也承认危害性评价的独立性。比如张明楷教授指出,并不是任何危害社会的行为都要受到刑罚处罚,联系刑法的相关规定,只有具备以下三个条件才能受刑罚处罚:其一,根据罪刑法定原则,危害社会的行为必须被法律类型化为构成要件,亦即《刑法》分则或其他刑罚法规明文规定处罚这种行为(对危害社会的行为规定了法定刑)。没有被类型化为构成要件的行为,即使危害了社会也不应当受刑罚处罚。这是"依照法律应当受刑罚处罚"的第一层意思。其二,根据刑法的谦抑性,危害社会的行为不是情节显著轻微危害不大的行为,换言之,根据《刑法》第13条的规定,情节显著轻微危害不大的行为,依法不受刑罚处罚。这是"依照法律应当受刑罚处罚"的第二层意思。其三,根据责任主义,仅有危害行为还不能受刑罚处罚,只有根据刑法的相关规定,当行为人对危害社会的结果持故意或过失,行为人达到责任年龄、具有责任能力,并且具有期待可能性时,才能受刑罚处罚。这是"依照法律应当

---

① 崔志伟:《"但书"出罪的学理争议、实证分析与教义学解构》,载《中国刑事法杂志》2018年第2期。

受刑罚处罚"的第三层意思。概言之,根据《刑法》第 13 条以及相关规定,严重的法益侵害性与有责性,是犯罪的实体。[1]在这里张明楷教授将危害性评价要件与该当性、有责性进行了明确的界分。

主张三阶层理论的学者也普遍认为需要对犯罪进行实质性评价,但存在两个问题:第一个问题是评价的标准。大部分学者主张以法益侵害为标准,但法益本身也是一个含混的、不统一的概念。德国联邦最高法院在 2014 年 5 月 8 日的判决中指出:基于刑法规范所追求的目标以及宪法上的原因,刑法规范并没有被以超越比例原则为基础的更严格要求的限制,这些目标从刑法法益理论中并不能被引导出来。[2]第二个问题是评价的路径。大部分学者主张将其归入危害性评价的阶层,提出实质性违法的观点,"实质性违法既是对国家所承认的文化伦理规范的违反,也是对法益的侵害或威胁"[3]。但即使如此,大部分学者并没有进一步厘清实质性违法与犯罪构成的关系,也就是所谓的实质性违法究竟包含哪些评价要素,这些评价要素与构成要件该当性及有责性之间究竟如何界分,由此导致所谓的实质性违法也始终是一个含混的概念,不能起到构成要件所谓的"犯罪构成规格"的作用。如果我们承认在三阶层之外还需要一个实质性评价标准,那么三阶层理论就遇到了与四要件说同样的、难以自圆其说的困难。

有学者历史地比较了"三阶层"和"四要件"理论后指出,"三阶层理论体系"乃是一套足以反映犯罪概念三个基本特征的完整的定罪理论体系,而"四要件犯罪构成理论"尚不足以形成一个完整的定罪理论体系,它还需要其他涉及社会危害性基本特征的理论与其配套[4]。那么需要推翻

---

① 张明楷:《法益初论(增订本)》(下册),商务印书馆 2021 年版,第 485 页。
② 张明楷:《法益初论(增订本)》(下册),商务印书馆 2021 年版,第 293 页。
③ [日]大塚仁:《犯罪论的基本问题》,冯军译,中国政法大学出版社 1993 年版,第 116 页。
④ 赵国强:《高铭暄教授"四要件犯罪构成理论"评述》,载《北京社会科学》2024 年第 3 期。

"四要件"理论体系吗？推翻"四要件"理论体系完全建立"三阶层"理论体系就能够解决所有问题吗？姑且不论前述所指出的"三阶层"理论本身存在的巨大争议和问题，从实践来看，"四要件"理论已经深深嵌入我国刑事立法和司法中，我国刑法历经几次大改，刑法总则的基本框架仍未发生大的变化。可以判断，在可见的未来，我国刑法仍然将构建于"四要件"基础之上，非要移植"三阶层"理论将导致理论和实务的鸿沟越来越宽，而一个刑法理论如果完全远离立法和司法实践，其生命力何在？有学者研究指出，文化具有七个特性：文化是习得的；文化是代代相传的，文化是基于符号的；文化是会变化的；文化是一个整体；文化是以种族为核心的；文化是可适应的。逻辑性是西方文化思维的特性①，而中国传统文化的思维方式强调整体性。"整体性思维是中国传统哲学中的一个重要特征，也是中国传统哲学中的一个重要特征，也是思维方式的一个总体特征。所谓整体性思维就是在体认事物时，强调人与自然是一个整体，天地是一个整体。整体之中包含着各个部分，各个部分之间存在着相互联系，各部分内部又存在着内在的联系。"②三阶层理论的构建与德国及西方国家强调逻辑的思维方式一致，而四要件的思维模式恰恰与中国传统思维模式契合：先将犯罪要件分成四个部分，然后从总体上进行评价。四要件理论之所以引入我国后很快就得到认同，并且虽饱受质疑但在立法和司法实践中仍有强大生命力，因为它不仅是一个理论问题，更有其深刻的哲学和文化因素。"学习文化、知晓行为和规范的过程通常是在不知不觉中进行的。这些文化的核心信息通过不断重复得到加强，而我们也从不同途径学习文化。""尽管文化的很多方面注定要变化的，文化深层结构拒绝大的改变。"③尽管三阶层理论的倡导者孜孜不倦地呼吁其理论，但当受三阶层

---

①　胡军：《试论中西思维方式之差异》，载《广东社会科学》2017年第5期。
②　韩德信：《中国传统思维方式的转换历程》，载《管子学刊》2007年第3期。
③　陈曜：《对文化的特性的考察》，载《科技信息》2007年第26期。

理论熏陶的法学生进入实践领域，其解决问题的基本思路仍然是四要件，这说明的问题值得认真思考。

刑法理论的发展既应当借鉴普遍的文明成果，也必须根植于本国刑法的实际，形成自己独特的路径。"法学理论的发展必须从国情出发。在建设中国式现代化的过程中，法学领域同样面临着一个如何从我国的国情出发，去构筑一个具有中国特色的自主法学知识体系的问题，刑法领域同样如此。我们不排斥外来的法律文化，尤其应当吸收其中的精髓，但我们也不能妄自菲薄，要充分看到我国刑法定罪理论体系的合理性和实用性，并在此基础上不断加以完善，一次来构筑一套完整的、具有中国特色的定罪理论体系。"①前述指出，四要件理论从评价体系上说存在不完整性，而三阶层理论在出罪功能的指引以及审查逻辑的构建上具有其优势，但是三阶层也并不能完全解决我国刑法中的所有问题，尤其是在责任评价以及价值评价方面，无法完全套用三阶层理论。那么是否可以将四要件的内容与三阶层理论所提供的方法论相结合，构建一套独特的犯罪构成体系呢？遵循从理论到实践再到理论的认识论路径，将"但书"所蕴含的理论内核引入犯罪构成体系，从而将"四要件"补充完整是必然的选择，由于"但书"规定于我国刑法犯罪概念的条款中，直接将"但书"引入四要件犯罪构成体系存在逻辑上的问题，在传统的犯罪构成中增加新的层级就成为一种必然的选择，可以将这一层级称为"责任充足"要件，同时将刑事政策等内容充实进去，形成一整套刑事责任评价体系。

综上所述，从定罪实践的角度而言，我国的犯罪构成应当存在两个层面：

第一个层面：构成要件该当性。包含《刑法》总则以及分则中规定的某一行为构成的要素——客体、客观方面、主体、主观方面四项内容。

---

① 赵国强：《高铭暄教授"四要件犯罪构成理论"评述》，载《北京社会科学》2024 年第 3 期。

第二个层面：责任充足要件。包含责任排除（正当防卫、紧急避险）、责任评价（社会危害性评价、罪量评价）、价值评价（刑事政策评价）三项内容。需要说明的是，在德日刑法中正当防卫、紧急避险是在违法性层级考虑的，构成了实质违法性的主要因素。《德国刑法典》第 32 条第 1 款规定，如果某人行为是根据正当防卫应当的，那么此行为不具有违法性。[①]但是在我国《刑法》中则是作为责任评价的因素存在的。《刑法》第 20 条规定，为了使国家、公共利益、本人或者他人的人身、财产和其他权利免受正在进行的不法侵害，而采取的制止不法侵害的行为，对不法侵害人造成损害的，属于正当防卫，不负刑事责任。根据上述规定，在我国刑法中，正当防卫是"不负刑事责任"的行为而不是"不具违法性"的行为，故应当纳入责任评价的范畴。[②]

有论者质疑，根据实质犯罪观，犯罪构成要解决的本来就是危害性的问题，即通过犯罪构成将抽象的危害性解构为具体的可评价的危害要素，将危害性要件引入犯罪构成是否存在逻辑上的同义反复或者说存在逻辑上的悖论？笔者认为：

第一，犯罪构成本来就是用来解释犯罪概念的，是犯罪概念的要素化分析，也即只有符合犯罪构成要素行为的才能构成犯罪，这本身就是犯罪构成的价值和意义所在。将危害性评价纳入犯罪构成并不是用犯罪概念解释犯罪构成，反而是将犯罪的实质要求——严重的社会危害性（或者法益侵害），纳入犯罪构成从而使犯罪构成能够更加完整地解释犯罪的概

---

① 石家慧：《德国刑法中的正当防卫制度》，载《中国应用法学》2018 年第 6 期。

② 实质上，在德国刑法中关于正当防卫的表述经历了很多变化，1532 年《卡洛林那刑法典》规定，为了拯救自己的生命健康而进行合法正当防卫，若因此造成侵害者死亡的，不承担刑法上的责任。1815 年《普鲁士刑法典》第 41 条规定，如果行为人是根据正当防卫应当的，那么就不属于违法犯罪行为。1871 年《德国刑法典》第 53 条规定，如果行为是根据正当防卫应当的，那么该行为不可罚。相关内容参见石家慧：《德国刑法中的正当防卫制度》，载《中国应用法学》2018 年第 6 期。笔者注意到，关于正当防卫的表述先后有：不承担刑事责任、不属于违法犯罪行为、不可处罚等，造成这种差异的原因究竟是翻译原因还是学说的流变，目前笔者还未掌握相关资料。

念。前文指出,在四要件理论中,由于没有将危害性评价纳入,使得某些情况下符合犯罪构成的行为不得不借助犯罪概念进行实质解释,反而有损犯罪构成的机能。在三阶层理论中,即使很多学者试图将对法益造成的实质侵害融入三阶层结构中,但基于我国立法的实际情况,这种努力并没有达到实际效果,即使我们用三阶层理论来判断、解释我国刑法中的部分犯罪,也得不出可以出罪的结论,也就是说,三阶层理论对我国刑法犯罪的解释仍然是不完整的。既然不完整,为什么不把它补充完整?

第二,犯罪构成是根据犯罪概念的实质要求对犯罪要素的类型化分析,是从普遍联系的各种案件事实中提炼出的与犯罪实质有关的事实要素,因此我们必须承认犯罪构成的要素也是类型化的、有限的,我们不可能将所有案件事实纳入类型化的要素中,否则这种要素也就失去了其存在的意义,这就产生了类型化要素与案件事实之间的差异。通常情况下,通过类型化要素逐渐完善,可以做到形式性评价与实质性评价相一致,但是不可否认,在某些情况下,这种评价又是不完整的,一些评价要素之外的案件事实导致要素评价的结果与普遍的正义观以及犯罪概念的实质要求有差异,这就需要引入新的评价机制进行"纠偏"。比如,"两高两部"《关于依法惩治性侵害未成年人犯罪的意见》规定,已满十四周岁不满十六周岁的人偶尔与幼女发生性关系,情节轻微、未造成严重后果的,不认为是犯罪。而我国《刑法》第236条规定:"奸淫不满十四周岁的幼女的,以强奸论,从重处罚。"根据《刑法》的规定,与不满十四周岁的幼女发生性关系,不论主体(不满十四周岁的除外)、不论动机、不论手段、不论次数一律应当以强奸罪论处。所以,无论从该当性、违法性和有责性的角度,都没有办法解释《意见》的合法性问题,而只能从保护未成年人健康发展的刑事政策以及我国特有伦理价值观去解释,这些游离于现行法律规定之外的要素以及特定的价值判断就构成了"危害性评价"的内容。

第三,危害性评价是一种特殊情况下的存在。也就是说,一般情况下,通过第一阶层四要件的评价,一个行为是否构成犯罪就可以得出结论。但是在某些情况下,需要运用危害性评价进行纠偏,这正是危害性评价存在的意义和价值所在。如违法性一样,在符合该当性的情况下,一般就解决了行为的违法性问题,但是在特殊情况下(正当防卫、紧急避险),仍有必要进行违法性评价,因此适用情况的有限性并不妨碍危害性评价要件存在的必要性。"对于通常情形来说,如果构成要件实现了,那么举止的不法符合性就得以确定了,而正当化事由的介入只是例外,因此只有存在正当化事由的介入联结点时,才需要在鉴定报告的违法性中进行深入考察。否则在'违法性'的标题之下只需要提示:'由于未见正当化事由,因此该行为是违法的'。"①

第四,这种体系架构的特点就是,将责任评价、价值评价作为定罪必须考虑的因素,而不是可有可无的因素。也就是说,在审理每一起刑事案件时,法官在进行定罪时都必须考虑适用某一罪名定罪是否能够做到罪责刑相适应,是否符合特定的价值取向,从而将刑法的实质判断落到实处,实现国法、天理、人情的统一。

---

① ［德］乌韦穆尔曼:《德国刑法基础课》,周子实译,北京大学出版社 2023 年版,第 110—111 页。

第四章　定罪中刑法解释的立场与原则

　　法是抽象的定罪量刑规范,"成文刑法是正义的文字表述,但并非仅凭文字就能发现刑法的全部真实含义"①。因为语言文字会使其产生模糊性,"当语言能力不足以认识到一项表达是否适用于已知的事实的时候即如此"②。是故定罪离不开刑法解释,"刑法之解释不啻予刑法以生命,无解释则刑法等于死文,毫不发生作用"③,"在经过无数次激烈论争之后,学界和实务界已经基本达成共识:只有通过解释,刑法才能阐发其真实的意蕴,才能应对社会之无穷变幻,才能在司法过程中与个案结合起来进而实现其目的"④。因此,正确定罪离不开恰当的法律解释。

　　古往今来,法律解释就是一个难题。《文献通考》记载了一则著名的《阿云狱》,该案还记载于《宋史》《续资治通鉴》等诸多文献中。该案并不复杂,却引起了当时长达一年多的争论,甚至影响了宋代法律制度变革。这一案件几经讨论,既经大理寺、审刑院、刑部,又经翰林、中书、枢密,涉及名臣如王安石、司马光、吕公著、富弼等,法官如刘述、齐恢、王师元等,

---

① 张明楷:《罪刑法定与刑法解释》,北京大学出版社 2009 年版,第 2 页。
② [英]蒂莫西·A.O.恩迪科特:《法律中的模糊性》,程朝阳译,北京大学出版社 2010 年版,第 13 页。
③ 张小虎:《对刑法解释的反思》,载《北京师范大学学报(社会科学版)》2003 年第 3 期。
④ 舒洪水、贾宇:《刑法解释论纲》,载《法律科学(西北政法大学学报)》2009 年第 5 期。

皇帝亦为此三次下旨。一场简单的村妇杀夫未遂案,其涉及面之广、参与人之多、争论之深,史所罕见。本案案情十分简单:一个名叫阿云的女子,在母亲死后服丧期未满时,就由尊长做主,同一个姓韦的男子订了婚。但阿云嫌他长相丑陋,便趁他晚上独自一个人睡在田间小屋里的时候,带了刀去杀他,但因为力气太小,砍了十余刀也没能将他杀死,而是砍断了一个指头。登州知州许遵认为阿云订婚的时候,服丧期未满,所以她与韦某的未婚夫妻关系不能成立,应该以普通人处理,并将此案上报朝廷。案件上报后,审刑院、大理寺判处阿云死刑,但又因为她属于违律为婚,所以奏请皇帝裁决,奉敕免除阿云的死罪。但登州知州许遵认为能主动供认犯罪事实的,按自首论的规定,减二等处罚。刑部复核,维持审刑院、大理寺的原判,正在这时,内调许遵担任判大理寺的任命发布了,御史台便以许遵议阿云一案有误为理由,对他进行弹劾。许遵不伏,要求将此案交翰林学士、知制诰等官员重新审议。于是翰林学士司马光、王安石共同进行了讨论,但两人意见不一致,便各自向宋神宗提出自己的看法。本案争论的重点是,宋代《贼盗律》"谋杀"条规定:"谋诸杀人者,徒三年;已伤者,绞;已杀者,斩。"[1]《名例律》"罪已发未发自首"条规定,因犯杀伤而自首者,得免所因之罪,仍从故杀伤法。[2]

对于上述规定,司马光认为,"今许遵欲将谋之与杀,分为两事,案谋杀、故杀皆是杀人,若将谋之与杀分为两事,则故之与杀亦是两事也……若平常谋虑不为杀人,当有何罪可得首免? 以此知谋字止因杀字生文,不得别为所因之罪也"[3]。这里,司马光认为"谋"不能成为"杀"之"因",因为"谋"根本不可能脱离"杀"的行为而独立成为一种"罪",即所谓"谋字止

---

① 薛梅卿点校:《中华传世法典:宋刑统》,法律出版社 1998 年版,第 326 页。

② 薛梅卿点校:《中华传世法典:宋刑统》,法律出版社 1998 年版,第 98 页。

③ 司马光:《议谋杀已伤案问欲举而自首状》,载《温国文正司马公文集》卷三十八,涵芬楼藏本。

因杀字生文"。既然"谋"不能单独成罪,也不存在所谓的自首"免所因之罪",故对阿云案可直接适用"谋诸杀人者,徒三年;已伤者,绞"的规定。

而王安石则指出:律文有"谋杀人者,徒三年;已伤者,绞已杀者斩"之规定,根据这项规定,犯谋杀罪者判徒刑三年,已经造成伤害的判处绞刑,已经造成死亡的判处斩首,怎么会"别无所因之罪"? 此外,《宋刑统》规定:"'谋杀人者',谓二人以上;若事已彰露,欲杀不虚,虽独一人,亦同二人谋法,徒三年。"①根据王安石的理解,依据《宋刑统》的规定,如果"事已彰露,欲杀不虚",即使还没有"杀",仍可以"谋杀"罪处"徒三年"。因此"谋"与"杀"乃"二事","谋"可以单独成罪。法律不许"首免"的是"杀伤"而非"谋杀"。阿云"谋杀"韦阿大,"谋"就是阿云犯"杀伤"的"因",因此,阿云谋杀韦阿大可以适用"因犯杀伤而自首者,得免所因之罪,仍从故杀伤法"。

司马光反驳指出:"所谓因犯杀伤者,言因犯他罪,本无杀伤之意,事不得已,致有杀伤。除为盗之外,如劫囚、略卖人之类皆是也……今此人因犯他罪致杀伤人,他罪虽得首,原杀伤不在首例。若从谋杀则太重,若从斗杀则太轻,故酌中令从故杀伤法也。"②司马光认为,"为盗"杀伤人、"劫囚"杀伤人、"略卖人"杀伤人等罪犯都有一个共同特征,即杀伤人都是"本无杀伤之意,事不得已",那么在判刑时,"若从谋杀则太重,若从斗杀则太轻,故酌中令从故杀伤法也"。根据案情,阿云杀人是"谋杀"绝非"故杀"。王安石等人认为阿云犯"谋杀",却又按故杀量刑,自相矛盾。

王安石则回应:"《宋刑统》杀伤,罪名不一,有因谋,有因斗,有因劫囚、窃囚……此杀伤而有所因者也。惟有故杀伤则无所因,故刑统因犯杀伤而自首得免所因之罪,仍从故杀伤法。其意以为于法得首,所因之罪既

---

① 薛梅卿点校:《中华传世法典:宋刑统》,法律出版社 1998 年版,第 326 页。
② 司马光:《议谋杀已伤案问欲举而自首状》,载《温国文正司马公文集》卷三十八,涵芬楼藏本。

已原免,而法不许首杀伤,刑名未有所从,唯有故杀伤为无所因而杀伤,故令从故杀伤法至今。"①根据王安石的理解,像"为盗"杀伤人、"略卖人"杀伤人、"劫囚"杀伤人等罪犯之所以在"自首"后要"从故杀伤法"判刑,是因为在自首并免所因之罪后,要处罚"不许首"的"杀伤"罪,但对于这种"杀伤","刑名未有所从"(即法律未明确规定),所以阿云"谋杀"后"自首",仍属犯"谋杀"罪,但可以用"故杀伤法"判刑。王安石进一步指出:"《律疏》假设条例,其於出罪,则当举重以包轻,因盗伤人者斩,尚得免所因之罪,谋杀伤人者绞,绞轻於斩,则其得免所因之罪可知也。"②其意思是,根据举重以明轻的规则,强盗伤人依律应当判处斩首之刑,谋杀伤人者依律判处绞刑,绞刑轻于斩首,作为重罪的强盗伤人都可以因自首免其"所因之罪",作为轻罪的谋杀伤人就更可以因自首"免所因之罪"。

在王安石的论述中,综合运用了文义解释、比较解释(举重以明轻)、体系解释等多种方法。强调要全面理解法律规定,法律有规定的就必须依照法律规定,不要动辄"敕许奏裁":"有司议罪,惟当守法,情理轻重,则敕许奏裁。若有司辄得舍法以论罪,则法乱於下,人无所措手足矣。"③而司马光则认为,法律适用不能仅"望文生义",同时还要进行价值判断,以"礼"作为决定的依据:"分争辨讼,非礼不决,礼之所去,刑之所取也。阿云之事,陛下试以礼观之,岂难决之狱哉! 彼谋杀为一事为二事,谋为所因不为所因,此苛察缴绕之论,乃文法俗吏之所争,岂明君贤相所当留意邪! 今议论岁馀而后成法,终为弃百代之常典,存三纲之大义,使良善无告,奸凶得志,岂非徇其枝叶而忘其根本之所致邪!"④不难看出,王安石与司马光皆因循律义、持之有据,却得出不同的结论,其原因在于解释的

---

① 马端临:《文献通考·刑考九》,世界书局 1988 年版,第 681 页。
② 马端临:《文献通考·刑考九》,世界书局 1988 年版,第 682 页。
③ 马端临:《文献通考·刑考》,中华书局 1986 年版,第 1475 页。
④ 马端临:《文献通考·刑考》,中华书局 1986 年版,第 1476 页。

价值取向存在差异。王安石等人更注重维护法律的形式公正，主张通过全面、系统地解释法律从而正确适用法律，不要动辄"以礼破法"。而司马光等人则依据三纲五常、德礼政教，提倡"礼之所去，刑之所取"的礼法观念，体现的是对法律价值的考量。因此，不同的价值取向决定了不同的解释方法。

一、定罪中刑法解释的立场

刑法解释有广义和狭义之分，"整个刑法适用过程就是对刑法理解、认识、解释的过程，但刑法解释并不完全依附于刑法适用，其应作为一个独立的概念存在于刑法适用之外"[①]。在此意义上，可以说定罪是为广义上的刑法解释，即"使规范与事实进入对应关系，解释规范、剪裁事实并且目光不断地往返于规范与事实之间，从而形成结论"[②]。而狭义上的刑法解释，则为遵循合法、合理、合目的的解释原则，采用具体的方法对刑法条文语言意义与内在含义的探求并阐明其法律上的意义，是为使刑法条文的规范内容明确化而基于体系整合性、目的性对条文的规范意义所作的解释。正因为刑法条文没有固定不变的含义，对成文刑法的解释不可能有终局性的结论，一个用语的通常含义，是在生活事实的不断出现中形成和发展的，法律文本的开放性，使得任何解释的合理性都只是相对的。解释者应当正视并懂得处于一个永久运动中的生活事实会不断地填充刑法条文的含义；同时，根据正义理念认为有必要对此种生活事实进行刑法规制时，又将其与刑法规范相对应。这样，现实的生活事实便成为推动解释者反复斟酌刑法用语真实含义的最大动因，如此反复，从而使刑法用语充满生命力。[③]

---

① 龚培华：《刑法解释理论的基本问题》，载《法学》2007 年第 12 期。
② 张明楷：《刑法理念与刑法解释》，载《法学杂志》2004 年第 7 期。
③ 张明楷：《罪刑法定与刑法解释》，北京大学出版社 2009 年版，第 95 页。

在我国刑法学界,尚不存在刑法学说史上的古典学派与新实证学派之间的学派之争。但近年来大体上形成了刑法立场上的形式解释论与实质解释论之争①,或者说"形式解释论与实质解释论正在成为我国刑法学派之争的一个方面"②。

所谓形式的解释论,是由古典学派所确立的罪刑法定原则衍生出来的,强调追求法律的形式正义,遵循立法者的立法原意,依照刑法条文的字面含义主张对刑罚法规进行形式的、逻辑的解释。所谓实质的解释论,是就刑法规定的构成要件进行实质解释,而不是单纯对案件事实进行实质解释;如果缺乏构成要件的规定,当然不可能将其解释为犯罪。因此实质的解释论并非在单纯根据行为的社会危害性认定犯罪。③可见,实质的刑法解释论认定立法原意并不可寻,主张对刑法条文进行实质的、价值的、合目的的解释。它强调法律文本和解释者的互动,致力于破除法律的僵硬滞后,在个案的定罪量刑中综合考虑各种因素,贯彻以实现实质正义为目的的刑法解释论。④

上述形式解释论与实质解释论之间的争论所形成形式解释阵营和实质解释阵营,双方论战起始于陈兴良教授发表于《法学研究》(2008年第6期)中《形式与实质的关系:刑法学的反思性检讨》一文。该文认为,形式与实质的关系在刑法学中的意义,可从犯罪的形式概念与实质概念、犯罪构成的形式判断与实质判断、刑法的形式解释与实质解释三个视角加以阐释。其旗帜鲜明地提出,在罪刑法定原则下,应当倡导形式理性。因此,犯罪的形式概念具有合理性,犯罪构成的形式判断应当先于实质判断,对于刑法的实质解释应当保持足够的警惕;其发表于《中国法学》

① 张明楷:《实质解释论的再提倡》,载《中国法学》2010年第4期。
② 陈兴良:《形式解释论的再宣示》,载《中国法学》2010年第4期。
③ 张明楷:《实质解释论的再提倡》,载《中国法学》2010年第4期。
④ 苏彩霞:《实质的刑法解释论之确立与展开》,载《法学研究》2007年第2期;邓子滨:《中国实质刑法观批判》,法律出版社2009年版,第11页。

(2010 年第 4 期)中《形式解释论的再宣示》一文,在对刑法学中的形式解释论与实质解释论之间关系的理论进行考察的基础上,进一步对形式解释论的理据作了宣示,并主张形式刑法观,且以此为基本立场,对实质解释论的观点进行批判,从而推演出形式解释论的结论。①

与之相反,张明楷教授在 1991 年出版的《犯罪论原理》一书中提出了"实质解释"的观点,其在 2002 年出版的《刑法的基本立场》一书中明确提倡"实质解释论"。张明楷教授主张的"实质的犯罪论"认为,即使在罪刑法定原则之下,也应当采取实质的犯罪论,以犯罪本质为指导来解释刑法规定的构成要件,但同时并不意味着可以将刑法没有明文规定的行为解释为犯罪②,其发表于《中国法学》2010 年第 4 期的《实质解释论的再提倡》一文继续阐述,对构成要件的解释不能停留在法条的字面含义上,必须以保护法益为指导,使行为的违法性与有责性达到值得科处刑罚的程度;在遵循罪刑法定原则的前提下,可以做出扩大解释,以实现处罚的妥当性。在解释构成要件时,不能脱离案件事实;实质解释论同时维护罪刑法定主义的形式侧面与实质侧面,既有利于实现处罚范围的合理性,也有利于实现构成要件的机能。③

由此,在刑法立场上,形式解释论与实质解释论之间的论争拉开了序幕。在陈兴良教授与张明楷教授各自在扛起形式解释论阵营与实质解释

---

① 周详:《刑法形式解释论与实质解释论之争》,载《法学研究》2010 年第 3 期;王昭振:《刑法解释立场之疑问:知识谱系及其法治局限——一种法学方法论上的初步探讨》,载《环球法律评论》2010 年第 5 期等。
② 张明楷:《刑法的基本立场》,中国法制出版社 2002 年版,第 110 页。
③ 刘艳红在其《实质刑法观》一书中认为刑法应建立以形式的定型犯罪论体系为前提、以实质可罚性为内容的实质犯罪论体系,对犯罪构成要件的解释不能仅从形式上进行,而应从是否达到了值得刑事处罚的程度进行实质的解释,从而提倡实质刑法观。其在《走向实质解释的刑法解释》一书中对相关问题的解释基本上都是自觉或不自觉地站在实质的刑法立场而进行的;李立众、吴学斌主编的《刑法新思潮》一书更是认为刑法应该具有实质的内在的正义品质,而实质解释则是通往正义的必然之路。

论阵营的大旗之后,相继以陈兴良、邓子滨[①]为代表的学者形成的形式解释论阵营,以张明楷、刘艳红[②]、苏彩霞[③]等为代表的学者形成了实质解释论阵营,两阵营下的支持者相继发表文章,对其进一步阐述。同时,少数学者并没有急于为自己寻找阵营,而是在反思这种标签运动本身的合理性,如陈坤[④]、杨兴培[⑤]、欧阳本祺[⑥]几位学者对此作出了努力,特别是陈坤博士提出这次学派之争实为口号之争的论断更是值得注意。[⑦]

　　解释者对刑法的解释是建立在各自的"图式"基础下的,各自对刑法的"前见"往往导致刑法解释的复杂性。因而不同的"图式"便最终形成不同的解释立场。在讨论刑法解释持形式解释论和实质解释论前需明确的是,形式解释和实质解释不是与文义解释、论理解释和目的解释等解释方法处于同一层面的范畴,两者皆可以按照各自的需要选择不同的解释方法,是故其两者的区别不是方法论上的,而是立场上的。[⑧]正如周详博士所言,实际上形式解释论与实质解释论之间的差异并非如想象的那么大。两者均在罪刑法定原则下展开讨论,两者均认为罪刑法定存在形式的侧面和实质的侧面。形式解释论并不排斥对刑法实质进行研究,因而并不像某些批评者所言的"形式主义""僵化、教条"。陈兴良教授指出,"其实,形式解释论,至少是主张形式解释论的我,并不反对实质判断,更不反对通过处罚必要性的实质判断,将那些缺乏处罚必要性的行为予以出罪"。[⑨]

---

①　邓子滨:《中国实质刑法观批判》,法律出版社 2017 年版。
②　刘艳红:《实质刑法观》,中国人民大学出版社 2009 年版;刘艳红:《走向实质的刑法解释》,北京大学出版社 2009 年版。
③　苏彩霞:《刑法解释的立场与方法》,法律出版社 2016 年版。
④　陈坤:《形式解释论与实质解释论:刑法解释学上的口号之争》,载陈兴良主编:《刑事法评论》,北京大学出版社 2012 年版,第 301—316 页。
⑤　杨兴培:《刑法实质解释论与形式解释论的透析和批评》,载《法学家》2013 年第 1 期。
⑥　欧阳本祺:《走出刑法形式解释与实质解释的迷思》,载《环球法律评论》2010 年第 5 期。
⑦　罗世龙:《形式解释与实质解释论之争的出路》,载《政治与法律》2018 年第 2 期。
⑧　刘仁文:《在规范与事实之间寻求正义》,载《光明日报》2011 年 1 月 25 日,第 11 版。
⑨　陈兴良:《形式解释论的再宣示》,载《中国法学》2010 年第 4 期。

而实质解释论也不主张超越法律进行纯粹的"实质解释",正如前文张明楷教授所言"并不意味着可以将刑法没有明文规定的行为解释为犯罪"。两者的差异恐怕主要集中于两点:一是解释的顺序。形式解释论主张先形式再实质,在对刑法进行解释时,首先注重形式的符合性,在这个前提下,再研究实质危害性的问题。而实质解释论的本质是先实质再形式,主张以犯罪本质为指导,来解释刑法规定的构成要件。二是两者对具有形式符合性但实质缺乏危害性的行为均主张通过解释予以剔除,分歧在于当不具形式符合性时,能否通过实质解释将某些具有危害性的行为入罪。厘清两大阵营的思路,陈兴良教授认为,罪刑法定存在实质和形式两个侧面,实质侧面是对立法的规制,而形式侧面是对司法的控制。当罪刑法定原则通过实质侧面对立法进行有效规制后,在司法层面应当更多关注于形式的合法性问题。而张明楷、刘艳红等学者则认为,应当以形式理性为前提,以实质理性为基点,提倡实质主义的思考模式,通过对刑法中的构成要件的解释从实质可罚性角度进行,使刑法适用仅限于处罚值得处罚的行为,以此限定刑法的处罚范围。

笔者认为,不同的历史发展阶段,社会有不同的需求,需要相应地采取不同的原则和立场,因此理论的合理性随着时代的变迁而呈现出不同状态。中华人民共和国成立之初,百废待兴,采用计划经济的模式,更有利于"集中力量办大事",因此采用计划经济的模式使我国从战后百废待兴的社会迅速稳定下来;20 世纪 80 年代,计划经济已经严重束缚社会生产力的发展,人民日益增长的物质文化需求同落后的社会生产力之间的矛盾日益尖锐,面对这种情况邓小平同志提出了建设社会主义市场经济的治国策略,"不论黑猫白猫,能逮到老鼠的就是好猫""摸着石头过河"等一系列解放思想的观点提出,极大激发了社会活力,我国经济社会迅猛发展。党的十九大提出,中国特色社会主义进入了新时代,我国社会的主要矛盾已经转化为人民日益增长的美好生活需要同不平衡、不充分的发展之间的矛盾。主要矛盾的变化，随之而来的是工作重心、工作方向的变化。不同的时代背景，不同的发展需求，需要不同的理论指导和支撑。形式解释论和实质解释论不存在谁正确或者谁更合理的问题。单纯从理论的角度，两大阵营言之凿凿，各有论据。目前更应关注的是，在现今中国更需要哪种立场的问题，即我们不应仅仅关注理论合理性的问题，还要考虑现实合理性和时代需要的问题。正如习近平总书记在党的二十大报告中指出的，我们必须坚持解放思想、实事求是、与时俱进、求真务实，一切从实际出发，着眼解决新时代改革开放和社会主义现代化建设的实际问题，不断回答中国之问、世界之问、人民之问、时代之问，作出符合中国实际和时代要求的正确回答，得出符合客观规律的科学认识，形成与时俱进的理论成果，更好指导中国实践。

　　系统的法制建设虽然起步于新中国成立之后，但是发展之路并不平坦。1989 年 9 月江泽民同志首先提出："我们绝不能以党代政，也决不能以党代法。这也是新闻界讲的人治还是法治的问题，我想我们一定要遵循法治的方针。"在党的十五大上，江泽民同志明确提出依法治国的基本方略，将过去"建设社会主义法制国家"的提法，改变为"建设社会主义法治国家"，极其鲜明地突出了对"法治"的强调。1999 年九届全国人大二次会议通过的宪法修正案规定："中华人民共和国实行依法治国，建设社会主义法治国家。"将其作为《宪法》的第 5 条第 1 款。这是中国治国方略的重大转变，中国社会真正开启了法治化建设的历程。党的十六大报告指出，"发展社会主义民主政治，建设社会主义政治文明，是全面建设小康社会的重要目标"。要把依法治国作为"党领导人民治理国家的基本方略"，还把依法治国作为"发展社会主义民主政治"的一项基本内容。从党的十五大将依法治国确定为国家基本方略到目前，仅仅过去不到 30 年，党的十八届四中全会通过的《中共中央关于全面推进依法治国若干重大问题的决定》指出，必须清醒地看到，同党和国家事业发展要求相比，同人民群众期待相比,同推进国家治理体系和治理能力现代化目标相比,法治建设还存在许多不适应、不符合的问题,主要表现为:有的法律法规未能全面反映客观规律和人民意愿;针对性、可操作性不强,立法工作中部门化倾向、争权诿责现象较为突出;有法不依、执法不严、违法不究现象比较严重,执法体制权责脱节、多头执法、选择性执法现象仍然存在,执法司法不规范、不严格、不透明、不文明现象较为突出,群众对执法司法不公和腐败问题反映强烈;部分社会成员尊法信法守法用法、依法维权意识不强,一些国家工作人员特别是领导干部依法办事观念不强、能力不足,知法犯法、以言代法、以权压法、徇私枉法现象依然存在。这些问题,违背社会主义法治原则,损害人民群众利益,妨碍党和国家事业发展,必须下大气力加以解决。可见我国法治建设的任务仍然任重道远,法治的理念尚未真正树立,法治的机制尚不健全,我们距离成熟法制国家仍然有相当远的距离。因此,习近平总书记在党的二十大报告中再次指出,全面依法治国是国家治理的一场深刻革命,关系党执政兴国,关系人民幸福安康,关系党和国家长治久安。必须更好发挥法治固根本、稳预期、利长远的保障作用,在法治轨道上全面建设社会主义现代化国家。

虽然从本质上形式解释与实质解释并无区别,但实际上存在着刑法价值观的巨大差别。实质解释论通过主动发挥刑法的作用,实现社会的公平正义;形式解释论基本可以看作被动刑法观,强调刑法的谦抑性和缩限性。基于对上述社会现实的分析,实质解释论的成立有赖于四个基本条件:良好的社会法制环境、健全的法律制度、较高素质的司法人员和完善的纠错机制。在这四个方面,我国目前仍有很长的路要走。如果放任定罪过程中采用实质解释的立场,是否会出现"少数人的正义"? 如陈兴良教授所言,这将是十分危险的。此外,刑法解释的立场离不开立法与司法的互动。主张实质解释论的苏彩霞教授,通过对我国当前九个刑法立法解释进行实证研究得出结论:我国刑法立法解释均采取了实质的解释立场,以此论证实质解释立场的功能价值。但实际恰恰相反,立法处于保守阶段时,司法应当相对主动,以弥补立法与社会发展之间的缝隙;而当立法主动时,司法应当相对保守,以切实保障人权。如果立法和司法同时扩张,刑法就存在失控的危险。有的学者对我国近年来所发布的司法解释进行研究后指出,彰显苛厉性的司法解释在所有司法解释中占据了绝大多数,从而验证了储槐植教授的判断,证实几十年来通过司法解释所表达的刑事政策,在总体上苛厉性压过了宽宥性,或者说面对苛厉与宽宥的选择,刑事政策主体更多地选择了苛厉,即总体上择重。①在这种情况下,正如周详博士所言,在某种意义上讲,由于实质主义是中国文化"骨子里的东西",这决定了在客观上我们根本做不到文化上的剔骨换血。如果一种本已强势的文化趋向被有意识地强调而过度发展、膨胀,同时缺乏制衡的文化趋势,从长远来看对学科的发展乃至于对社会的发展都不是好事。②

　　总体而言,刑法解释的基本立场应当是:通过形式解释的方法确保罪刑法定原则的贯彻,通过实质解释的方法将表面上符合刑法规定但实质上不具有社会危害性的行为排除出犯罪构成,以实现人权保障。当某种行为明显不符合法律规定时,不能通过实质解释的方法入罪。

二、定罪中刑法解释应坚持的原则

　　基于不同立场,在刑法解释方面出现了文义解释(根据刑法用语的文义阐释刑法意义的解释方法)、当然解释(刑法条文虽然没有明确规定,但通过逻辑推理,理解某种含义实际上已包含于刑法条文的意义中)、体系解释(应当将刑法用语放置于整个刑法体系中理解,保持用语含义的协调性和统一性)、目的解释(从立法的目的出发对法律用语的含义进行解释)

---

① 白建军:《刑事政策的运作规律》,载《中外法学》2004 年第 5 期。
② 周详:《刑法形式解释论与实质解释论之争》,载《法学研究》2010 年第 3 期。

等多种解释方法。基于定罪中形式解释论的立场,应倡导"可能的词义解释"的原则。

"可能的词义解释"源于德国刑法学家罗克辛,他在《德国刑法学总论》中提出,"解释与原文界限的关系绝对不是任意的,而是产生于法治原则的国家法和刑法的基础上:因为立法者只能在文字中表达自己的规定,在立法者的文字中没有给出的,就是没有规定的和不能'适用'的。超越原文文本的刑法适用,就违背了在使用刑罚力进行干涉对应当具有的国家自我约束,从而在自己的思想中考虑应当根据法律规定来安排自己的行为。因此,仅仅在可能的词义这个框架内的解释本身,就能够同样起到保障法律的预防性作用,并且使违反禁止性规定的行为成为应受谴责的"。①

客观地说,可能的词义解释是相对宽泛的概念。因此,"可能的词义解释"仅仅能够作为一个原则,不能取代具体的解释方法。但是"可能的词义解释"为我们进行刑法解释框定了两个范畴:一是"词义";二是"可能"。

第一,对法律用语的解释必须以法律文本为基础,不能将法律文本中不存在的概念解释入法律规定之中。以强奸罪为例。我国《刑法》第236条规定,以暴力、胁迫或其他手段强奸妇女的,构成强奸罪。因此,所谓的强奸,是指强行与妇女发生性关系的行为。对此,法律条文已经规定得非常明确,按照这种理解,采用"鸡奸"方式强行与男子发生性关系,不能构成强奸,而只能构成强制猥亵罪。2006年震惊全国的山西黑砖窑案件案发。警方调查发现,2006年3月,一些砖窑的负责人通过中介先后从火车站等地拐骗大量农民工至其黑砖窑劳动,其中相当一部分人为精神残疾。其间,黑砖窑的负责人等人对被拐骗的农民工实施了非法拘禁、虐

---

① 〔德〕克劳斯·罗克辛:《德国刑法学总论》(第1卷),王世洲译,法律出版社2005年版,第86页。

待、殴打以及强迫劳动等行为,案发后,相关人员被以故意伤害罪、非法拘禁罪、强迫劳动等罪名判处了刑罚。据媒体报道,在清理整治砖瓦窑过程中,共解救农民工359人,均得到妥善安置。大部分人员在当地政府帮助下自行回家。其中,救助智残人员121人,除送返原籍76人外,10人由劳动保障部门在当地福利企业集中安置,35人由当地民政部门给予救助。截至2007年7月31日,山西省司法机关已对黑砖窑事件中涉及犯罪的27起案件69人起诉,其中25起案件60人已依法进行了公开宣判。纪检部门对黑砖窑事件中监管不力、失职、渎职的95名党员干部、公职人员给予了党纪政纪处分。①从已经公布的处理结果来看,主要集中在对"黑砖窑"及其相关人员的范围,对于在整个事件中起重要作用的"黑中介"似乎没有得到刑事处理,其中一个重要原因就是我国《刑法》只规定了拐卖妇女、儿童罪,1997年《刑法》修订后取消了拐卖人口罪,虽然有学者呼吁恢复拐卖人口罪,②但在《刑法》未修订的情况下,拐卖成年男子的行为无论如何也不能解释为拐卖妇女、儿童,即使该行为的社会危害性与拐卖妇女、儿童罪相当也不能通过刑法解释的方法入罪。

另外一个值得研究的问题是刑法解释中"举重以明轻"的问题。有论者指出,贯彻罪刑法定应当注意排除"教条主义"的观念。比如,冒充军警人员抢劫,"刑法之所以将冒充军警人员抢劫规定为情节加重犯,主要是因为军警人员对人们具有很大的心理压力,而且军警人员的职务中具有一定的管理或维护社会秩序的职能……军警人员以军警人员的身份进行抢劫与非军警人员冒充军警人员进行抢劫,对被害人造成的心理压力实际是一样的,而事后所造成的社会危害,前者显然比后者要重得多……刑法将一种危害相对较轻的情况规定为情节加重犯,那么对另一种危害相对较重的情况,当然也应理解为情节加重犯,否则就很难做到罪责刑相适

---

① https://news.sina.com.cn/o/2007-08-14/051512378584s.shtml.
② 刘宪权、杨兴培:《刑法学专论》,北京大学出版社2007年版,第528—534页。

应。这里显然是强调要从立法原意角度理解罪刑法定原则的内容，并突出刑法立法中的举轻明重的观念"。①而最高人民法院《关于审理抢劫刑事案件适用法律若干问题的指导意见》规定，"军警人员利用自身的真实身份实施抢劫的，不认定为冒充军警人员抢劫，应依法从重处罚"。显然有关学者的观点采用的是实质解释的立场，因为真的军警人员实施抢劫的社会危害性以及对国家公职人员声誉造成的损害要远远大于冒充军警的人员实施的抢劫，故对真军警人员实施的抢劫应当解释为"冒充军警人员实施抢劫"，从而在十年有期徒刑以上量刑。而最高人民法院相关指导意见采用的则是文义解释（形式解释）的立场，认为真的军警人员实施抢劫不能解释为"冒充军警人员实施抢劫"，虽然应从重处罚，但不能升格量刑。最高人民法院相关指导意见的观点无疑是正确的。所谓实质解释如果超越了文义可能的范畴，就产生了标准上的模糊，从而违反了罪刑法定原则的根本要求，导致出入人罪。因为在有关论者看来，真军警人员抢劫的社会危害要重于冒充军警人员实施的抢劫，但是这条规定从 1997 年《刑法》修订后延续至今，基本未作变动，说明立法者可能另有考虑，所谓从"立法原意角度理解"可能仅仅是论者自己的理解而不是立法者的理解。由此说明了一个问题，在进行刑法解释时应立足刑法条文的文义而不能超越文义，否则就会陷入"公说公有理，婆说婆有理"的窘境，从而损害刑法的统一性和严肃性。实际上，实质解释存在的问题正在于此，"当某种行为并不处于刑法用语的核心含义之内，但具有处罚的必要性与合理性时，应当在符合罪刑法定原则的前提下，对刑法用语做扩大解释。质言之，在遵循罪刑法定原则的前提下，可以做出不利于被告人的扩大解释，从而实现处罚的妥当性"，②这里面存在两个问题，一是罪刑法定原则的要求之一就是反对扩张解释，这里所谓的"在遵循罪刑法定原则的前提

---

① 刘宪权、杨兴培：《刑法学专论》，北京大学出版社 2007 年版，第 36 页。
② 张明楷：《实质解释论的再提倡》，载《中国法学》2010 年第 4 期。

下"，这个前提是否存在问题？二是根据上述观点，在"具有处罚的必要性与合理性时"，可以扩大解释，是不是意味着，我想处罚你并且我觉得有必要处罚你，就可以扩大解释？具有处罚的必要性和合理性由谁来把握？与此相类似的是，最高人民法院、最高人民检察院《关于办理盗窃刑事案件适用法律若干问题的解释》规定，一年内曾因盗窃受过行政处罚的，"数额较大"的标准可以按照一般情形标准的百分之五十确定。司法实践中争议比较大就是，行为人一年内曾因盗窃受过刑事处罚，再次进行盗窃，"数额较大"的标准能否按照一般标准的百分之五十掌握。支持的观点认为，从人身危险性的角度而言，受过刑事处罚的人其人身危险性远远大于受过行政处罚的人，按照"举轻以明重"的原理，对更具人身危险性的受过刑事处罚的人，亦应当按一般标准的百分之五十掌握。另一种观点则认为，受过刑事处罚的人，其受刑事处罚的事实已在生效判决中予以评价，如果在新的行为中以受过刑事处罚为由降低入罪门槛，存在重复评价的嫌疑，故主张对一年之内受过刑事处罚的人，不能降低入罪门槛至一般标准的百分之五十。笔者赞同后一种观点。法是一种行为规范，通过法律规范来指引人的行为从而形成一定的法秩序是法的功能之一。从这个角度而言，法治具有"稳预期、利长远"的价值。而法的规范指引功能是通过法律条文的表述实现的，社会公众根据法律条文的表述来约束、规范、指引自己的行为，如果允许超越法律条文表述的解释存在，法律对社会公众的规范指引作用将大大削弱，法治稳预期的功能也将受到损害，而罪刑法定原则也就失去了价值和意义。

第二，刑法解释必须限定在可能的范畴内。所谓可能，是指包含在事物中预示着事物发展的种种趋势。"可能"有两个基本支撑点：一是可能以现实为基础；二是在现实的基础上事物存在着合乎规律的发展变化，但是这种变化一般只局限于量变而不包含质变。因此，所谓的"可能范畴"实际包含时间和空间两个维度，即同一时间段内，根据一般公众认识，具有同一属性的事物；不同时间段内，根据一般公众认知，可能衍生、变化出的事物。可以看出，"可能的词义解释"不同于机械的"字面解释"。"字面解释"是指按照文字表面所展现的含义进行解释。"字面解释"存在两个弊病，一是文字表达的局限性，二是僵化性。而所谓的"可能的范畴"则包含两层含义：

一是延展性。文字的多义性、变化性以及边缘意义的模糊性等特点，决定了根据文字的字面含义对构成要件作出形式解释的弊端，要么导致将一些不具有实质的法益侵害行为认定为犯罪，要么将一些具有法益侵害的行为不认定为犯罪。而我们依据文义对有关用语进行解释时，应当充分关注词语的延展性问题。比如，对入户抢劫中"户"的理解。单纯从字面理解，根据汉语词典的解释"户，即屋室"，强调的是形式特征。然而仅从形式特征来理解入户抢劫中的"户"，显然过于狭窄。2000 年最高人民法院《关于审理抢劫案件具体应用法律若干问题的解释》对此解释为：《刑法》第 263 条规定的"入户抢劫"，是指为实施抢劫行为而进入他人生活的与外界相对隔离的住所，包括封闭的院落、牧民的帐篷、渔民作为家庭生活场所的渔船、为生活租用的房屋等进行抢劫的行为。可见最高人民法院司法解释对"户"的理解强调的是功能性和物理性并重的特征。上述界定并未超出"户"可能的词义范畴，因而是适当的。同理，我国《刑法》第 385 条规定，国家工作人员利用职务便利，索取他人财物的，或者非法收受他人财物，为他人谋取利益的，构成受贿罪。在这个规定中，明确将受贿罪的对象定义为"财物"，因此某些学者主张的"性贿赂"并不能当然地被纳入"财物"的范畴，因为从财物的词义中不可能推导出"性"也属于"财物"的结论，而这种推导显然也不符合我国社会公众的一般伦理价值观念。从这个角度讲，最高人民法院、最高人民检察院《关于办理贪污贿赂刑事案件适用法律若干问题的解释》第 12 条规定，贿赂犯罪中的"财物"，包括货币、物品和财产性利益，无疑也是妥当的。又比如，在杨某投放虚假危险物质案中,2002年初北京地区一度流传艾滋病患者为报复社会,用携带艾滋病毒的针管偷扎无辜群众,造成社会心理恐慌。在此期间,从外地到北京打工的杨某,因其女友与其分手而产生怨恨心理。2002年2月某日,杨某携带一把木柄铁锥在乘坐公交车期间,趁乘客拥挤之际,用铁锥刺伤女乘客杜某。杨某在公交车上扎人事件传开后,社会上以讹传讹,造成了恶劣影响。公诉机关以杨某犯投放虚假危险物质罪向法院提起公诉,法院经审理认为,被告人捅刺被害人所使用的工具是实心的锥子,不可能存放任何物质,所以不存在《刑法》规定的"投放"问题,使用锥子扎人也不能理解为《刑法》规定的投放虚假危险物质,最终以寻衅滋事罪对杨某定罪处罚。

二是发展性。法律是固定的,社会生活是不断变化的,仅仅依照其字面意思很难应对日新月异的社会生活。"可能的词义解释"不排斥事物的发展变化,但是它将这种变化局限于"可能的范畴",所谓"可能的范畴"是指按照一般社会公众认知虽然形式上发生变化但是实质具有同一性的范畴。仍以刑法中的"财物"为例。目前,关于虚拟财产能否认定为刑法中的"财物",实践中存在两种不同的观点。2012年最高人民法院研究室《关于利用计算机窃取他人游戏币非法销售获利如何定性问题的研究意见》倾向于将虚拟财产作为电子数据予以保护,将盗窃虚拟财产的行为认定为非法获取计算机信息系统数据罪。该观点认为,虚拟财产不是财物,本质上是电磁记录,是电子数据,在刑法上的法律属性是计算机信息系统数据,故而,盗窃虚拟财产的行为应当适用非法获取计算机信息系统数据罪。论者进而指出,对盗窃网络虚拟财产的行为适用盗窃罪会带来一系列棘手问题。如果承认了非法获取虚拟财产的行为构成盗窃罪,等于承认了虚拟财产的价值,最为困难的一个问题就是价格鉴定问题。游戏用户花了500元人民币买游戏币,玩到一定级别,可以拥有游戏商赠送的虚拟财产——价值5000元的屠龙刀,如果屠龙刀被窃,被盗窃虚拟财产的价值如何计算？是价值 500 元，还是 5000 元？对整天沉湎于游戏的玩家来说，头盔、战甲、屠龙刀等虚拟财产价值千金，但对局外人来说可能一文不值。对于虚拟财产能否有一个能够被普遍接受的价值计算方式？因此认为，虚拟财产没有、也不可能有一个能够被普遍接受的价值计算方式。一个五位数的 QQ 号到底值多少钱？游戏装备值多少钱？这些问题恐难有统一答案。①但是近年来，部分司法机关逐渐接受了虚拟财产具有财产属性可以认定为刑法上的财物的观点。以沈某等人职务侵占案为例。H 公司主营电子游戏的开发、发行、运营，游戏玩家以出资充值游戏账户的方式向 H 公司购买"游戏元宝"，用于提升游戏装备、游戏人物属性等。2018 年 7 月，被告人沈某某入职 H 公司，从事游戏运营策划工作。2019 年 1 月至 6 月，被告人沈某某在 H 公司任职期间，利用游戏运营管理权限，未经授权擅自修改后台数据，为游戏玩家李某、姬某某、丁某、王某某在其各自的游戏账户里添加游戏元宝，并从李某、姬某某、丁某、王某某处获取钱款人民币 157100 元。上海市浦东新区人民法院于 2019 年 12 月 3 日作出(2019)沪 0115 刑初 4006 号刑事判决，认定沈某利用工作上的便利，以修改后台数据的方式越权为他人增添游戏币"元宝"，是非法获取了计算机信息系统数据并加以利用的行为，构成非法获取计算机信息系统数据罪。遂以非法获取计算机信息系统数据罪对被告人沈某判处有期徒刑三年六个月，并处罚金 3 万元。一审判决后，原公诉机关提出抗诉，认为沈某属于"对计算机信息系统中存储、处理或者传输的数据和应用程序进行删除、修改、增加的操作"，应以破坏计算机信息系统罪论处。上海市人民检察院第一分院出庭支持抗诉，但认为沈某利用运营策划的职务便利登录游戏玩家账户直接修改、增加账户内游戏"元宝"数量，并收取玩家费用，其行为构成职务侵占罪，原判定性错误，应予纠正。上海市第一

---

① 喻海松:《关于利用计算机窃取他人游戏币非法销售获利如何定性问题的研究意见》，载《司法研究与指导》2012 年第 2 辑。

中级人民法院于 2021 年 6 月 8 日作出（2020）沪 01 刑终 519 号刑事判决，判决认定沈某利用其在 H 公司负责充值返利等职务上的便利，并违规向玩家账户添加游戏币"元宝"，私自收取费用，其行为构成职务侵占罪。鉴于沈某系利用本人职权登录游戏后台系统，未对计算机系统实施侵入，也未采用其他技术手段拦截数据等，不构成非法获取计算机信息系统数据罪。沈某修改、增加数据的行为并未影响到数据的正常运行或实际效用，也不以破坏数据为目的，不构成破坏计算机信息系统罪。遂撤销原判，改判沈某犯职务侵占罪，判处有期徒刑三年，并处罚金人民币25000 元。在这个案件中，二审法院认为，涉案游戏币具备管理可能性、转移可能性和价值属性等财产特征，沈某利用其在 H 公司负责充值返利等职务上的便利，使用公司配发的管理账号登录游戏系统违规向玩家账户添加游戏币"元宝"，其行为主要侵害了游戏公司对数据的控制及其代表的财产权，而非数据的效用，故应构成职务侵占罪。关于犯罪数额，二审法院认为，鉴于游戏币等虚拟财产具有一次产出、无限销售的特点，运营商搭建完毕游戏系统，仅在系统内修改少量代码，就可以近乎无限地产出游戏币，故其定价与制造成本之间关系薄弱，不应以厂商定价认定犯罪数额。虚拟物品的价格认定应当坚持损失填平原则。在涉案游戏币价值难以准确查明的情况下，为准确评价犯罪，应当考虑行为人侵吞游戏币的持续时间、次数、获利金额等，综合判定应当适用的刑罚。沈某在半年时间内违规为李某等人使用的多个游戏账户添加游戏币 200 余次，共计1800 余万个，非法获利 15 万余元，综合认定为职务侵占数额较大，依照从旧兼从轻原则，依法应处三年以下有期徒刑或者拘役，并处罚金。在网络社会兴起之前，财物一般是指具有实体形态有一定价值的财产或物品。在虚拟社会兴起之后，如果仍以是否具备实体形态衡量是否是"财物"，显然不妥当。根据中国音数协游戏工委（GPC）发布的历年《中国游戏产业报告》，我国网络游戏市场实际销售收入规模呈现逐年增长趋势。2020

年我国网络游戏用户规模为 5.19 亿人,使用率为 52.4%,2020 年中国网络游戏实现实际销售收入近 2800 亿元,同比增长 20.7%。①游戏产业已经成为我国国民经济中重要的组成部分,而社会公众也逐渐认同了虚拟财产同样具有实体价值,在这种情况下,就应当将虚拟财产逐步纳入刑法"财产"的语义范畴。任何一种解释如果试图用最终的、权威的解释取代基本书本的开放性,都会过早地吞噬文本的生命,②所以随着社会生活的日新月异,案件类型的多种多样,对刑法条文的解释也应随之而不断地变化。尽管法律条文还是那个条文,但其内涵和外延已非当初之意所能囊括。诚如法谚曰:"语言是挂衣钩,挂的都是当时流行的衣服款式和颜色。"对法律条文的解释也一样,也都是当时的语境下对其进行的解释,一旦语境变了,条文所具有的含义也应当随之而变化。不能一看到"骗"就是诈骗,一想到抢夺就要"乘人不备",一听到盗窃就得"秘密窃取"等,可能在一定的时空条件下,上述解释是合理的,但那也是一定时空下的对有限的案件事实所作的经验性总结,并非全部,不能将已经发现的实然情况就当作是全部的应然状态。刑法学是规范学,哪些案件事实能成为构成要件要素,只能由刑法规定,不可以根据已发生的事实来确定,更不能根据"大多数"案件都是如此审理来确定。不可以将"熟悉的"就认定为"必然的"。因为刑法也并未将"乘人不备"和"秘密窃取"等规定于抢夺罪和盗窃罪之中。易言之,在极为复杂的犯罪现象中,实践中也完全会出现非"乘人不备"的抢夺或者非"秘密窃取"的盗窃等。③

---

① https://www.qianzhan.com/analyst/detail/220/211123-c6643cb6.html。

② [英]韦恩·莫里森:《法理学》,李桂林等译,武汉大学出版社 2003 年版,第 555 页。

③ 如一被害人夜行于经常发生抢夺案件的路段,见迎面走来一人,担心手提包被抢,便用手紧紧抱住装有现金 2000 余元的手提包。行为人也看见她紧紧抱住手提包,在两人擦肩而过的时候,依然将手提包夺走。这样"乘人有备"的夺取行为,难道因为不具有"乘人不备"的特征而不认定为抢夺?

三、几种刑法解释方法应当遵循的顺序及注意的问题

基于不同的立场，学者们提出了刑法解释的多种方法，大体包括：文义解释（即根据刑法用语的文义及其通常使用的方法阐释刑法的意义）、逻辑解释（依照形式逻辑，从已有规定中推导出刑法含义）、体系解释（体系解释有狭义、广义两种。狭义的体系解释主张对刑法条文的理解必须与其他刑法条文联系起来进行，从上下文的规定来理解法条文字的含义，也可以称之为刑法内部的体系解释；广义的体系解释则是指刑法的解释不仅要维持刑法内部的协调，也要和其他部门法律相协调）、原意解释（根据立法者制定法律时所想表达的意思、所要达到的目的推究法律条文的含义）、比较解释（通过法律规定之间的差异阐述相关法律规定的含义）、历史解释（从法律的历史沿革及发展源流来解释法律条文的含义）等。但同时这产生了一个问题，即解释者是否可以随意选择解释方法？

关于解释是否需要体系化的问题，大体分为肯定派、否定派。有学者指出一定的解释适用顺序是存在的：首先，考虑法条用语的文义；其次，考察其与其他条文的前后关系，避免对相同事理在不同条文中作差别过大的理解；最后，如果在进行文义解释和体系解释之后仍然难以明确法条用语的含义，就应该采用目的解释方法[①]。比如，时延安教授认为"在解释活动中使用不同解释方法时保持一定的次序"[②]。而劳东燕教授则认为，解释方法之间具有位阶性的命题不可能成立，解释方法实际上是为价值判断所左右。[③]法律本身就是一种规则，为了保证法律的公正，立法和执法都必须遵守一定的规则，这是现代法治的要求，否则就容易导致随意出

[①]　周光权：《刑法解释方法位阶性的质疑》，载魏东主编：《刑法解释（第 2 卷）》，法律出版社 2016 年版，第 32—33 页。

[②]　时延安：《刑法规范的合宪性解释》，载《国家检察官学院学报》2015 年第 1 期。

[③]　劳东燕：《能动司法与功能主义的刑法解释论》，载《法学家》2016 年第 6 期。

入人罪。因此，法律解释也必须按照一定的规则，为了达到一定的目的而随意解释法律，其后果必然是对法律的扭曲。那么解释法律应当按照什么样的规则呢？笔者认为无论采用哪种解释方法，都应当在坚持罪刑法定原则的前提下，不得超出法律条文所使用词语的可能的词义范畴。总体思路是：解释方法的选择应当遵循由形式到实质的渐进路径，即在选择解释方法时，应当首先从文字表述入手进行解释，如果单纯从文字的解释无法对相关概念进行区别时，应当联系上下文义进行逻辑推理，如果仍无法得出明确结论，则应在相关法律中运用相近概念进行比较分析以明确相关概念的含义。总体而言，以上分析都可以归入文义分析的范畴。如果运用上述方法仍无法得出明确合理的解释结论，只能由形式解释向实质解释延伸，采用目的解释、历史解释的方法进行分析。根据上述原则，法律解释应当遵循顺序是：文义解释→逻辑解释→体系解释（或比较解释）→原意解释→历史解释。

但上述方法存在问题是，如何保障我们运用各种解释方法所得出的结论是正确的或者合理的呢？我们经常遇到的一种情况是，看似合理的逻辑推理可能得出的结论却是荒谬的。此外，对某一问题，采用不同的解释方法可能得出不同的解释结论，甚至采用相同的方法也可能因解释者的立场、理解、阅历等不同，产生不同的解释结论。所以问题的关键不在于如何解释，而在于在多种解释出现冲突时如何选择。对此有论者指出，传统的认识论的、方法论的刑法解释学探索出的刑法解释方法体系化，比如"逻辑顺序论"与"层级论"，由于欠缺功能主义的理论根基而无法完成这一学术使命，必须进行功能主义的路径转向，进而提出"整体有效的刑法解释结论都是刑法解释方法确证功能体系化的结果，都必须同时经得起刑法文义解释方法、论理解释方法、刑事政策解释方法'三性确证功能统一体'的审查，即刑法论理解释方法在合法性底线基础价值上求证合理性优化价值，刑事政策解释方法在合法性、合理性范围内求证合目的性优化价值。最终周全地确证刑法解释结论有效性'三性统一体'"①。由此，刑法解释的方法实际也存在形式与实质两个层面，通过形式上的逻辑顺序选择合适的法律解释方法，通过实质的功能验证检验解释结论的合法性、合理性、有效性。

（一）关于文义解释

文义解释不能脱离具体的语境。关于文义解释，实践中容易产生误区的是，不少学者主张在一部法律中，同一用语应当具有同一含义。这种主张大体是正确的，但在很多情形下不能机械适用，而应根据用语的具体场景作具体分析。比如"经营"一词，就有学者将其划分为"作为行为的经营"和"作为对象的经营"，前者包括非法经营罪、非法经营同类营业罪等中作为实行行为的"经营"，后者包括破坏生产经营罪中作为行为对象的"经营"，②不同的语境对"经营"一词不能作同一解释。我国《刑法》第 264 条规定，盗窃公私财物，数额较大的，构成盗窃罪。《刑法》第 385 条规定，国家工作人员利用职务上的便利，索取他人财物的，或者非法收受他人财物，为他人谋取利益的，构成受贿罪。2016 年 4 月 18 日最高人民法院、最高人民检察院《关于办理贪污贿赂刑事案件适用法律若干问题的解释》规定，贿赂犯罪中的"财物"，包括货币、物品和财产性利益。财产性利益包括可以折算为货币的物质利益，如房屋装修、债务免除等，以及需要支付货币的其他利益，如会员服务、旅游等。后者的犯罪数额，以实际支付或者应当支付的数额计算。根据这个司法解释，贪污贿赂犯罪中的"财物"包含可以折算成货币的利益。但是上述关于财物的解释不能当然运用到盗窃罪中，盗窃的行为方式决定了如会员服务、旅游等不可能成为盗窃罪的对象。以于某贪污案为例，被告人于某系某房管所科长，1993 年

---

①　魏东：《刑法解释方法体系化及其确证功能》，载《法制与社会发展（双月刊）》2021 年第 6 期。

②　王飞跃：《论刑法中的"经营"》，载《政治与法律》2019 年第 10 期。

于某在某房产公司归还因开发某小区而占用该房管所商企房面积时,利用职务便利,采用不下账、少下账的收单,从中套取住房1户,面积52平方米。在这个案件中,法院认定于某的行为构成贪污罪。这个解释不能当然地适用于盗窃案件中的"财物",这是由盗窃手段行为的特性决定的,盗窃行为的对象一般仅限于动产,不动产一般不能成为盗窃、抢劫的对象,即使行为人秘密窃取、采用暴力收单劫取他人房产登记证书,该证书虽然代表房屋所有权,但行为人并不能因占有该登记证书而当然占有该房屋。再比如,携带凶器盗窃。被告人实施盗窃被抓获后,从被告人身上搜出某样物品,比如螺丝刀、斧头、大力钳等,如何判断该物品是否属于凶器?从立法意图上分析,行为人携带"凶器"的主要意图在于当盗窃行为被发现后使用该器具实施暴力威胁或抗拒,即行为人有使用该器具对他人造成伤害的危险或可能,故立法对携带凶器盗窃不设金额限制,以体现对此类行为的严厉禁止。因此,判断盗窃时携带的器械是否属于"凶器",应当综合考虑该工具的危险性以及是否为盗窃所需。比如行为人携带大力钳盗窃电动自行车,其携带大力钳的目的是破坏车锁,这种器械与盗窃行为、目标之间有紧密联系,不能仅因大力钳会对他人人身安全构成危险而认定为凶器。但如果场景发生变换,行为人在公交车上实施扒窃行为被抓获,后从其身上搜出大力钳,此时大力钳并非为扒窃行为所需,故可以认定为携带凶器盗窃。此外,如果行为人携带的是国家禁止的危险器具,比如匕首、长刀等,由于此类物品具有较大杀伤力,对公民人身安全和公共安全具有严重威胁,可直接认定为凶器。

（二）关于体系解释

体系解释应注意文义理解的协调性和一致性。体系解释是刑法解释中常用的方法,这种方法主张在同一法律体系中,相同的用语应当具有相同的含义。比如《刑法》第236条(强奸罪)第3款第五项规定,致被害人重伤、死亡或者造成其他严重后果的,处十年以上有期徒刑、无期徒刑或者死刑。根据1984年4月26日最高人民法院、最高人民检察院、公安部《关于当前办理强奸案件中具体应用法律的若干问题的解答》规定,强奸"致人重伤、死亡",是指因强奸妇女、奸淫幼女导致被害人性器官严重损伤,或者造成其他严重伤害,甚至当场死亡,或者经治疗无效死亡的。对于强奸犯出于报复、灭口等动机,在实施强奸的过程中,杀死或者伤害被害妇女、幼女的,应分别定为强奸罪、故意杀人罪或者故意伤害罪,按数罪并罚惩处。我国《刑法》第238条(非法拘禁罪)第2款规定,犯前款罪,致人重伤的,处三年以上十年以下有期徒刑,致人死亡的处十年以上有期徒刑。使用暴力致人伤残、死亡的,依照本法第234条(故意伤害罪)、第232条(故意杀人罪)的规定定罪处罚。关于非法拘禁罪中的致人重伤、死亡,无相关司法解释,因此关于如何理解其中的"致人重伤、死亡"以及在非法拘禁中使用暴力手段致人重伤、死亡是否应数罪并罚,实践中存在争议。笔者认为,强奸罪的构成是使用暴力或者胁迫为客观要件,那么,在实施强奸过程中,就可能会给被害人造成伤害或者死亡的后果,这种后果已包含在强奸的暴力行为中,故不能再单独定罪,如行为人的行为超出了为实施奸淫而采用的暴力的范畴,比如在强奸过程中为灭口、报复而杀害或者伤害被害人,则应数罪并罚。在非法拘禁中,由于暴力手段并不是非法拘禁犯罪的构成要件,故此非法拘禁罪中造成被害人重伤、死亡不包含因采用暴力手段致被拘禁人重伤、死亡的情形,如果采用暴力手段致人重伤、死亡,应根据刑法故意伤害罪、故意杀人罪的规定定罪。按照体系解释的方法,对于强奸犯出于报复、灭口等动机,在实施强奸的过程中,杀死或者伤害被害妇女、幼女的,应分别定为强奸罪、故意杀人罪或者故意伤害罪,按数罪并罚惩处。在非法拘禁犯罪中,如故意使用暴力致人重伤或者死亡的,亦应数罪并罚。

再比如,关于袭击辅警能否认定为袭警罪的对象问题。

案例一:某日晚某交警大队民警左某带领辅警张某等人在路上设卡

进行酒驾盘查。当日 20 时许，被告人江某驾车行至此处，发现前方有民警设卡，因害怕酒驾被查，遂驾车调头，辅警张某上前要求江某接受检查，江某未停车而是继续驾车逃跑，其间将张某撞伤，经鉴定张某构成轻伤。检察机关以江某构成袭警罪向法院提起公诉，一审亦认定江某构成袭警罪；江某不服提出上诉，二审改判江某构成妨害公务罪。

案例二：某日朱某酒后驾车行驶至某处时，适逢执勤民警查酒驾。为逃避检查，朱某绕道逃离现场，民警吴某与辅警徐某上前围堵朱某车辆防止其逃离，在吴某、徐某将身体探入朱某车内试图控制车辆的过程中，朱某强行驾车逃离，并造成吴某轻伤、徐某受伤。法院以袭警罪判处被告人相应的刑罚。①

上述两个案例中都造成辅警受伤，为何一案定妨害公务、一案定袭警罪呢？关键就在于辅警是否成为袭警罪的对象。有观点认为，辅警在执行职务时可以被拟制为人民警察，袭击辅警的行为同样构成袭警罪。②也有观点认为，辅警不具备人民警察身份，袭击辅警的行为只能构成妨害公务罪。③单纯从文义解释的角度，辅警不同于人民警察。根据《人民警察法》的相关规定，人民警察包括公安机关、国家安全机关、监狱等机关的人民警察和人民法院、人民检察院的司法警察。根据国务院办公厅 2016 年《关于规范公安机关警务辅助人员管理工作的意见》的规定，辅警是根据社会治安形势发展和公安工作实际需要，面向社会招聘，在公安机关与人民警察的指挥和监督下，协助开展执法执勤、行政管理、技术支持等勤务工作的人员。从上述规定可以看出，辅警与民警的职务行为在很大程度上是重合的，单从文义的角度无法解释为何同样在执行公务，辅警就不能成为袭警罪的对象。实际上，在袭警罪确立之前，暴力妨碍民警执法的行

---

① 上述两个案例参见《人民司法》2024 年第 17 期。
② 付洁：《袭警罪条款体系解释研究》，载《公安学研究》2021 年第 6 期。
③ 付金兰：《辅警能否成为袭警罪的对象》，载《中国检察官》2021 年第 12 期。

为一直作为妨害公务罪处罚。1979年《刑法》第157条规定,以暴力、威胁方法阻碍国家工作人员依法执行职务的,构成妨害公务罪。1997年修订后的《刑法》虽然将妨害公务罪的适用范围予以了拓展,但将暴力抗拒公安机关执法的行为认定为妨害公务罪。2015年《刑法修正案(九)》首次在《刑法》第277条中专门增加了关于妨害民警执法行为的规定,"暴力袭击正在依法执行职务的人民警察的,依照第一款的规定从重处罚"。即使如此,一般也认为暴力袭警行为仍然涵盖在妨害公务罪之中,只是在量刑时应从重处罚。直至2020年《刑法修正案(十一)》对暴力袭警犯罪单独规定了刑罚,2021年最高人民法院、最高人民检察院《关于执行〈中华人民共和国刑法〉确定罪名的补充规定(七)》将其确定为袭警罪,袭警罪作为一个单独的罪名才确立起来。关于袭击辅警能否成为袭警罪的对象,只能从袭警罪的发展历程以及将袭警罪与妨害公务罪进行体系解释才能得出正确结论。首先,从妨害公务罪来说,其行为手段包含暴力和威胁两种,而袭警罪的行为手段只包含"暴力袭击"。其次,从法定刑来说,妨害公务罪只有一档"三年以下有期徒刑、拘役、管制或者罚金",而袭警罪不仅包括两档法定刑"三年以下有期徒刑、拘役或者管制""三年以上七年以下有期徒刑",而且在最低一档法定刑中,袭警罪也取消了"罚金"的刑种,因此袭警罪的量刑更重。通过上述比较可以看出,袭警罪适用的范围更窄、量刑更重,而《刑法》之所以作此区分,"也是考虑到暴力袭击警察的行为不仅对警察的身心造成严重侵害,严重影响公安机关依法履行维护人民群众合法权益,保障社会治安稳定的职责,还破坏了社会正常管理秩序,损害国家法律的尊严,应当依法严惩"。①根据上述分析,应对袭警罪的对象作严格解释,即袭警罪的对象只能严格限定在正在依法执行职务的人民警察,辅警不能纳入袭警罪的侵犯对象。在上述第一个案例中,

---

① 王爱立:《中华人民共和国刑法条文说明、立法理由及相关规定》,北京大学出版社2021年版,第1043页。

行为人暴力袭击的对象只是在执行公务的辅警,故只构成妨害公务罪;在第二个案例中,行为人暴力袭击的对象包含正在执行公务的人民警察以及辅警,同时构成妨害公务罪和袭警罪,属于想象竞合,可择一重罪即袭警罪定罪处罚。

体系解释中一个值得研究的问题是,体系解释是否应当包含刑法之外的法律规定。有学者指出,"本来的法概念在多数情况下是指前置法所规定的法律概念,例如我国《刑法》第205条虚开增值税专用发票罪中的增值税专用发票,这是增值税法中的专业术语,对此应当根据相关法律予以认定。又如,非法持有枪支罪中枪支,并不是一般意义上的枪支,而是规范意义上的枪支,应当根据《枪支管理法》第46条对枪支的规定进行判断。由于刑法是其他法律的保障法,这就决定了其具有后置法的性质,因此,刑法中的概念不是'裸'的事实概念而是规范概念,其规范根据就在于前置"。[1]但也有学者持反对观点,"尤其是将民法、行政法上的概念完全照搬到刑法中来,很可能会导致'规制不及'或者'规制过度'现象。因此,主流的见解是基于法规范所追求的目的自主性的需要,对相同概念进行相对甚至完全不同的解读"。[2]刑法作为防卫法也即法治社会最后的防卫手段,刑法所保护的法益来源于宪法、行政法、经济法、民法,一般情况下,不能单独创设脱离其他法而独立存在的法益,这是由刑法的属性和功能所决定的,在这个意义上说,刑法具有附属性。刑法的附属性就决定了对刑法进行解释时一般应当与前置法保持一致。但是刑法同样具有独立性,也就是说行政法、民法所保护的关系不一定都能进入刑法所规制的范畴。刑法只能将对社会危害最为严重的行为纳入其体系并运用刑罚进行处置,以实现刑法防卫社会的功能,所以刑法是缩限的而不是扩张的。刑

---

[1] 陈兴良:《刑法教义学中的价值判断》,载《清华法学》2022年第6期。
[2] 崔志伟:《经济犯罪的危害实质及其抽象危险犯出罪机制》,载《政治与法律》2022年第11期。

法与前置法之间既相互依存又相互独立的关系决定了，一方面法的共性决定了对刑法概念进行解释时不仅应当包含刑法内的体系解释也应当与刑法外的法律规范保持一致性；另一方面，刑法的特殊性决定了刑法中的某些概念可能小于前置法概念的外延但不能多于前置法概念的外延。比如针对假药犯罪。《刑法修正案(十一)》之前，我国《刑法》第141条规定，本条所称假药，是指依照《药品管理法》的规定属于假药和按假药处理的药品、非药品。这里《刑法》中假药的概念与前置法是一致的。《刑法修正案(十一)》删除了该项规定。那么在《刑法》修订后我们应当如何判断什么是假药？《刑法》本身并没有给出解释，对假药的判定也只能根据《中华人民共和国药品管理法》进行，但相关司法解释的起草者指出"修订后的《药品管理法》按照药品功效，明确了假药的范围。《药品管理法》修订前后对于假药犯罪的规定有较大差异。根据修订后的《药品管理法》第98条第2款的规定，认定为假药的至少四种情形，其他为纳入假药认定情形的'按假药论处'的，不再认定为假药，不再以生产、销售、提供假药罪定罪处罚。鉴于此，在办理危害药品安全刑事案件过程中，对于刑法规定的生产、销售、提供假药罪的构成要件，要结合修订后《药品管理法》的规定予以准确把握。对于刑法中假药的认定，要严格按照修订后《药品管理法》的规定，以药品功效作为判断标准"。[①]这里《刑法》中假药的概念就小于《药品管理法》中假药的外延。再比如，前文指出的关于"卖淫"的理解，最高人民法院指出，"行政违法不等同于刑事犯罪，违法概念也不等同于犯罪概念。违反行政法律、法规的行为不等同于构成犯罪。前述公安部的批复，依然可以作为行政处罚和相关行政诉讼案件的依据，但不能作为定罪依据。行政法规扩大解释可以把所有的性行为方式都纳入卖淫行为方式并进行行政处罚，但刑法罪名的设立、犯罪行为的界定及解释应遵循谦

---

① 喻海松：《实务刑法评注》，北京大学出版社2022年版，第540页。

抑性原则,司法解释对刑法不应进行扩张解释。因此,司法实践中对于如何认定刑法意义上的卖淫,应当依照刑法的基本含义,结合大众的普遍理解及公民的犯罪心理预期等进行认定,并严格遵循罪刑法定原则。据此,不宜对刑法上的卖淫概念作扩大解释,刑法没有明确规定手淫行为属于刑法上的卖淫,因而对相关行为就不宜入罪"。[①]

需要指出的是,刑法解释与刑法适用是不同概念。实践中有时实际混淆了两者之间的界限,比如虚开增值税专用发票罪。2015 年最高人民法院研究室《关于如何认定以"挂靠"有关公司名义实施经营活动并让有关公司为自己虚开增值税专用发票行为性质征求意见的复函》指出,"行为人利用他人的名义从事经营活动,并以他人的名义开具增值税专用发票的,即便行为人与他人之间不存在挂靠关系,但如行为人进行了实际的经营活动,主观上并无骗取抵扣税款的故意,客观上也未造成国家增值税损失的,不宜认定为刑法第 205 条规定的虚开增值税专用发票"。这是最高法院面对立法困境而采取的一种不得已的解释方法,但显然这种解释方法存在问题。《中华人民共和国增值税暂行条例》规定,在中华人民共和国境内销售货物或者加工、修理修配劳务,销售服务、无形资产、不动产以及进口货物的单位和个人,为增值税的纳税人,应当依照本条例缴纳增值税。第 21 条规定,纳税人发生应税销售行为,应当向索取增值税专用发票的购买方开具增值税专用发票,并在增值税专用发票上分别注明销售额和销项税额。但相关行政法规并未明确界定何谓"虚开增值税专用发票"。所谓"虚开增值税专用发票"最初来源于全国人大常委会 1995 年 10 月 30 日通过的《关于惩治虚开、伪造和非法出售增值税专用发票犯罪的决定》,其中规定,虚开增值税专用发票是指有为他人虚开、为自己虚开、让他人为自己虚开、介绍他人虚开增值税专用发票行为之一的。2018

---

① 周峰、党建军、陆建红、杨华:《〈关于审理组织、强迫、引诱、容留、介绍卖淫刑事案件适用法律若干问题的解释〉的理解与适用》,载《人民司法》2017 年第 25 期。

年 8 月 22 日最高人民法院印发《关于适用〈惩治虚开、伪造和非法出售增值税专用发票犯罪的决定〉的若干问题的解释》。《解释》明确指出,具有下列行为之一的,属于"虚开增值税专用发票":"(1)没有货物购销或者没有提供或接受应税劳务而为他人、为自己、让他人为自己、介绍他人开具增值税专用发票;(2)有货物购销或者提供或接受了应税劳务但为他人、为自己、让他人为自己、介绍他人开具数量或者金额不实的增值税专用发票;(3)进行了实际经营活动,但让他人为自己代开增值税专用发票。"2014 年国家税务总局下发了《关于纳税人对外开具增值税专用发票有关问题的公告》,纳税人通过虚增增值税进项税额偷逃税款,但对外开具增值税专用发票同时符合以下情形的,不属于对外虚开增值税专用发票:"一、纳税人向受票方纳税人销售了货物,或者提供了增值税应税劳务、应税服务;二、纳税人向受票方纳税人收取了所销售货物、所提供应税劳务或者应税服务的款项,或者取得了索取销售款项的凭据;三、纳税人按规定向受票方纳税人开具的增值税专用发票相关内容,与所销售货物、所提供应税劳务或者应税服务相符,且该增值税专用发票是纳税人合法取得、并以自己名义开具的。"上述《公告》明确,从行政法规的角度,行为人之间存在真实的交易,即使所开具的增值税专用发票存在形式上、程序上的问题,仍然不能认定为虚开增值税专用发票。此后最高法院的态度也发生了变化。2015 年最高人民法院研究室作出的《关于如何认定以"挂靠"有关公司名义实施经营活动并让有关公司为自己虚开增值税专用发票行为的性质征求意见的复函》指出,虚开增值税专用发票罪的危害实质在于通过虚开行为抵扣税款,对于有实际交易存在的代开行为,如行为人主观上并无骗抵扣税款的故意,客观上未造成国家增值税税款损失的,不宜以虚开增值税专用发票论处。虚开增值税专用发票罪的法定最高刑为无期徒刑,系严重犯罪,如果将该罪理解为行为犯,只要虚开增值税专用发票,侵犯增值税专用发票管理秩序的,即构成犯罪并要判处重刑,也不符合罪刑责相适应原则。2024年最高人民法院、最高人民检察院《关于办理危害税收征管刑事案件适用法律若干问题的解释》再次重申，为虚增业绩、融资、贷款等不以骗抵税款为目的，没有因抵扣造成税款被骗损失的，不以本罪(虚开增值税专用发票罪)论处，构成其他犯罪的，依法以其他犯罪追究刑事责任。仔细对比上述虚开增值税专用发票的相关规定可以看出：一是对所谓的"虚开增值税专用发票"的理解，随着前置法的变化而变化；二是对有实际交易的行为不以虚开增值税专用发票罪论处是对该罪的实质解释而不是形式解释。而所谓的实质解释是从行为的社会危害性出发，对行为是否构成犯罪的解释，而不是对什么是"虚开增值税专用发票"的解释。正如有学者指出，"刑法解释只能是形式解释，以语义边界作为解释的最大射程而不能超越。至于实质解释，实际上是基于法律规定而对案件事实进行判断，它属于法律适用而不是法律解释"。[1]

但是，我国独特的立法司法实践产生了一种特殊现象，即先刑后民，也就是在相关民事、行政法规尚未对有关词义进行界定时，我国刑法先于前置法对某类行为作出规制。比如侵犯公民个人信息罪。侵犯公民个人信息罪来源于《刑法修正案(七)》。该修正案规定：国家机关或者金融、电信、交通、教育、医疗等单位的工作人员，违反国家规定，将本单位在履行职责或者提供服务过程中获得的公民个人信息，出售或者非法提供给他人，情节严重的，构成出售、非法提供公民个人信息罪。该修正案确定了"公民个人信息"的概念，但并未对此进一步阐述其概念和内涵。为了解决刑事司法实践中公民个人信息确定的疑难问题，最高人民法院、最高人民检察院、公安部2013年出台了《关于依法惩处侵害公民个人信息犯罪活动的通知》，首次从刑法角度对公民个人信息进行定义，认为公民个人信息是指"能够识别公民个人身份或者个人隐私的信息、数据资料"。

---

[1]　陈兴良：《刑法教义学中的价值判断》，载《清华法学》2022年第6期。

2015 年《刑法修正案（九）》对这一罪名统一整合，进一步扩大了公民个人信息保护的范围，但是也未对相关概念进行明确。2017 年最高人民法院、最高人民检察院《关于办理侵犯公民个人信息刑事案件适用法律若干问题的解释》第 1 条规定：《刑法》第 253 条之一规定的"公民个人信息"，是指以电子或者其他方式记录的能够单独或者与其他信息结合识别特定自然人身份或者反映特定自然人活动情况的各种信息，包括姓名、身份证件号码、通信方式、住址、账号密码、财产状况、行踪轨迹等。该《解释》明确了公民个人信息包含两大类信息：其一为能够"反映特定自然人活动情况"的信息，其二为能够"识别特定自然人身份"的信息。该界定与前置法之间存在明显差异。2016 年出台的《中华人民共和国网络安全法》首次从法律层面对公民个人信息进行了定义，在其附则部分明确指出，公民个人信息是指"以电子或者其他方式记录的能够单独或者与其他信息结合识别自然人身份的各种信息"。从其具体内容来看，其对公民个人信息的理解仅指能够识别身份的信息。2021 年 1 月 1 日生效的《民法典》第1034 条仅认为以电子或者其他方式记录的能够单独或者与其他信息结合"识别特定自然人身份"的信息属于个人信息，另一要素"反映特定自然人活动情况"并不属于其定义个人信息的标准。而 2021 年正式出台的《个人信息保护法》中，则将个人信息界定为以电子或者其他方式记录的与已识别或可识别的自然人有关的各种信息属于个人信息，不包括匿名化处理后的信息。为此有学者提出，应对《解释》中个人信息的定义进行适当调整，以与《个人信息保护法》的定义保持一致。①笔者认为，当对一个法律用语进行体系解释时应关注三个维度：体系解释的协调一致性；体系之间的差异性；解释的实质合理性。从体系解释的协调一致性角度，如果相关前置法存在一致性，对刑法的解释应当保持与前置法适当的一致

---

① 刘宪权、王哲：《侵犯公民个人信息罪刑法适用的调整和重构》，载《安徽大学学报（哲学社会科学版）》2022 年第 1 期。

性。而梳理相关规定可以看出,关于公民个人信息的规定,《网络安全法》《民法典》《个人信息保护法》并不一致。产生这种不一致的原因主要有两个:一是随着经济社会的发展人们对公民个人信息保护重要性的认识不断变化,从而导致相关概念的内涵和外延发生变化;二是不同立法的侧重点不同,也会导致对同一概念规定的差异。在前置法并不相同的情况下,刑法根据自己的立法价值取向选择特定的保护范围,具有合理性。从体系之间的差异性而言,刑法作为防卫法一般应以前置法作为判断依据,但是刑法也有其独立的价值取向,即刑法的谦抑性和最后防卫性。"一个行为如果不受行政处罚,自然更不应当受刑法的规制。在侵犯公民个人信息犯罪行为的认定上,刑法应具有片段性,只能将一小部分违反前置法的侵犯公民个人信息的违法行为认定为犯罪。"①仔细分析《解释》与《个人信息保护法》的规定,《解释》所指的公民个人信息包含两大类:一类是自然人身份信息,一类是自然人活动信息。而《个人信息保护法》规定的公民个人信息为与自然人有关的各种信息。显然《个人信息保护法》所涵盖的范畴要大于《解释》规定的范畴。根据前述笔者所言,《刑法》作为防卫法其概念的内涵小于前置法是合理的,如果刑法的规制范畴超越前置法则值得商榷。最后,从实质合理性而言,公民个人的行踪信息直接关系到公民的个人生命财产安全,较一般公民个人信息具有更强的敏感性。《刑事审判参考》第 1009 号《胡某等非法获取公民个人信息案——通过非法跟踪他人行踪所获取的公民日常活动信息是否属于公民个人信息以及如何理解非法获取公民个人信息罪中的"上述信息""非法获取"以及"情节严重"》对此进行了详细阐述。而且,从《解释》设置的数量标准来看,非法获取、出售或者提供行踪轨迹信息、通信内容、征信信息、财产信息五十条以上的即为情节严重,而非法获取、出售或者提供住宿信息、通信记录、健

---

① 刘宪权、王哲:《侵犯公民个人信息罪刑法适用的调整和重构》,载《安徽大学学报(哲学社会科学版)》2022 年第 1 期。

康生理信息、交易信息等其他可能影响人身、财产安全的公民个人信息五百条以上，非法获取、出售或者提供其他公民个人信息五千条以上的才构成情节严重。对轻行为入刑对重行为反而不入刑，从逻辑上显然解释不通。从以上三个维度进行分析，就目前而言《解释》对公民个人信息的界定是适当的，无需进行修改。综上所述，在先刑后民的情况下，如果刑法的解释超越了后位前置法的范畴，对相关的解释应当与前置法保持一致或者缩减至前置法的范畴内。在刑法解释小于前置法的情况下，基于刑法独立的价值，无需强调刑法与前位法的一致。

（三）关于立法原意解释

立法原意解释，是指根据立法者在制定刑法时所作的价值判断及其所欲实现的目的，以推知立法者的意思的解释方法。立法原意或者立法意图，是指立法者制定法律时的观念，及其所追求的价值目标。原意说立足于原立法者，认为法律解释的目标在于探求立法原意，即立法者在制定法律时的意图和目的。由于这里的"意图和目的"是心理分析意义上的东西，因此原意说在根本上带有浓厚的主观色彩。原意说认为，法律文本与其他任何文本一样，都是作者或立法者有意识、有目的活动的产物，是作者内在思维活动、价值取向的外化；解释者按照作为民意体现的立法原意解释和适用法律，无论从认知角度还是近代社会的政治哲学原理的角度看，都具有实质意义上的正当性。但是，对于推断立法原意，历来就有两种声音。贝卡利亚认为，探询立法原意无疑给法官的擅断打开了方便之门，极大可能造成判决的不平等。培根也认为，为司法官者应当记住他们的职权是解释法律而不是立法或者建法。而丹宁勋爵主张法官可以根据案件的具体情况解释法律：根据公正的原则，结合案件发生的具体情况灵活地解释法律，而不必拘泥于法律本身。但立法原意说在我国司法实践中具有相当深厚的土壤。许多学者在分析法律问题时，都将立法原意作为其立论的基础。

由于刑法立法表现为相对封闭的规则体系,其内部"充满了冲突,即使尊崇原旨主义的解释方法,也不会消除各种各样的矛盾"①,但其一旦被制定出来,也就成了一种脱离立法者的客观存在,刑法解释者应根据此客观存在本身去理解、解释刑法。一方面探究立法本意有助于我们更加精准地对法律进行解释,通过对立法本意的了解更好地探寻立法者使用特定表述的目的和想要达到的效果;另一方面,当极端情况下,立法者出现"词不达意"的情况,我们应当坚持"可能文义"的解释原则,以实现一般正义与具体正义的平衡。比如《刑法》第236条第三款规定,强奸妇女、奸淫幼女,有下列情形之一的,处十年以上有期徒刑、无期徒刑或者死刑:(一)强奸妇女、奸淫幼女情节恶劣的;(二)强奸妇女、奸淫幼女多人的;(三)在公共场所当众强奸妇女的;(四)二人以上轮奸的;(五)致被害人重伤、死亡或者造成其他严重后果的。在本条规定中,从文义的角度,妇女和幼女是严格界分的,第(一)项、第(二)项都明确将妇女和幼女分开表述,但是第(三)项仅仅规定了在公共场所强奸妇女,没有规定在公共场所奸淫幼女的情形。对在公共场所奸淫幼女的,能否判处十年以上有期徒刑直至死刑? 笔者认为严格意义上不能。首先,《刑法》第236条第2款规定,奸淫不满十四周岁的幼女的,以强奸论,从重处罚。故从立法本意来看,基于保护未成年女童合法权益的刑事政策,相比性侵成年女性对未成年女童实施性侵其社会危害性更大,应当处以更重的刑罚。故对在公共场所当众强奸妇女的依法可判处有期徒刑十年以上刑罚,对在公共场所当众性侵未成年女童的更应判处有期徒刑十年以上刑罚,立法未进行规定,存在明显疏漏。其次,从条文表述来看,在该条规定中妇女和幼女是有严格界分而不能混用的,第(一)项、第(二)项都对妇女和幼女分开表述,唯独第(三)项只规定了妇女没有规定幼女,如果从立法本意解释不

---

① 陈金钊:《法律解释:克制抑或能动》,载《北方法学》2010年第1期。

通,只能解释为立法疏漏。后立法者注意到该条规定存在的疏漏,《刑法修正案(十一)》将该项修改为"在公共场所当众强奸妇女、奸淫幼女的"从根本上解决了这个问题。

此外,对文义的理解可以借助立法本意进行解释。文义解释不是机械解释,不能单纯从字面含义来解释法律条文。法律为什么做这样的规定、为什么采用此种表述方式、为什么选择特定的词语,一般情况下都有其用意,所以探查立法本意有助于更好地进行文义解释。比如《刑法修正案(九)》将《刑法》第 237 条修改为:"以暴力、胁迫或者其他方法强制猥亵他人或者侮辱妇女的,处五年以下有期徒刑或者拘役。聚众或者在公共场所当众犯前款罪的,或者有其他恶劣情节的,处五年以上有期徒刑。猥亵儿童的,依照前两款的规定从重处罚。"《刑法修正案(十一)》将《刑法》第 237 条第 3 款修改为:"猥亵儿童的,处五年以下有期徒刑;有下列情形之一的,处五年以上有期徒刑:(一)猥亵儿童多人或者多次的;(二)聚众猥亵儿童的,或者在公共场所当众猥亵儿童,情节恶劣的;(三)造成儿童伤害或者其他严重后果的;(四)猥亵手段恶劣或者有其他恶劣情节的。"这就产生了对在公共场所当众猥亵儿童的究竟应当适用新法还是旧法的问题。以张某猥亵儿童案为例。2020 年 7、8 月间,被告人张某为满足自己的性欲望,以请客吃饭、购买零食等好处诱骗被害人程某(男,2009 年 3 月 6 日出生,案发时 11 岁),多次在公共场所当众摸弄程某的生殖器或要求程某摸弄张某的生殖器,对程某实施猥亵。后张某被抓获归案。就本案应当适用《刑法修正案(九)》还是《刑法修正案(十一)》存在不同的观点。一种观点认为,根据《刑法修正案(九)》聚众或者在公共场所当众犯前款罪的,或者有其他恶劣情节的,处五年以上有期徒刑。根据文义表述,公共场所当众猥亵儿童或者有其他恶劣情节的处五年以上有期徒刑,公共场所是恶劣情节的表现形式之一,故只要在公共场所当众猥亵儿童的就应当判处五年以上有期徒刑的刑罚。而《刑法修正案(十一)》规定,在公共场所当众猥亵儿童,情节恶劣的处五年以上有期徒刑,根据该规定,只有在公共场所当众猥亵儿童并且情节恶劣的才能适用五年以上有期徒刑的刑罚,仅仅在公共场所当众猥亵儿童没有恶劣情节的,不能适用五年以上有期徒刑的刑罚,相比较而言,《刑法修正案(十一)》较轻,根据从旧兼从轻的原则,本案应当适用新法。另一种观点认为,在公共场所当众猥亵儿童,情节恶劣的只是提示性的表述。根据立法本意,任何行为只有具有相当的社会危害性才能纳入刑法的规制范畴。情节轻微的猥亵儿童即使是在公共场所当众实施的,也不能机械地按照规定处以五年以上有期徒刑的刑罚。故此,《刑法修正案(十一)》并未加重公共场所猥亵儿童的刑罚,根据从旧兼从轻的原则,本案应当适用旧法。实际上关于此问题的争议一直存在。广东两级法院就此产生过争议。比如"刘某猥亵儿童案",被告人刘某在一处健身广场将4岁被害人黄某抱起,用手伸进黄某的裤子中抠摸黄某的阴部。一审法院以刘某在公共场所猥亵儿童判处其有期徒刑五年,二审法院认为刘某并未当众公然猥亵儿童,而是采用隐蔽方式进行猥亵,故不能适用公共场所当众猥亵的量刑情节,改判刘某有期徒刑三年。有论者指出,二审法院为了实现量刑均衡,不得不进行越权解释。[①]笔者认为,二审法院对此案的处理结果无疑是正确的,但理由值得商榷。对于刑法修正案关于强制猥亵的规定不能机械适用,不能认为只要对他人实施了强制猥亵行为就一律构成犯罪。前文指出,《刑法》第13条但书的规定适用于所有犯罪,对行为犯亦是如此。对强制猥亵罪完整的理解应当是:以暴力、胁迫或者其他方法强制猥亵他人的,处五年以下有期徒刑或者拘役,但情节显著轻微,危害不大的,不认为是犯罪。在"刘某猥亵儿童案"中,从裁判文书载明的情节来看,除本案外,未曾查明刘某还有其他猥亵行为,也就是说刘某仅实施了一次猥亵行为,人身危险

---

① 李琳:《〈刑法修正案(十一)〉中猥亵儿童罪中加重情节的理解与适用》,载《现代法学》2021年第4期。

性较低;此外,裁判文书也未载明刘某的猥亵行为对被害人造成了其他人身或者心理伤害,行为的客观危害性较小。故综合评判,可以认定刘某行为情节显著轻微,实际无需动用刑罚,对刘某仅处治安处罚较为妥当,但是刘某在公共场所当众实施该行为(相关司法解释和指导性文件明确,猥亵儿童只要在公共场所实施,不论他人是否看到,均视为"当众")的严重情节,故该行为可纳入刑法规制。在"公共场所当众"已作为入罪情节考虑的情况下,就不宜再作为升格量刑的情节。类似的情形在交通肇事犯罪中同样存在。《刑法》第133条规定,违反交通运输管理法规,因而发生重大事故,致人重伤、死亡或者使公私财产遭受重大损失的,处三年以下有期徒刑或者拘役;交通运输肇事后逃逸或者有其他特别恶劣情节的,处三年以上七年以下有期徒刑;因逃逸致人死亡的,处七年以上有期徒刑。按此规定,只要违反交通运输管理法规,发生重大交通事故,致人重伤、死亡或者使公司财产遭受重大损失并具有逃逸情节的,一律判处三年以上七年以下有期徒刑。2000年最高人民法院《关于审理交通肇事刑事案件具体应用法律若干问题的解释》第二条规定,交通肇事致一人以上重伤,负事故全部或者主要责任,并具有下列情形之一的,以交通肇事罪定罪处罚:(一)酒后、吸食毒品后驾驶机动车辆的;(二)无驾驶资格驾驶机动车辆的;(三)明知是安全装置不全或者安全机件失灵的机动车辆而驾驶的;(四)明知是无牌证或者已报废的机动车辆而驾驶的;(五)严重超载驾驶的;(六)为逃避法律追究逃离事故现场的。按照上述司法解释的规定,在交通肇事致一人以上重伤,负事故全部或者主要责任的情况下,一般情况下属于情节显著轻微,不负刑事责任,可通过民事赔偿的方式解决,但是如果行为人交通肇事后逃逸,应当以交通肇事罪论处。在这种情况下,肇事后逃逸已经作为入罪情节,就不能再作为升格量刑情节。

综上所述,文义解释和立法原意解释应当相互补充、互为制约。当单纯文义解释难以实现罪刑相适应原则时,可根据立法原意解释进一步分析,从而得出合理结论。针对猥亵儿童罪而言,强化对未成年人的保护是我国一贯的、重要的刑事政策。2013年"两高两部"《关于依法惩治性侵害未成年人犯罪的意见》第2条明确指出,对于性侵害未成年人犯罪应当依法从严惩治。故从立法本意去考虑绝不是要弱化对强制猥亵儿童罪的惩处力度。那么怎么理解《刑法修正案(十一)》的规定呢? 正如《刑事审判参考》第1260号"于书祥猥亵儿童案"指出的:实践中,猥亵行为样态各异,有些本身已达到刑事处罚程度,例如手指侵入他人阴道抠摸,或者压制他人反抗抚摸他人胸部持续时间较长,如系在公共场所当众实施,对被告人适用加重情节予以重罚,罚当其罪。而有些猥亵行为则显著轻微,如在地铁车厢利用乘客拥挤恶意触碰他人胸、臀,本属治安管理处罚的对象,只有同时考虑具有在公共场所当众实施、持续时间较长或者其他情节,才可能具有刑事处罚的必要性。因此,如果将那些相对轻微的当众猥亵行为作为加重情节对被告人判处五年以上有期徒刑,就会罪刑失衡,也有违社会一般人的法感情。此外,从强奸罪与猥亵犯罪的严重性程度来看,通常情况下强奸重于猥亵,故刑法为强奸罪设置的最低法定刑为有期徒刑三年,而普通情节的猥亵犯罪是五年以下有期徒刑或者拘役,如将上述在地铁车厢实施的较为轻微的猥亵行为,认定具有加重情节,判处五年以上有期徒刑,亦明显重于普通情节强奸既遂的最低法定刑,有失妥当。概言之,对那些手段、情节、危害一般、介于违法与犯罪之间的猥亵行为样态,宜突出"在公共场所当众实施"对考量行为是否值得入罪进行刑事处罚方面的影响,避免越过对"猥亵"本身是否构成犯罪的基础判断,而简单化地以形式上具有当众实施情节,即对被告人升格加重处罚。因此,《刑法修正案(十一)》并未减轻公共场所猥亵儿童的刑罚,在"公共场所当众"之后增加的"情节恶劣的"并非对公共场所当众的限制,而是一种提示性规定。正确的理解应当是:猥亵儿童情节显著轻微的,不构成犯罪;猥亵儿童情节一般的,处五年以下有期徒刑;猥亵儿童情节恶劣并且在公共场所当众实施的,处五年以上有期徒刑。故此对张某猥亵儿童案,在新旧刑法量刑没有实质改变的情况下,根据从旧兼从轻原则,应当适用旧刑法即《刑法修正案(九)》对该案进行定罪量刑。

需要指出的是,目的解释应当是"非必要不得采用"的一种解释方法,但并不是说目的解释一定优于文义解释。有论点指出,当各种解释方法存在冲突时,起最终决定性作用的是目的解释。[①]笔者对此持否定态度。前文指出,目的解释(本意解释)一方面存在较大的不确定性,立法者往往不会很清晰地解释其用语的含义;另一方面随着社会生活的变化,立法本意解释得出的结论未必一定具有合理性;从刑法的行为规范指引的功能而言,立法解释本身也要受"可能的词义范围"的限制,以防止立法者在立法时可能出现的"词不达意"的现象。有学者试图弥补目的解释的缺陷,提出"解释刑法时通常可能按照文义解释—体系解释—历史解释—目的解释的逻辑顺序推演,但是,在发现根据目的解释所得出的结论明显不妥当、不能被国民所接受时,又要返回到文义解释中,对法条用语进行限制,进行解释的'反向制约',在反复试错中取得共识"[②]。这种观点可以称之为循环解释方法,其中引入了"国民接受度"这一解释因素。但所谓"国民接受度"难以实现法律的理性,亦不能给出统一答案,而"后果考察"则倾向于结果主义,从解释结论的效果来反制解释的方法,这是不符合逻辑理性的。若该观点被用于行为出罪尚且不论;若被用于行为入罪,就极易侵害犯罪人的人权、违背了刑法的人权保障机能。罪刑法定原则是定罪的基本原则,由罪刑法定原则又可以派生出全面评价、禁止重复评价、谦抑原则三项基本规则。这三项规则同样适用于刑法解释,即当多种解释均具有合理性,但又都无法有力地排除对方时,应按照刑法谦抑原则处理,

---

① 张明楷:《刑法分则的解释原理》,中国人民大学出版社 2004 年版,第 37 页。
② 周光权:《刑法解释方法位阶性的质疑》,载魏东主编:《刑法解释(第 2 卷)》,法律出版社 2016 年版,第 26 页。

即选择最有利于被告人的解释方法，以充分发挥刑法人权保障的功能，防止扩张解释对公民权利造成的损害，从而贯彻罪刑法定原则。应当明确，刑法解释的根本立场不在于尽可能多地将行为纳入刑法打击的范畴，而是要在贯彻罪刑法定原则的基础上，尽可能地发挥刑法保障人权的功能，否则刑法"最终手段"的功能将丧失殆尽。

第五章　定罪的思路与具体方法

　　定罪是行为人的行为与法律规定的犯罪构成要件进行比较的过程。确定行为人构成什么犯罪，一般应当通过犯罪构成要件的比较完成。由于我国刑法基本以四要件理论为指导构建，所以客体、主体、主观、客观四个方面的区别就成为我国刑法此罪与彼罪区分的基本标准。前文指出，定罪的基本规则之一就是全面原则，就是在将某一行为与法律规则进行比对时，必须选择能够全面评价行为特征及其法律属性的法律条文。但是由于法律是一般规则，而抽象性、概括性是规则的基本特征。现代刑事立法者在确定犯罪成立条件时刻意通过弹性犯罪成立条件的使用，保持刑法的确定性和模糊性之间的张力，以实现刑法社会保护机能和人权保障机能的平衡也已经成为共识。由于立法的复杂性和多维性，法律条文之间的交叉成为现代立法过程中出现的一个不可避免的问题。"对刑法典分则的规范所作的分析，可以得出如下的结论：整个规范的总和不能看作按同样规则建成的完整的逻辑体系。因为刑事立法是经过漫长的历史时期形成的，而且它多次发生变化，因此分则的规范体系呈现出一幅十分繁杂的图景，一些规范在完整的体系中彼此协调。在这些规范之间可以十分准确地进行区分。其他规范之间的区别则不是如此明显。而某些规范相互交叉，它们的一些要件彼此重合，因为有时将这些要件区分开来是不可能的。"①

综合分析刑法分则条文,可以分成三类:第一类,犯罪构成要件之间不存在任何重合,比如故意杀人罪和贪污罪。区分这样的犯罪,实践中不存在任何困难,任何熟悉法律的人,都可以明确地进行区分而不会混淆。第二类,少部分构成要件相同,大部分构成要件不同。比如盗窃和抢劫。主体都是一般主体,但是侵犯的客体、主观要件和客观要件都不相同。区分这类犯罪一般也不存在困难。第三类,大部分构成要件相同,少部分构成要件不同,比如职务侵占和贪污、诈骗和招摇撞骗、盗窃和抢夺等等。区分这类犯罪是定罪过程中的难点和重点。

一、关于罪数理论的思考

前期我国刑法研究主要移植苏联刑法,客观地说,苏联刑法学界对此问题的研究并不深入。比如苏联刑法学家 B.H.库德里亚夫采夫在其《定罪通论》中将这个问题定性为"规范竞合"。他指出,"在规范竞合时,实施一个罪,然而,这一罪中却包含了两个(或两个以上)刑事法律规范的要件。这时就产生一个问题:应该使用这些规范中的哪一个规范来对该行为定罪?"②他将竞合区分为一般规范和特殊规范的竞合、部分和整体的竞合,但他也承认"当前,竞合的任何问题远远没有得到非常清楚和十分完备的研究。特别是当一个规范在某些要件方面表述的'更充分',而第二个规范在另一些要件方面表述的'更充分'时,选择规范没有固定的规则"。③同时,由于当时我国刑法立法"线条"相对较粗,竞合问题并不突出。20 世纪 80 年代后,刑事立法(主要是单行刑事法规)快速扩张,同时我国学者受德日刑法的影响逐渐加深,对罪数问题的研究逐步展开。对

---

① [苏]B.H.库德里亚夫采夫:《定罪通论》,李益前译,中国展望出版社 1989 年版,第 155 页。
② [苏]B.H.库德里亚夫采夫:《定罪通论》,李益前译,中国展望出版社 1989 年版,第 256 页。
③ [苏]B.H.库德里亚夫采夫:《定罪通论》,李益前译,中国展望出版社 1989 年版,第 287 页。

此陈兴良教授曾做过深入分析。①然而我国刑法学者在引入德日相关理论开展研究时,基于德日的不同立场,产生了概念上的混乱。"留学德国的刑法工作者,专注于介绍德国的竞合论,而负笈日本的刑法工作者,则一味地搬运日本的罪数论。"②而随着理论研究的深入,在我国刑法语境下探讨竞合理论,实际上已经经历过一系列的本土化改造,相较于德国、日本刑法中的原始概念,其内涵均已有所不同,比如入户盗窃与非法侵入住宅罪在德国作为法条竞合处理的案例,而在我国一般观点认为是典型的想象竞合。结果加重犯在我国被作为实质的一罪项下的罪数形态,而在日本则将结果加重犯作为结果犯的附带问题,在构成要件中讨论。德、日理论的引入加之本土化改造,使罪数问题呈现出极其复杂而混乱的状态。有研究指出,"由是观之,无论与德国竞合论比较,还是与日本罪数论对照,我国刑法有关罪数理论的内容都无法与其中任何一个理论完全对应。总体上,我国当前的竞合论是一场罪数形态定位凌乱、结构体系错乱、分类标准混乱、逻辑架构杂乱的乱战"。③上述论点似乎并不为过。为了解决这个问题,有学者提出了"大一统竞合"的观点,提出"罪与罪之间原本就没有所谓明确的界限,不如承认构成要件间存在广泛的竞合关系,也不必硬性归入法条竞合或者想象竞合,只需承认竞合关系的存在,从一重处罚即可"。④

理论研究的目的在于为实践和指导服务,以假设的、实践中发生概率极低的情况作为研究的样本可能会使本就复杂的问题更复杂。比如有学者指出伤害和故意杀人的竞合等,实践中几乎没有一个法官会进行如此

---

① 陈兴良:《法条竞合的学术演进——一个学术史的考察》,载《法律科学(西北政法大学学报)》2011年第4期。

② 甘添贵:《罪数理论研究》,中国人民大学出版社2008年版,第5页。

③ 王葛青:《刑法中竞合关系的立法技术与理论证成——大竞合论的提倡》,华东政法大学2022年硕士学位论文。

④ 陈洪兵:《不必严格区分法条竞合与想象竞合》,载《清华法学》2012年第1期。

思维。所以,将复杂问题简单化应当是罪数问题研究的方向,而不能以所谓的"精细化"之名将问题更加复杂化。

通过研究德日刑法理论中的罪数理论和竞合理论我们可以发现,不论如何称谓,一般包含以下情形:法条竞合、想象竞合、牵连犯、吸收犯、结合犯、连续犯几种。牵连犯、吸收犯、结合犯、连续犯无论在理论和实践中均争议不大。争议最大的可能就是想象竞合与法条竞合。而我们深入研究法条竞合与想象竞合发现,之所以产生如此大的争议,就是在进行概念界定时相互深入到了对方的领域,在某些划分中,将法条竞合划分为包容竞合和偏一竞合(或者交叉竞合),将想象竞合划分为独立竞合和交叉竞合。于是偏一竞合与交叉竞合就产生了交集,理论上的混乱就此产生。正如有学者指出,"该说(竞合关系四元说——笔者注)先根据法条的外延关系,划分出独立竞合和交互竞合;再根据法条的内涵关系,划分出包容竞合和偏一竞合。显然,这是运用双重标准对法条竞合进行分类,其结果当然是子项外延的混同。例如,独立竞合的'一罪名概念的外延是另一罪名的外延的一部分'与包容竞合中'一个罪名的内涵是另一罪名概念内涵的一部分',其实是同一种情形,都属于法条竞合的包容关系,只不过前者是从外延的角度予以说明,后者是从内涵的角度予以说明罢了。因此,四元说在本质上只有两种情形,包容关系和交叉关系,这和二元说并无区别"。①此外,部分学者提出,对偏一法条竞合亦可适用"从一重",既然法条竞合与想象竞合都可以适用"从一重",那么区分法条竞合与想象竞合的价值又是什么呢? 倒不如"大竞合"理论所称的,不要区分想象竞合与法条竞合,只要产生竞合就一律适用"从一重"即可。

从刑法的发展历史可以看出,刑法规定的犯罪行为大抵分为两类:一类是本来就是同一犯罪,但随着刑法规定的精细化,将运用某一手段在特

---

① 庄劲:《法条竞合:成因、本质与处断原则》,载赵秉志主编:《刑法论丛》(2008 年第 1卷),法律出版社 2008 年版,第 373—374 页。

定领域中实施的犯罪独立出去,形成独立于"原罪"的"新罪"。比如,我国1979年《刑法》中只有诈骗罪一个罪名,后来随着刑法的扩张,逐渐演化出金融诈骗、合同诈骗,等等。第二类是行为本身就具有复杂性,就有可能造成多种法益的侵害,比如冒充军人招摇撞骗罪,当冒充军人实施骗财行为时,与诈骗罪产生竞合,但冒充军人行骗时还有可能"骗色",这又不能为诈骗罪所包容,于是就产生了偏一竞合的问题。对包容竞合和偏一竞合不区分法条竞合和想象竞合,而一律适用"从一重"看似爽气,但并未解决根本问题。比如诈骗罪和合同诈骗罪,《刑法》第266条规定:"诈骗公私财物的,数额较大的,处三年以下有期徒刑、拘役或者管制,并处或者单处罚金;数额巨大或者有其他严重情节的,处三年以上十年以下有期徒刑,并处罚金;数额特别巨大或者有其他特别严重情节的,处十年以上有期徒刑或者无期徒刑,并处罚金或者没收财产。本法另有规定的,依照规定。"最高人民法院、最高人民检察院《关于办理诈骗刑事案件具体应用法律若干问题的解释》(法释[2011]7号)规定,诈骗公私财物价值三千元至一万元以上、三万元至十万元以上、五十万元以上的,应当分别认定为刑法第二百六十六条规定的"数额较大""数额巨大""数额特别巨大"。《刑法》第224条规定,"有下列情形之一,以非法占有为目的,在签订、履行合同过程中,骗取对方当事人财物,数额较大的,处三年以下有期徒刑或者拘役,并处或者单处罚金;数额巨大或者有其他严重情节的,处三年以上十年以下有期徒刑,并处罚金;数额特别巨大或者有其他特别严重情节的,处十年以上有期徒刑或者无期徒刑,并处罚金或者没收财产"。对于合同诈骗中数额较大、数额巨大、数额特别巨大,没有相关司法解释,实践中一般掌握数额超过2万元的可以认定为数额较大、数额超过10万元为数额巨大、数额超过100万元为数额特别巨大。假设某地规定诈骗罪以1万元为数额较大、10万元为数额巨大、50万元为数额特别巨大的标准。这里就产生了一个问题,如果行为人诈骗数额超过1万元不足2万元,只能认定为诈骗罪,如果数额超过 2 万元不满 10 万元,合同诈骗与普通诈骗一样,两个罪名都可以定;如果超过 50 万元,由于诈骗罪较重,只能定诈骗罪;而超过 100 万元诈骗罪与合同诈骗罪都可以定。这里产生了两个问题:第一,同种行为,由于数额不同导致适用不同罪名,其合理性值得商榷。第二,在数额 2 万元至 10 万元、超过 100 万元两个区间,无法比较轻重,所谓的"从一重"如何适用? 实际上,对不同犯罪确定不同的数额标准是有其意义的,并不是有学者指出的"既然如此,我们何以肯定司法解释将特殊诈骗罪的定罪起点规定得远高于普通诈骗罪就是所谓'立法者意思',就等于'立法'了呢?"①而是为了防止在某一特定领域由于数额标准过低而导致打击面过大而采取的措施,否则刑法对性质相同的行为规定同一标准即可,无需再设立其他的罪名。如果对诈骗罪和合同诈骗罪设置完全相同的数额标准,那么需要设定一个诈骗罪即可,为什么刑法还要设立一个合同诈骗罪呢?

面对如此复杂的争论,我们需要反思争论的本源在哪里。对这个问题,与其从形式上进行争论不如以处理方式作为思路,即需要"从一重"处理的就是想象竞合,而不需要"从一重"处理的即为法条竞合。这个思路理清之后,再回到前提,即什么时候需要"从一重"呢? 对此,笔者赞同张明楷教授的观点:只有当适用一个法条也能充分评价行为的不法内容,且法条之间具有包容关系时,才应认定为法条竞合的特别关系。②而一个法条不能充分评价行为内容,必须借助其他法条才能全面评价行为性质时,即可成立想象竞合。而正因为一个法条不能充分评价行为内容必须借助其他法条进行评价,才能为"从一重"提供正当的法理基础。在限缩了法条竞合的适用范围后,我们有理由坚持"对法条竞合只能适用特别法优于普通法"的原则。根据上述原则,对于合同诈骗不满 2 万元的,即使达到

---

① 陈洪兵:《不必严格区分法条竞合与想象竞合》,载《清华法学》2012 年第 1 期。

② 张明楷:《法条竞合与想象竞合的区分》,载《法学研究》2016 年第 1 期。

了 1 万元诈骗罪的起刑点,我们也不能适用诈骗罪对被告人定罪处罚。正如周光权教授指出的,"因为特别法条根本就不想处罚类似于利用合同诈骗 4000 元的行为。既然立法者已经在制定特别法条时对某些行为不处罚是有特别预想的,而非完全没有考虑,就不存在立法漏洞的问题······对立法上不想处罚而故意形成的所谓漏洞,在适用上不能任意解释刑法以实现处罚,这才是罪刑法定的真谛之所在"。[1]实际上,经过多年悬而未决、日益混乱的争论,张明楷教授也作出了反思,"为了处理结论的合理,实现刑法的正义理念,实现特殊预防与一般预防目的,要么优先适用重法条优于轻法条的原则,要么限缩法条竞合的范围,将需要适用重法条的情形排除在特别关系之外。笔者以前赞成优先适用重法条优于轻法条的原则,即前一路径。本文提出的法条竞合与想象竞合的重新区分,采取的是后一路径。虽然前后路径不同,但对具体案件的处理结论完全相同,可谓殊途同归吧"。[2]而笔者的观点与张明楷教授的观点在某种程度上也可以说是"殊途同归"吧。

二、构建以客体为引导的定罪方法论体系

对相近罪名之间的进行区分,主要有两种方法:一是通过法律解释的方法,比如职务侵占与贪污之间的区别主要是主体身份,也就是如何认定国家工作人员的问题。如果行为人具有国家工作人员身份则构成贪污,如果行为人不具有国家工作人员身份则构成职务侵占。对行为人是否属于国家工作人员,一般只能通过法律解释的方法进行区分和认定。二是比较甄别的方法。在通过法律解释无法进行准确的区分的情况下,只能通过不同行为、不同罪名之间比较的方法,准确认定犯罪,比如盗窃和诈

---

[1]　周光权:《法条竞合的特别关系研究——兼与张明楷教授商榷》,载《中国法学》2010年第 3 期。

[2]　张明楷:《法条竞合与想象竞合的区分》,载《法学研究》2016 年第 1 期。

骗。从法律规定来看一个是秘密窃取，一个是虚构事实、隐瞒真相。从法律解释的角度而言是非常明确的，但是行为人的行为究竟是秘密窃取还是虚构事实隐瞒真相，并不能单纯地从文义的角度进行准确的界定，只能通过比较、甄别的方法进行区分。

那么面对刑法纷繁复杂的罪名，进行比较、甄别的合理的逻辑思维是什么？主流的观点是，现代刑法是行为刑法。所以有观点提出，应当以行为作为定罪思路的起点。传统大陆法系"三阶层"理论采用的就是这种思路，首先从构成要件的该当性出发，研究某种客观行为与法律规定是否符合，如果行为的客观表现方式具有一致性，然后再审查是否具有违法性从而将形式上符合但缺乏实质违法性的正当防卫、紧急避险等行为排除，最后再审查行为人是基于什么样的主观意图实施了上述行为，如果行为人不具主观罪过，既无故意也无过失或不具期待可能性，也可以排除犯罪的成立。在现代行为刑法的总体框架下，以行为作为定罪的起点和最重要的犯罪类型区分标准，无疑是正确的，但是在我国刑法的语境下又是不完整的。

比如徐某破坏生产经营案。公诉机关指控：被告人徐某于 2019 年 4 月 1 日正式入职某公司担任财务主管，负责该公司及下属公司的会计核算工作。同年 9 月 27 日，徐某因对公司不满而提出辞职，至 10 月 31 日离职当天，徐某一直未进行财务交接并拒绝交出财务电脑开机密码。此外，徐某还于离职前，将部分财务数据转存至其个人 U 盘，并将公司财务电脑内包含会计账簿、财务会计报告等账套数据在内的硬盘 E 盘清空，致使该公司财务电脑、财务软件无法正常工作。公司报案后，公安人员将徐某抓获。公诉机关认为，被告人徐某故意销毁依法保存的会计账簿、财务会计报告，情节严重，应当以故意销毁会计账簿、财务会计报告罪追究刑事责任。

法院经审理认为，被告人徐某的行为不构成故意销毁会计账簿、财务会计报告罪,而应构成破坏生产经营罪。法院认为,故意销毁会计账簿、财务会计报告罪是基于会计法规范目标的国家会计资料管理制度。具体而言《会计法》第35条规定:"各单位必须依照法律、行政法规的规定,接受有关监督检查部门依法实施的监督检查,如实提供会计凭证、会计账簿、财务会计报告和其他会计资料以及有关情况,不得拒绝、隐匿、谎报。"第44条规定:"隐匿或者故意销毁依法应当保存的会计凭证、会计账簿、财务会计报告,构成犯罪的,依法追究刑事责任。"而故意销毁会计账簿、财务会计报告罪则是该规定在刑法中的具体体现,该法律规范保护的法益应当是国家财务管理制度以及国家对公司、企业的管理秩序。因此,在理解故意销毁会计账簿、财务会计报告罪中的"隐匿""故意销毁"会计账簿、财务会计报告时,必须是为了对抗"有关监督检查部门依法实施的监督检查"。本案中,被告人徐某因与公司产生私人矛盾而隐匿销毁有关会计账簿、财务会计报告,未妨害国家财务管理制度,但是使公司生产经营无法正常进行,故其行为构成破坏生产经营罪。

再比如,宋某合同诈骗案。法院经审理查明:2000年11月30日,被告人宋某受甲公司委托为甲公司发送药品。当日,宋某就运用药品事宜与该公司达成口头协议。次日,宋某在甲公司工作人员的陪同下,将首批药品从甲公司仓库运送至火车站装入集装箱并加锁。待甲公司人员离开后,宋某又将该批货中的一部分卸下并藏匿,并将剩余的货物予以发送。此后,宋某采用相同的手段先后扣下药品147件,价值人民币20余万元。宋某将扣下的药品变卖后携赃款逃匿。人民法院以合同诈骗罪判处被告人宋某有期徒刑13年,并处罚金人民币10万元。最高人民法院在分析该案例时指出,对于合同诈骗中的"合同",应结合合同诈骗犯罪客体并结合立法目的来进行具体理解和把握。合同诈骗罪规定于《刑法》分则第三章破坏社会主义市场经济秩序罪第八节"扰乱市场秩序罪"中,不仅侵犯他人财产所有权,而且侵犯国家合同管理制度,破坏了社会主义市场经济秩序,因而合同诈骗罪中的"合同",必须能够体现一定的市场秩序。同时,不能认为凡是行为人利用了合同法所规定的合同进行诈骗的,均构成合同诈骗罪,与市场秩序无关以及主要不受市场调整的各种"合同""协议",如不具有交易性质的赠与合同,以及婚姻、监护、收养、抚养等有关身份关系的协议,主要受劳动法、行政法调整的劳务合同、行政合同等,通常情况下不应视为合同诈骗罪中的"合同"。①

通常一个案件发生,给人最直观的感觉就是某种危害后果发生了,比如钱财损失了、人受伤了、秩序受到损害了等。但行为及其后果是客观的,而法律评价却是主观的,是一种价值判断。前文指出,定罪是客观事实到法律规定的逻辑推理,是一种将客观行为运用逻辑推理进行符合性判断的过程,也就是对行为进行类型化的价值判断并且依据价值判断决定是否构成犯罪。那么价值判断的依据是什么呢? 通说认为,犯罪是具有严重社会危害性的行为,因此社会危害性是犯罪的本质特征。所以定罪价值判断的标准也只能是社会危害性。②而我国《刑法》分则也是以社会危害性为基本架构的。在刑法学界,有学者根据同类社会关系的范围大小,将同类客体又分为大类客体和小类客体。大类客体,是指《刑法》分则某一章中规定的全部犯罪所共同侵犯或指向的客体,它是《刑法》分则结构中编下设"章"的基础。例如,我国《刑法》分则第二章"危害公共安全罪"的大类客体是公共安全。小类客体是《刑法》分则结构中章下所设的"节"中所规定的全部犯罪共同侵犯或指向的客体,它是《刑法》分则结构中章下设"节"的基础。例如,我国《刑法》分则第三章"破坏社会主义市场经济秩序罪"下设的八节,第六章"妨害社会管理秩序罪"下设的九节,每一节都有一个小类客体。《刑法》分则有些章中虽然没有分节,但也可以

---

① 最高人民法院刑事审判第一、二、三、四、五庭主办:《中国刑事审判指导案例(2)》,法律出版社 2012 年版,第 403—404 页。

② 当然有观点认为应当是法益,关于这个问题下文将作说明。

根据章中规定的某些犯罪的共性再分出小类。例如,《刑法》分则第四章,可以再分出人身权利关系、民主权利关系、婚姻家庭关系三个小类客体。在《刑法》分则第二章中,也可以再分出危害生产安全、危害交通安全等小类客体。[①]因此,客体就成为评价某一行为社会危害性的首要标准。从这个意义上说,如果某个行为没有侵犯任何客体,那么它就不可能构成犯罪。在确定行为对客体造成了侵犯(具有社会危害性)的情况下,再具体细分客体究竟侵犯的是什么也就成为确定犯罪性质的基本标准。而在侵犯同类客体的情况下,再根据行为的具体表现综合运用法律解释的方法确定具体的罪名。因此确定犯罪客体就成为客观行为与法律评价的关键连接点,从而也就成为定罪的起点。具体过程可用流程图表示:

行为→对象→后果→侵犯大客体→犯罪行为所属的章→侵犯小客体→确定具体的节→具体的行为方式→确定具体的罪名

当然,在行为侵犯单一客体的情况下或者侵犯客体十分清晰的情况下,上述过程可能一次完成,但是在侵犯双重、多重客体或者在不能完全准确确定客体的情况下,上述过程可能会产生反诉甚至推倒重来,直至确定最准确的罪名。上述只是一个基本的定罪逻辑过程,在实践中要准确定罪,还需要一些技巧和方法。

三、实践中常用的定罪方法

(一)侵害客体分析法

所谓侵害客体分析法是指通过分析实际受损的是什么客体,从而最终确定应适用的罪名的定罪方法。[②]比如交通肇事和过失致人死亡以及重大责任事故罪,本质上都是过失致人死亡,但是由于发生在不同领域,

---

[①] 侯国云:《刑法总论探索》,中国人民公安大学出版社 2004 年版,第 146 页。
[②] 虽然当前许多学者主张以法益取代客体。但是我国目前《刑法》仍然是采用"客体"的方式进行归类和构建的,所以在区分定罪时,按照现行法律只能采用客体的表述。

侵犯了不同客体,导致构成不同罪名。最高人民法院《关于审理交通肇事刑事案件具体应用法律若干问题的解释》第 8 条规定,在实行公共交通管理的范围内发生重大交通事故的,依照《刑法》第 133 条和本解释的有关规定办理。在公共交通管理的范围外,驾驶机动车或者使用其他交通工具致人伤亡或者致使公共财产或者他人财产遭受重大损失,构成犯罪的,分别依照《刑法》第 134、135、233 条等规定定罪处罚。因此,在区分这些罪名时,必须从行为人的行为究竟侵犯了何种客体出发进行准确界定。如果行为人对公共交通秩序造成了损害,应当以交通肇事罪认定;如果行为人是对安全生产秩序造成的破坏,则以重大责任事故罪认定;如果行为仅是对公民人身安全造成损害,则一般只能以过失致人死亡罪认定。

近年来我国学者对我国传统犯罪构成理论提出了激烈的批评和挑战,尤其是关于犯罪客体的问题。"现今中国,刑法学界传统的来自苏联的犯罪客体理论由于违反最基本的哲学原理,违反刑事立法与刑事司法是两个虽然有关联、但又严格界分领域的常理,还违反了事物没有固定内涵就不是什么真正事物的常识,不过是 一个巨大但空洞的价值符号,因而埋下了必遭否定而被抛弃的结局。今天,除了极少数仍然坚持苏式四要件犯罪构成模型的教科书隔空齐唱旧时曲,叙述着犯罪客体的陈旧概念和僵化理论,很多教科书在原有客体的位置上已经换上了法益一词,至于年轻一代在撰写论文和已发表的科研成果中,法益一词更是横行天下。"[1]姑且不论"法益"概念的正确与否[2],但不可否认的是,犯罪客体,即犯罪所侵害的社会关系,仍然是目前我国《刑法》分则体系构建的基本依据和标准。"刑法分则从我国的实际情况出发,按照犯罪行为所侵犯的社

---

① 杨兴培:《"法益理论"在步"犯罪客体"后尘》,载《上海法制报》2018 年 1 月 10 日第B06 版。

② 正如有学者指出的,昨天所说的犯罪的本质在于侵犯了一定的犯罪客体,今天转换成犯罪的本质是侵犯了一定的法益,其说词的文字符号改变了,内容却依然如此。参见上注。

会关系和对社会的危害程度,将社会上各种各样的犯罪分为 8 类,即分则的 8 章;每一类犯罪又分为若干具体罪名,并进行了科学的排列,构成了我国刑法分则的体系。"①因此,准确区分行为所侵害的客体,仍然是正确定罪的最重要方法。

例如,2013 年 5 月起,被告人邹某担任上海某物流有限公司总经理,在全面负责公司经营管理期间,为降低公司运营成本、追求经济效益,长期要求、鼓励驾驶员严重超载,并对行驶路线疏于监管。2016 年 4 月起,被告人赵某担任该物流公司调度员,负责车辆调度并安排货物装载。被告人李甲、李乙系物流公司重型牵引车驾驶员。2016 年 5 月 22 日 23 时许,被告人李甲、李乙在被告人赵某的安排下,分别驾驶装载 87 余吨和 80 余吨水泥预制管桩的货车(均核载 32 吨)从本市松江区泗泾镇出发,前往本市杨浦区国泓路一建筑工地送货。2016 年 5 月 23 日 0 时 10 分许,被告人李甲、李乙驾驶车辆经沪嘉高速先后驶入限重 30 吨、大货车禁行的中环高架道路。当被告人李甲驾驶的车辆行驶在桩号为 ZN0834-ZN0835 路段时,被告人李乙驾驶的车辆也驶上该路段,由于两车相距很近,且均严重超载,使得该路段桥体承受的总载荷超过了使桥体发生翻转的极限条件,致桥体发生轻微翻转并损坏,同时造成途经该路段的四辆社会车辆不同程度受损,物损评估共计人民币 28228 元。事故发生后,相关部门为修复受损路段,共支付抢险、围封及抢修工程、钢箱梁复位工程、监控与检测费用共计人民币 9725822 元。

在这起案件中,对四名被告人如何定性成为争议焦点。

第一种观点认为,四名被告人的行为构成交通肇事罪。所谓交通肇事罪是指违反交通运输管理法规,致使发生交通事故,造成重大人员伤亡或财产损失的行为。本案中,两名驾驶员违反车辆限载规定以及高架道

---

① 林准主编:《中国刑法教程(修订本)》,人民法院出版社 1994 年版,第 229 页。

路限重规定,驾驶超载车辆驶入高架道路,致使高架道路损坏,造成重大财物损失。两名企业管理人员强令机动车驾驶员违章驾驶,根据相关司法解释,亦应按交通肇事罪定罪。

第二种观点认为,四名被告人的行为构成重大责任事故罪。所谓重大责任事故罪是指在生产作业中违反有关安全管理的规定,因而发生重大伤亡事故或造成其他严重后果的行为。物流企业是专门从事货物运输的企业,对此类企业交通安全亦应是企业安全管理的重要组成部分。不允许超载不仅是交通安全法规规定的义务,也是企业安全管理的规定,四名被告人违反安全管理的规定,在从事物流运输过程中发生重大安全事故,造成重大财产损失,其行为应构成重大责任事故罪。

第三种观点认为,四名被告人的行为构成过失破坏交通设施罪。本案中,四名被告人的行为对社会的危害不是针对交通工具,而主要体现在因超载造成高架道路的损害,进而对整个交通安全造成损害。相对交通肇事而言,破坏交通设施罪属于特别法,按照特别法优于一般法的基本原则,应当认定四名被告人的行为构成破坏交通设施罪。

第四种观点认为,应区分不同的行为,对四名被告人分别认定构成重大责任事故罪和破坏交通设施罪。

笔者赞同第四种观点。首先无论是哪一个罪名,本案四名被告人均构成过失犯罪,这是确定无疑的。按照我国现行法律,过失犯罪原则上不存在共同犯罪,因此不必强求四名被告人的罪名一致,而应按照各自的罪责承担相应的刑事责任。

本案所涉三个罪名,重大责任事故罪、交通肇事罪、过失破坏交通设施罪均属《刑法》分则危害公共安全犯罪一章,其行为特征都是对公共安全造成威胁或损害。危害公共安全是此类犯罪的一个总体特征,但所谓"公共安全"是一个类概念,是由不同领域、不同类型的安全组成的一个集合体。通过分析行为所侵害公共安全的类型,有助于准确区分不同的犯罪。

首先，交通肇事罪与重大责任事故罪虽然同属危害公共安全犯罪，但是从客体的角度仍各有侧重和不同。交通肇事罪侧重于保护公共交通领域的安全，而重大责任事故罪更侧重于企业生产、经营的安全，一般情况下，两者不会发生交叉。通常公共交通运输安全领域内发生的事故，一般不按重大责任事故罪定罪，否则任何有车辆的单位，由于车辆安全管理都属于广义的安全管理的组成部分，如果车辆发生肇事肇祸，都可按重大责任事故罪处理，两个罪名之间的界限将变得非常模糊。而本案的特殊性在于涉案企业是交通物流企业。遵守交通法规不仅是一般公民应当遵守的义务，也是企业安全管理重要组成部分，因此对本案的定罪不能按一般企业发生交通事故的原则处理。

其次，关于交通肇事罪与破坏交通设施罪。所谓破坏交通设施罪是指，过失破坏轨道、桥梁、隧道、公路、机场、航道、灯塔等交通设施，足以使火车、汽车等交通工具发生倾覆、毁坏危险，足以危害公共安全的行为。交通肇事罪与破坏交通设施罪同属危害公共安全犯罪，但是从危害性上，也各有侧重。根据《道路交通安全法实施条例》的规定，所谓交通事故，可以分为三类：机动车与机动车、机动车与非机动车在道路上发生事故（第86条），非机动车与非机动车或者行人在道路上发生交通事故（第87条），发生交通事故并造成道路、供电、通信等设施损毁（第88条）。可见交通肇事行为虽然也有可能造成交通设施的损坏，比如撞坏护栏、撞坏路面等，但是其危害主要体现在对正在进行交通运输活动的交通工具或人员所造成的安全威胁。而过失破坏交通设施罪的危害性主要体现在通过对交通设施造成的损害从而对公共交通运输安全造成的威胁。

本案中，被告人李甲、李乙违反交通道路安全法律法规，驾驶严重超载的重型货车违规驶上中环高架道路，且两车行驶相距过近，使得中环路桥发生倾斜损坏，造成直接经济损失高达900余万元。两人的行为的确违反了交通运输管理法规,但其行为的危害(对客体的侵害)并不是通过交通事故体现出来的,而是因为超载使高架道路桥倾覆从而发生交通事故,通过对这个因果关系的分析,可以清晰地反映行为的实质,所以对两名被告人以破坏交通设施罪定罪更为妥当。

最后,关于被告人邹某、赵某。被告人邹某、赵某的定罪本来就是基于李甲、李乙所造成的损害结果,其罪名也与李甲、李乙的罪名有关。两名驾驶员的行为不构成交通肇事罪,因此也不存在对本案定交通肇事罪的可能。退一步讲,即使两名驾驶员的行为认定为交通肇事罪,但是交通肇事罪是过失犯罪,不存在共同犯罪;而被告人邹某、赵某有要求、鼓励驾驶员严重超载的情况,但其中没有威逼、胁迫、恐吓等强制手段,不能认定为指使、强令,因此也不能按照最高人民法院《关于审理交通肇事具体应用法律若干问题的解释》第七条的规定,按照交通肇事罪定罪处罚。邹某作为物流公司总经理,在负责物流公司日常管理过程中,对驾驶员严重超载、违规上中环等违法行为存在严重的管理疏忽,从而造成本案重大事故;赵某作为公司负责装载货物的调度员,明知所装货物严重超载仍安排装货,亦是本案事故发生的直接原因之一。被告人邹某、赵某的这种过失属于管理上的过失,其犯罪行为也是管理上的失职行为,以重大责任事故罪定罪更能反映其行为的本质属性。

需要指出的是,在司法实践中,行为人实施的犯罪行为可能经过多个环节,每个环节都有可能符合某种犯罪的构成要件,但不一定客体都遭受实际损害,在这种情况下一般应以实际遭受侵害的环节认定犯罪的性质。

比如,秦某合同诈骗案。秦某通过虚假出资成立某公司后,利用虚假的财产证明骗取其他公司做担保并向银行进行贷款,骗得贷款后,秦某将贷款主要用于个人支出及挥霍。因贷款到期无法偿还,某公司因承担担保责任遭受巨大损失。公诉机关以秦某犯虚报注册资本罪、贷款诈骗罪向法院提起公诉。对秦某犯虚报注册资本罪无异议,但对秦某利用虚假财产证明骗取其他公司做担保并获取贷款的行为任何认定,各方存在分歧意见。《刑法》第193条规定,以非法占有为目的,骗取银行或其他金融机构贷款的,构成贷款诈骗罪。秦某利用虚假财产证明骗取他人担保后,向银行申请并取得贷款,属于用其他方法骗取贷款,符合贷款诈骗罪的构成要件。同时秦某以虚假财产证明骗取其他公司为其贷款提供担保,符合合同诈骗的构成要件。公诉机关认为合同诈骗和贷款诈骗构成手段和目的的牵连,以目的行为贷款诈骗罪对秦某提起公诉。但是仔细分析本案可以看出,本案实际受损人是某公司而不是银行,其实际侵犯的不是银行的利益而是担保人的利益。在实际经济生活中,银行向申请人发放贷款一般均需申请人提供担保,这种担保可以是申请人自己以某种方式进行担保,也可以是担保人进行担保。在由担保人提供担保的情况下,贷款人如果不能偿还贷款,应由担保人与贷款人承担连带责任。在这种情况下,银行债务的实际承担者往往是担保人。即使担保人由于种种情形实际承担担保责任,但是从法律关系上说,最终的债务亦应由担保人承担,所以不论担保人是否实际承担担保责任,行为最终的后果都是担保人实际受损,而担保人之所以受损,是通过合同(担保合同)诈骗来实现的,故对类似案件以合同诈骗而不是贷款诈骗定罪更符合案件的实际情况。

在以客体作为定罪方法时需要注意的是,由于所谓犯罪客体是犯罪行为所侵害的社会关系,当社会关系发生变化时,客体可能也会随之发生变化,从而导致罪名发生变化。2004年4月20日最高人民法院《关于审理伪造货币等案件具体应用法律若干问题的解释》第7条规定,本解释所称的货币是指可在国内市场流通或者兑换的人民币和境外货币。之所以作此规定,是因为货币犯罪属于妨害金融管理秩序犯罪,只有可在国内市场流通或者兑换的人民币或者境外货币,才有可能对国内金融秩序造成损害。"伪造已经停止流通的货币或者不能在境内兑换的货币,行为人的目的往往是以此骗取钱财,而非通过对伪造的货币进行正常使用来获得利益(实际上也不可能通过这种方式获得利益),这种行为更主要是侵犯了公司财产的所有权,不完全符合伪造货币罪的构成要件,因此,对这种行为,应视情况以其他罪名定罪处罚。"[1]按照上述规定,对使用伪造的虽不可在境内兑换但属可在境外流通的外国货币的,实践中一般以诈骗罪定罪。但随着形势的变化,2010年10月11日最高人民法院《关于审理伪造货币等案件具体应用法律若干问题的解释(二)》规定,以正在流通的境外货币为对象的假币犯罪,依照《刑法》第170条至173条的规定定罪处罚。相关参与司法解释起草的同志指出"纵观各国刑法史,在外国货币的刑事保护方面经历了一个由国家主义向世界主义的发展过程,越来越多的国家正在摒弃过去的一贯做法,转而强调对外国货币的一体保护,对与罪名和法定刑规定也不再区分……在当前人民币区域化、国际化已经迈出实质性步伐的背景下,强调对外国货币的刑事保护尤为重要"。[2]根据上述规定,对伪造虽然不能在境内兑换流通但是可在境外流通的外国货币,应当按照货币犯罪认定。

(二) 手段——客体分析法

所谓手段——客体分析法,是指行为人实施多种手段最终损害刑法保护的客体,多种手段均可能符合某种犯罪构成要件,在这种情况下,一般应以直接使法益遭受损害的手段行为认定罪名,这是客体分析法引申出来的一种定罪方法。

如张某票据诈骗案。某日,被告人张某采用翻墙、撬锁等方式闯入被害人张某家中,窃得银行承兑汇票2张,总共票面金额为10万元。后张某用该承兑汇票分别向他人(非汇票载明的收款人)兑换现金人民币5万

---

[1] 孙军工:《〈关于审理伪造货币等案件具体应用法律若干问题的解释〉的理解与适用》,载《中国刑事审判指导案例2》,法律出版社2012年版,第563页。
[2] 刘为波:《〈关于审理伪造货币等案件具体应用法律若干问题的解释(二)〉的理解与适用》,载《中国刑事审判指导案例2》,法律出版社2012年版,第570—571页。

余元。本案中张某的行为构成盗窃罪还是票据诈骗罪？张某采用秘密手段窃取他人具有财产权利价值的汇票，符合盗窃罪的构成。同时，根据《刑法》规定，冒用他人汇票的行为构成票据诈骗。所谓冒用他人汇票是指，假冒票据权利或者其授权的代理人，行使本应由权利人行使的权利的行为。张某并非所窃汇票的权利人或其代理人，其冒用权利人的名义，使用该汇票获利，符合票据诈骗罪的犯罪构成。有观点主张，根据《刑法》第196条第3款的规定，盗窃信用卡并使用的，以盗窃罪定罪。同理，盗窃金融票据而使用的，可以盗窃罪定罪。

笔者对此持否定意见。《刑法》第196条第3款系法律的特别规定，关于这项规定属拟制规定还是提示规定，理论界有不同意见，笔者总体认为该规定属拟制规定。"分析刑法的这一规定不难发现，这种情况实际上是刑法中的结合犯，即刑法将盗窃罪和信用卡诈骗罪规定在一个条文中，明确规定以盗窃罪定罪处罚的情况。"[①]拟制规定属法律特殊规定，其定罪规则不能当然引申至其他情形。比如行为人以诈骗方法获得他人信用卡，不能当然以诈骗罪定罪。同理，窃得金融票据并使用的，也不能当然类比以盗窃罪定罪。而必须具体问题具体分析。张某盗窃的汇票属记名、可挂失、不能及时兑现的金融票证。持票人可通过公示催告、诉讼、挂失止付等方式避免自己的损失，因此盗窃汇票行为不能直接使权利人的权利受损也不能直接使张某获利，张某之所以获利是通过行使票据权利，即冒用他人的汇票来实现的，因此对本案以票据诈骗罪定罪更为合理。

又如王某合同诈骗案。王某谎称承揽了某国家重大工程，并许诺可以不经招标、投标、评标就可将该工程交由被害人杨某承担。其间，王某以办理工程批文为由，骗取杨某人民币30余万元，后王某指使他人冒充国家工作人员与杨某签订了虚假的工程承包合同。检察机关以王某犯合

[①]　刘宪权、杨兴培：《刑法学专论》，北京大学出版社2007年版，第423页。

同诈骗罪向法院提起公诉，一审法院亦以合同诈骗罪定罪。《刑法》第224条规定，以非法占有为目的，在签订、履行合同过程中，骗取对方当事人财物，数额较大的行为构成合同诈骗罪。本案中，确实存在"合同"，似乎符合合同诈骗罪的构成要件。但所谓合同诈骗是利用"签订、履行"合同实施的诈骗行为，诈骗的对象一般是与合同或履行合同相关方的财物。对于合同诈骗的行为人而言，"签订、履行"合同不是行为的目的，而是通过所谓的"签订、履行合同"获取与合同有关的财物。合同诈骗罪之所以区别于普通诈骗，关键在于侵害的客体不同。在民事活动中也存在大量的"合同"，比如财产赠与合同、收养协议等，但这些合同并不能成为合同诈骗所评价的合同，也就是并非所有利用合同进行的诈骗都是合同诈骗罪。在我国刑法中，合同诈骗罪属于刑法第三章第八节，也就是破坏社会主义市场经济秩序罪中的扰乱市场秩序罪。从刑法设定的处罚来看，合同诈骗罪所侵害的法益不仅是被害人的合法财产，也是对正常有序的市场秩序的损害。这才是合同诈骗区别于普通诈骗的本质所在。因此，在区别一般诈骗罪与合同诈骗罪时，要着重考虑行为人的行为是否对市场秩序造成损害。从这个意义出发，合同诈骗罪中所谓的被骗财物必须与合同的签订、履行有直接因果关系，只有这样才有可能对市场秩序造成损害，对虽然存在合同，但被害人受损与"签订、履行合同"本身无关，不能以合同诈骗罪论。本案中，王某以疏通关系为由骗取被害人的财物，实际是以"签订合同为诱饵"骗取被害人的财物，其获取财物与签订、履行合同本身无关，其事后指使他人与被害人签订的所谓合同，只不过是事后掩盖其诈骗行为的一种方法，而不是诈骗行为本身。故王某的行为不应构成合同诈骗罪，而应以诈骗罪论处。

（三）行为——对象分析法

行为——对象分析法主要适用于以行为对象的感受来确定行为性质的犯罪。比如，张某敲诈勒索案。张某经济拮据，某日邻居李某的儿子去外地,张某遂萌生了利用此机会向李某索取钱财的想法,编造了李某的儿子遭其绑架的书信,投掷于李某的住处,索要人民币1万元。后张某取得了所谓"赎款"并逃之夭夭,后被公安人员抓获。对张某行为的定性有两种意见,一种意见认为张某的行为构成诈骗罪,另一种意见认为张某的行为构成敲诈勒索罪。所谓诈骗罪,是指采用虚构事实、隐瞒真相的方法,使被害人陷于认识错误而自愿交出财物的行为。而敲诈勒索罪是指采用威胁或要挟的方法,迫使被害人交出财物的行为。所以被害人是自愿还是被迫交出财物,是区别诈骗罪与敲诈勒索罪的关键。本案中,张某确实虚构了有关事实,被害人也陷于了认识错误,并交出了财物,但是被害人并不是自愿交付财物,而是被迫交付,所以虚构事实本身并不是被害人交付财物的关键,关键在于这种虚构的事实使被害人遭受了精神强制,而且在这种精神强制下不得已交付了财物,所以精神强制而不是错误认识是被害人遭受损害的根本原因,对本案应当以敲诈勒索罪定罪。

行为——被害人分析法常用于盗骗交织的犯罪区分中。因为究竟是"被骗从而自愿交付财物"还是"在被害人不知情的情况下秘密窃取"主要是根据被害人的状态进行分析。

如纪某等人盗窃案。电力公司与隆盛公司系施工项目劳务分包关系。隆盛公司向电力公司提供劳务人员,从事由电力公司安排的相关工作。纪某系隆盛公司委派至电力公司的劳务人员,担任巡视员,对电力公司所有的电缆进行巡查、看护,防止破坏和被盗情况发生。在此过程中,纪某逐步掌握了地下电缆的埋设及使用情况,经与马某等人商议,决定盗挖地下不再使用的电缆,变卖后分赃。某日,马某等人按照事先的预谋,租用工具、雇用临时人员至某地,所有人员均穿着工作服,马某等人还佩戴工作证,根据纪某事先指定的位置,将地下不再使用的部分电缆挖出,价值人民币1万余元,后纪某等人被抓获归案。对本案的定性有三种意见,第一种意见认为纪某等人的行为构成职务侵占罪,第二种意见认为纪某等人的行为构成诈骗罪,第三种意见认为纪某等人的行为构成盗窃罪。因纪某等人不具备经手、管理财物的职能,而仅仅利用了工作形成的便利条件,故不应构成职务侵占罪。分歧点在于马某的行为构成盗窃罪还是诈骗罪。认为构成诈骗罪的观点认为,纪某等人在光天化日之下实施,不符合秘密窃取的盗窃罪特征,其之所以能够得手,是因为他们身着制服,使他人误以为是电力公司的工作人员,所以对其挖掘电缆的行为不制止、不举报,符合诈骗罪的构成要件。笔者认为纪某等人的行为构成盗窃罪。不论诈骗还是盗窃,关键在于行为人实施的欺骗或秘密窃取是针对谁而言的,也就是行为对象问题。如果行为人采用虚构事实的方式,使财产所有人或者管理人陷于认识错误而自愿交出财产的,应当构成诈骗罪。如果行为人是采用秘密窃取的方式,在财产所有人或管理人不知情的情况下获取财产的,应当构成盗窃罪。

再比如孙某等人诈骗案。2007 年 8 月,孙某、周某事先商量秘密利用遥控增重小麦吨位的方法获取非法利益。后孙某在某粮食收购点踩点,并于某日夜晚伙同蒋某至该粮食收购点,由蒋某在电子磅上安装了一套电子遥控增重装置。8 月 4 日至 15 日,孙某、周某伙同另外三人(均为货主)在给该粮食收购点出售小麦的过程中,秘密利用电子遥控器增重小麦吨位,从中获利 76.68 万元,公诉机关以盗窃罪向法院提起公诉。公诉机关认为,孙某等人采用电子遥控的方法,在收购人员不知情的情况下,虚增小麦重量,符合盗窃罪的构成要件。但仔细分析本案可以看出,被告人实际上是采用了隐瞒增重这一事实真相,欺骗被害单位,使其错误地认可小麦重量,从而自愿多交付小麦收购款,因此,行为人的行为以诈骗罪定罪更为准确。

(四)目的分析法

目的分析法,是指借助行为人的主观目的分析行为实质,从而确定合适罪名的定罪方法。目的是故意犯罪的一种主要表现形式,在我国刑法中目的犯占相当比例,故此目的分析法就成为罪名确定中的一种非常重要的方法。比如在同样致人死亡的情况下,究竟是故意伤害致人死亡还是故意杀人,犯罪目的的分析就是关键。以王某故意杀人案为例。某日,公安机关在马路上设卡检查过往车辆,王某驾车行驶至该路段时,民警示意其停车接受检查,王某因无证驾驶,未理睬公安人员的停车示意,继续驾车前行。公安人员知悉此情后,在某处用警车等设置路障予以拦截,公安人员站立于警车周围。王某行至此处时,仍拒不停车,驾车驶向机动车道旁的非机动车道,撞上站在此处的李某,王某见状紧急停车后,又加速逃离现场,李某因被车撞击,经抢救无效后死亡。一审法院以以危险方法危害公共安全罪对王某定罪。故意杀人罪与造成他人死亡的以危险方法危害公共安全罪的根本区别在于是否对公共安全造成了损害,行为人是否有危害公共安全的故意。本案中,公安人员设卡对王某进行拦截,公安人员站立于路障周围,王对此明知,但是王并没有直接驾车冲撞路障及周围的公安人员,而是驾车驶向路障旁边的非机动车道,从这个细节可以分析,王某并没有希望或放任造成不特定多数人员或财产损失的故意,也就是没有直接或放任危害公共安全后果发生的故意,故一审法院对王某以以危险方法危害公共安全罪定罪,值得商榷。

目的分析法还经常运用在对牵连犯的处理中。对牵连犯采用"从一重罪处断"是刑法学界的共识,但是在司法实践中会出现一种特殊情况,即手段和目的、目的与结果的法定刑完全一致,在这种情况下,一般应当以目的行为所涉罪名定罪。

以叶某放火案为例。某日,被告人叶某等人携带打火机、编织袋等作案工具,流窜至某火车站,意图采用火烧货物列车上货物外包装袋的方法盗窃铁路运输物资。当叶某行至停靠在该站某次货物列车附近时,发现该列车所载货物可以采用上述方法实施盗窃,遂钻入该列车车底,点燃货物外包装袋,因该列车所载货物为易燃物,火势迅速蔓延,叶某等人见状立即逃离现场。火灾造成列车所载货物损失2万余元,同时造成该列车及附近列车部分受损。在这起案件中,叶某等人的动机是盗窃,但并未实际窃得财物,故其盗窃的意图在本案中可不予评价。行为人实施了放火行为,但其结果又破坏了正在使用的交通工具,因此行为人的行为同时具备放火罪和破坏交通工具罪的犯罪构成,构成牵连犯。《刑法》第114条规定,放火、决水、爆炸以及投放毒害性、放射性、传染病病原体等物质或者以其他危险方法危害公共安全,尚未造成严重后果的,处三年以上十年以下有期徒刑。《刑法》第115条规定,放火、决水、爆炸、投放毒害性、放射性、传染病病原体等物质或者以其他危险方法致人重伤、死亡或者使公私财产遭受重大损失的,处十年以上有期徒刑、无期徒刑或者死刑。《刑法》第116条规定,破坏火车、汽车、电车、船只、航空器,足以使火车、汽车、电车、船只、航空器发生倾覆、毁坏危险,尚未造成严重后果的,处三年以上十年以下有期徒刑。《刑法》第119条规定,破坏交通工具、交通设施、电力设备、燃气设备、易燃易爆设备,造成严重后果的,处十年以上有期徒刑、无期徒刑或者死刑。根据相关司法解释,关于重罪与轻罪的判断,应当以该犯罪行为所对应的量刑幅度进行判断。本案中,从实际后果来看,行为人的放火行为及破坏交通工具行为均属"尚未造成严重后果"。均应在三到十年有期徒刑的幅度内量刑,刑罚的轻重无法比较。在这种情况下,笔者倾向以放火罪定罪。因为行为人的目的是采用放火的方法实施盗窃,所造成的交通工具的损害带有放任性、附随性,以放火罪定罪更能反映行为的整体特点。

（五）部分定罪法

全面评价原则是定罪的基本原则,但是在某些情况下,对行为的整体因缺乏法律规定的相应罪名,但行为的手段、方法、步骤符合法律规定的某一犯罪构成,在此情况下就需要运用部分定罪法,以行为的部分进行定罪的方法。

比如王某伪造国家机关证件案。王某采用向路人发放名片和在路边张贴"代办文凭"小广告的方法，招揽购买假文凭者与其联系，勾结他人伪造后，以每张人民币 200 元至 400 元不等的价格，分别向潘某等人贩卖同济大学、上海财经大学等 4 张假大学文凭及 4 张高中文凭，共获取赃款 2000 余元。检察机关以伪造国家机关证件罪提起公诉。《刑法》第 281 条规定，伪造、变造、买卖或者盗窃、抢夺、毁灭国家机关的公文、证件、印章的，处三年以下有期徒刑、拘役、管制或者剥夺政治权利；情节严重的，处三年以上十年以下有期徒刑。所谓公文，是指国家机关在其职权范围内，以其名义制作的用于指示工作、处理问题或者联系事务的各种书面文件，如决定、命令、决议、指示、通知、报告、信函、电文等。"证件"是指国家机关制作颁发的用以证明身份、权利义务关系或者有关事实的凭证，实践中通常包括工作证、结婚证等。印章是国家机关使用的证明国家机关身份的印鉴、图章。而文凭，是指教育、培训机构颁发的证明受教育、培训者文化程度、技能水平的凭证。在我国，教育机构一般属事业单位，因此伪造事业单位颁发的证书不能按照我国《刑法》第 281 条伪造国家机关证件罪定罪。而我国《刑法》第 280 条第 2 款仅规定了伪造公司、企业、事业单位、人民团体印章罪。故王某伪造事业单位文凭的行为也无法直接按《刑法》第 280 条定罪。但是，一张文凭证书往往是由多种要素构成，其中一个必备的要素就是学校的印章，因此伪造学校文凭必然要伪造印章，不存在文凭伪造而印章为真的情形。实践中，为伪造文凭而伪造印章有两种情形，一种是伪造文凭者自己伪造印章；另一种是指使他人伪造印章后加盖到伪造的文凭上。前者直接构成伪造事业单位印章罪，后者构成伪造事业单位印章的共犯。因此，2001 年 7 月 3 日最高人民法院、最高人民检察院《关于办理伪造、贩卖伪造的高等学校学历、学位证明刑事案件如何适用法律问题的解释》规定，对于伪造高等学校印章制作学历、学位证明的行为，依照《刑法》第 280 条第 2 款的规定，以伪造事业单位印章罪定罪。

同理,由于刑法规定单位不能构成贷款诈骗罪,故对单位实施的贷款诈骗行为,不能以贷款诈骗罪定罪。但是单位在进行贷款诈骗过程中往往要与银行签订贷款合同,如其在签订贷款合同的过程中实施了《刑法》第224条规定的行为,对单位可以合同诈骗罪定罪。这体现了同样的思路。

再比如,张某等人抢夺国有档案案。张某系一起交通肇事案的被害人,始终怀疑交警在处理交通事故案件中存在徇私舞弊行为。某日,张某同其弟弟至某交通警察中队,找到负责处理该案的民警,要求查阅该案卷宗。民警将相关卷宗取出并交由张某查阅,后张某提出要求复印该卷宗,民警表示要履行相关的审批手续,张某遂拳击民警面部,劫得卷宗后逃离。某检察院以抢夺国有档案罪向法院提起公诉,法院认为,张某的行为应构成妨害公务罪,不应构成抢夺国有档案罪,据此判处张某有期徒刑六个月。人民法院之所以认定张某的行为构成妨害公务罪而不是抢夺国有档案罪,主要理由为:抢夺,根据刑法的有关规定,是乘人不备公然夺取,如果行为以暴力夺取国有档案,实际是抢劫国有档案而不是抢夺国有档案,由于刑法仅规定了抢夺国有档案罪,未规定抢劫国有档案罪,故本案不应以抢夺国有档案罪论处。这个判决值得商榷。首先,民警接待张某能否构成公务值得商榷。其次,张某的行为并不是要妨碍民警执行公务,而是要取得案件卷宗,以妨害公务罪定罪不能反映张某的真实意图和行为的实际性质。在这个案件中,之所以法院认为不能认定张某的行为构成抢夺国有档案罪,主要是将该罪中的抢夺与抢夺罪的抢夺作同一理解。抢夺罪中的抢夺,"客观方面表现为乘人不备,公然夺取公私财物,财物数额较大的行为。所谓公然夺取,是指行为人当着公私财物所有人、管理人或者其他人的面,趁其不防备,将公私财物夺了就跑,据为己有或者给第三人所有;也有的采取可以使被害人立即发现的方式,公开把财物抢走,但不使用暴力或者以暴力相威胁。这是抢夺罪区别于其他侵犯财产犯罪的本质特征"。①按照上述分析,乘人不备、公然夺取、不使用暴力或以暴力相威胁,是抢夺罪中"抢夺"的三个基本特征。如果直接将抢夺罪中的抢夺套用到抢夺国有档案罪中,对本案而言,确实存在不相符的情形。但是在采用法律解释时,"同一性解释"是受到限制的,也就是对于在解释同一名词时,因为侵犯客体不同,所作的解释可能存在不同,因此不能机械套用。(实质上,有关论述在解释抢夺国有档案罪中的"抢夺"时,采用了与抢夺罪不相同的表述,"抢夺是以非法占有为目的,当着档案管理人员的面,公然夺取国家所有档案的行为"。其中既未强调"乘人不备",也未强调"不使用暴力或以暴力相威胁"②。)对本案而言,实际存在两个阶段:一是使用暴力,二是公然夺取国有档案,其中公然夺取个人档案部分可以为抢夺国有档案所评价,因此本案以抢夺国有档案罪从重处罚,应该是一种较为合理的定罪结论。

① 周道鸾、张军主编:《刑法罪名精释(第四版)》(下),人民法院出版社 2013 年版,第651 页。

② 周道鸾、张军主编:《刑法罪名精释(第四版)》(下),人民法院出版社 2013 年版,第828 页。

第六章　选择性罪名及罪名变更规则

定罪的过程不仅包括判定行为人是否构成犯罪,还应判定行为人构成何种罪名,因此确定罪名是定罪过程中的重要环节。一般情况下,行为特征与某一罪名所对应的犯罪构成吻合,罪名即确定。罪名选择错误一般是事实与法律对应关系的判断出现错误。但是在刑法中还存在一种特殊的情形,即选择性罪名。

一、选择性罪名的概念

所谓选择性罪名是指,一个法律条文规定了两种以上有内在联系的犯罪行为,可以分解使用又可概括使用,但不实行数罪并罚的罪名。有学者指出,"选择性罪名所包含的犯罪构成的具体内容复杂,反映出多种行为类型,既可以概括使用,也可以分解拆开使用,并且不实行数罪并罚。"[①]因此选择性罪名有两个基本特征:一是罪名中包含两个以上独立的犯罪构成,比如伪造、变造金融票证罪。在这个罪名中实际包含两个犯罪构成,即伪造金融票证罪、变造金融票证罪,且两个犯罪构成之间不存在包容关系。二是在处断上不实行数罪并罚,也就是实质上的数罪,处断

---

① 张明楷:《刑法学(第3版)》,法律出版社2007年版,第497页。

上的一罪。

有观点将我国刑法中的选择性罪名划分为五种类型：1.行为选择型罪名。如伪造、变造金融票证罪，窃取、收买、非法提供信用卡信息罪，走私、贩卖、运输、制造毒品罪。2.对象选择型罪名。如拒不执行判决、裁定罪，拐卖妇女、儿童罪等。3.行为和对象选择型罪名。如隐匿、故意销毁会计凭证、会计账簿、财务会计报告罪，掩饰、隐瞒犯罪所得、犯罪所得收益罪等。4.主体选择型罪名。如国有公司、企业、事业单位人员失职罪，国有公司、企业、事业单位人员滥用职权罪等。5.主体和行为选择型罪名。如辩护人、诉讼代理人毁灭证据、伪造证据、妨害作证罪。

首先，所谓的主体选择型罪名因为刑法追究的对象是特定的个人，所以在一个案件中针对一个对象不会出现不同的主体身份（一般主体和特殊主体除外）。从这个角度来看，所谓主体选择型选择性罪名的概念是否准确就值得商榷。以国有公司、企业、事业单位人员失职罪为例。在一个案件中，被告人要么是国有公司人员，要么是国有企业人员或者事业人员，基本不可能出现既是国有公司人员，也是国有事业人员的情形，即使出现这种情况，进行刑法上评价的区分也毫无意义。所以这种单纯的主体选择型的罪名从实质上并不是严格意义上的选择性罪名，而是刑法在条文表述上，为了行文的简洁而将评价一致的情形进行的归并。

其次，所谓对象选择型罪名。立法之所以设置对象选择型罪名是因为这些对象具有同一属性或者可合并考虑。比如非法持有、私藏枪支、弹药罪，非法携带枪支、弹药、管制刀具、危险物品危及公共安全罪，生产、销售伪劣农药、兽药、化肥、种子罪，隐匿、故意销毁会计凭证、会计账簿、财务会计报告罪，等等。在很多情况下，之所以出现对象选择性罪名是因为无法将同一属性的对象用准确的用语予以概括，比如伪造汇票、本票、支票，立法上可以"票据"一词予以概括。因此，对象选择性罪名在很大程度上是一个罪名设计技术的问题。比如对生产、销售伪劣农药、兽药、化肥、种子罪,如果将其概括为生产、销售伪劣农用物资罪,也不会产生选择性罪名适用的问题。所谓煽动民族仇恨、民族歧视罪,出版歧视、侮辱少数民族作品罪,更是如此。因这些罪名从合理性上说根本不存在需要研究一罪还是数罪的必要,所以"为了坚持罪数标准及贯彻罪刑相适应原则,不宜将对象作为选择性要素,亦即不应承认所谓对象型选择性罪名。"①

最后,顺便需要指出的是,我国刑法总体是以行为类型进行设计的,也就是行为刑法,通过所谓对象选择性罪名的设计。然而在刑法中有两类罪名极其特殊,就是生产销售伪劣商品罪和走私犯罪,这类犯罪以对象为区分此罪与彼罪的标准,在司法实践中造成了很多问题。其中之一就是一罪和数罪的问题。

我国《刑法》第 141 条规定,生产、销售、提供假药的,处三年以下有期徒刑或者拘役,并处罚金;对人体健康造成严重危害或者其他严重情节的,处三年以上十年以下有期徒刑,并处罚金;致人死亡或者有其他特别严重情节的,处十年以上有期徒刑、无期徒刑或者死刑,并处罚金或者没收财产。第 142 条规定,生产、销售劣药,对人体健康造成严重危害的,处三年以上十年以下有期徒刑,并处罚金;后果特别严重的,处十年以上有期徒刑或者无期徒刑,并处罚金或者没收财产。那么行为人既生产、销售假药,又生产销售劣药,应当如何处理? 目前相关司法解释没有明确,司法实践中一般认为应予数罪并罚。在走私罪中,我国刑法设置了走私武器、弹药罪,走私核材料罪,走私假币罪,走私文物罪,走私贵重金属罪,走私珍贵动物、珍贵动物制品罪,走私国家禁止进出口的货物、物品罪,走私淫秽物品罪,走私废物罪,走私普通货物、物品罪等罪名,在行为人一次走私上述多种物品的情况下,应当如何定罪? 2006 年最高人民法院《关于审理走私刑事案件具体应用法律若干问题的解释(二)》第 5 条规定,对在

① 陈洪兵:《选择性罪名若干问题探究》,载《法商研究》2015 年第 6 期。

走私的普通货物、物品或者废物中藏匿《刑法》第151条、第152条、第347条、第350条规定的货物、物品,构成犯罪的,以实际走私的货物、物品定罪处罚,构成数罪的,实行数罪并罚。根据上述立场和原则,实践中一般对一次走私多种特定物品的均予以数罪并罚。上述处理从刑法理论的角度看存在一定问题。自从现代刑法确定了行为刑法的基本立场,刑法的一个基本观点是应受惩罚的是人的行为,行为是刑法评价的核心,因此衍生出了禁止重复评价等原则,也就是说一个人的一个行为原则上应当仅受一次刑法评价,因此产生了想象竞合犯、牵连犯、连续犯等处断上的一罪这种处理模式。然而上述原则在走私和生产销售假冒伪劣商品犯罪中被颠覆,因而是不恰当的,这在某种程度上也体现了立法技术的不成熟。实际上,对一个行为针对不同对象或者造成不同程度后果的,完全可以采用选择性罪名或者伤害罪的立法模式,即造成轻伤的应在哪个幅度内量刑,造成重伤的应在哪个幅度内量刑,造成死亡的应在哪个幅度内量刑,以尽量避免数罪并罚情形的出现。

二、选择性罪名的设置标准

值得研究的问题是,我国刑法设置选择性罪名的依据或标准是什么?我国刑法的犯罪构成要件构建的基本思路是:何人基于何目的针对何对象实施了何行为造成了何结果。某人可以基于不同的目的针对不同的对象实施不同的行为造成不同的结果,需要刑法进行何种评价,这种评价到底是以一罪进行处断还是以数罪进行处断,成为犯罪论的核心。

通过上述分析可以看出,所谓主体选择性罪名和对象选择性罪名并不是真正意义上的选择性罪名,如果排除上述两种情形,则实际剩下真正需要研究的就是行为选择型罪名。行为选择型罪名之所以将不同的、相互独立的行为归入一个罪名,主要基于两点:一是行为的法律评价具有相同性,二是行为的对象具有同一性或同一属性可以一并评价。

关于行为法律评价的相同性。有的观点认为,构成行为选择型罪名,往往行为之间有牵连关系或经常同时出现。这种观点有所偏颇。固然在部分选择性罪名中存在这种情况,比如贩卖、运输毒品的行为经常同时存在,窃取、收买信用卡信息的行为与非法提供信用卡信息的行为也存在前后衔接关系,但这并不是根本原因所在,如以此种标准来衡量,无法解释刑法为何将伪造货币罪和变造货币罪认定为两个罪名,而将伪造、变造金融凭证罪规定为选择性罪名,也无法解释刑法为何将盗窃、抢夺国有档案罪规定为选择性罪名。实际上立法在设计选择性罪名时是有所考虑的。我国《刑法》第127条第1款规定了盗窃、抢夺枪支、弹药、爆炸物、危险物质罪,第2款规定了抢劫枪支、弹药、爆炸物、危险物质罪,将盗窃、抢夺列为选择项而将抢劫单列,这充分说明了在立法者看来,盗窃、抢夺的危害性近似,刑法上可以作同一评价,而抢劫的危害性远远超出上述两种行为,故只能单列。伪造、变造、买卖国家机关公文、证件、印章罪与盗窃、抢夺、毁灭国家机关公文、证件、印章罪亦是如此。正如最高法院有关同志在《〈关于审理伪造货币等案件具体应用法律若干问题的解释(二)〉的理解与适用》中指出"当前多数国家均将伪造货币和变造货币规定为一个犯罪,适用一个处罚标准。区分伪造货币和变造货币,规定两个罪名适用不同的处罚标准,是我国刑事立法的一个特点。其立法背后的原因,主要有两个:一个是受行为方式的限制,变造货币的数量一般远远少于伪造货币的数量;二是在真币的基础上进行加工,行为人需事先投入一部分真币,变造货币所能谋取的非法利益要相对小于伪造货币"。[1]

关于对象具有同一性或同一属性可以一并评价的问题。这是选择性罪名的核心。因为对象具有同一性或者同一属性可以一并评价,故无需对此类犯罪予以数罪并罚,这从本质上决定了选择性罪名存在的合理性。

---

[1] 刘为波:《〈关于审理伪造货币等案件具体应用法律若干问题的解释(二)〉的理解与适用》,载《中国刑事审判指导案例(2)》,法律出版社2012年版,第569页。

2001 年《全国法院审理金融犯罪案件工作座谈会纪要》明确了假币犯罪选择性罪名的适用原则：对同一宗假币实施了法律规定为选择性罪名的行为，应根据行为人所实施的数个行为，按刑法规定的相关罪名的排列顺序确定罪名，数额不累计计算，不实行数罪并罚。对不同宗假币实施法律规定为选择性罪名的行为，并列确定罪名，数额按全部假币面额累计计算，不实行数罪并罚。2008 年《全国部分法院审理毒品犯罪案件工作座谈会纪要（大连纪要）》规定，《刑法》第 347 条规定的走私、贩卖、运输、制造毒品罪是选择性罪名，对同一宗毒品实施了两种以上犯罪行为并有相应确凿证据的，应当按照所实施的犯罪行为的性质并列确定罪名，毒品数量不重复计算，不实行数罪并罚。对同一宗毒品可能实施了两种以上犯罪行为，但相应证据只能认定其中一种或者几种行为，认定其他行为的证据不够确实充分的，则只按照依法能够认定的行为的性质定罪。如涉嫌为贩卖而运输毒品，认定贩卖的证据不够确实充分的，则只定运输毒品罪。对不同宗毒品分别实施了不同种犯罪行为的，应对不同行为并列确定罪名，累计毒品数量，不实行数罪并罚。对被告人一人走私、贩卖、运输、制造两种以上毒品的，不实行数罪并罚，量刑时可综合考虑毒品的种类、数量及危害，依法处理。通过上述两个会议纪要，虽然其中涉及的是数量计算问题，但是同样揭示出选择性罪名设置的基本原理，即对象同一或者可以合并评价。如果对象不同一或者不能合并评价，就不宜设置为选择性罪名，因为这会产生量刑上的困难，也容易导致实践中的误解。

三、罪名的变更及保障

从罪名的变更形式上而言，涉及的是此罪与彼罪之间的界定，但实质上不仅涉及实体上的罪质特征，也可能会涉及程序上刑事案件审判范围的确立标准这一具有方法论意义的问题。从裁判方法的角度考察，指控罪名的变更问题属于刑事案件审判范围的研究范畴。所谓审判范围，是法院裁判与控辩双方展开诉讼攻防所共同指向的目标、客体或对象。实践中，准确识别确定审判范围是司法裁判合法正当的逻辑起点，也是明晰审判权运行边界的重要手段。对于审理过程中的罪名变更应基于起诉书指控事实，并以此为依托，构建相应的程序保障规则。

（一）如何理解"起诉书中有明确的指控犯罪事实"

我国《刑事诉讼法》第 181 条规定："人民法院对提起公诉的案件进行审查后，对于起诉书中有明确的指控犯罪事实的，应当决定开庭审判。"据此，在公诉案件中，起诉书所指控的具体犯罪事实构成了对刑事案件审判范围的提示与限制，法院不得随意超出起诉范围就未指控的事实径行作出实体裁判。那么，如何理解"明确的指控犯罪事实"的具体内涵？可从以下三个方面加以深化：其一，此处所指事实不可宽泛地被理解为所有与犯罪活动相关的生活事实。这是因为，作为审判对象的指控犯罪事实必然是可能构成犯罪的事实，而犯罪一定是符合刑法法条（罪刑条款）构成要件的行为，故指控犯罪事实一定是与犯罪构成要件密切相关的事实。其二，指控犯罪事实虽与犯罪构成要件密切相关，但两者不可等同视之。所谓犯罪构成要件，是指犯罪构成中所包含的构成成分，或者说组成犯罪构成的各个要素。[①]其实质在于，将社会生活中出现的事实抽象类型化为法律上的概念，成为"犯罪类型的轮廓"，[②]从而具有观念指导性的功能。但正因如此，它就不是具体的事实，具有明显的规范性和抽象性特征，而指控犯罪事实必须能够成为控辩双方争执攻防的目标对象。例如，在抢劫案件中，我们不能空洞地要求控辩双方就被告人是否存在"以暴力、胁迫或者其他方法抢劫财物"的构成要件展开辩论，而必须指明具体事实及引发法律效果的作用对象，即必须明确相关法律效果作用的人、时间、目

---

① 马克昌主编：《犯罪通论》，武汉大学出版社 2006 年版，第 87 页。

② ［日］小野清一郎：《犯罪构成要件理论》，王泰译，中国人民公安大学出版社 2004 年版，第 13 页。

的、方式等。其三,指控犯罪事实所涉及、对应的构成要件,通常是指单个的构成要件。它在我国刑法理论关于犯罪构成要件的层次划分中,属于犯罪构成的最基本构成要素或基本单位。当然,不同罪名的案件要求犯罪行为符合的构成要件不尽相同。通常而言,司法实践中犯罪构成要件可被概括成"七要素",即何人、何时、何地、何目的、何方法、何种犯罪行为、何后果。[①]

可见,作为提示审判范围的指控犯罪事实,必须满足以下标准:一是符合特定的犯罪构成要件,能产生一定实体法上效果,具备进行法律评价和刑事追诉的可能;二是必须特定、具体,能够直接成为控辩双方攻击防御的对象;三是具有被陈述的表达特性。欲使该事项在法律的适用上能被纳入法律适用之三段论中进行处理,该事项必须被转为"陈述"的形态,盖人类借用语言(符号)进行思考,且法规范也借用语言表现出来。[②]这类与产生某种法律效果(成罪科刑)所必需的构成要件相对应的具体事实,就是要件事实。换言之,所谓明确的指控犯罪事实,就是起诉书中与确定被告人构成犯罪,进而追究刑事责任所必要的实体法构成要件相对应的要件事实。由于刑法分则规定的各个具体犯罪所要求的构成要件不尽相同,起诉书中确定的罪名对审判范围可以起到指引作用。因此,起诉指控的要件事实和具体罪名共同提示了刑事案件的审理范围,其中的要件事实还对审判范围起到限定作用。

(二)罪名变更应基于指控事实并给予必要程序保障

关于法院对指控罪名的变更权存在不同观点:一种观点认为,法院可以根据起诉指控的案件事实作出不同于起诉指控罪名的判决,但这种新

---

① 黄尔梅主编:《新刑事诉讼法及司法解释:案例精析与理解适用》,法律出版社 2013 年版,第 76 页。

② 黄茂荣:《法学方法与现代民法》,法律出版社 2007 年版,第 233 页。

罪名只能限定于比起诉指控的罪名更轻,即不能主动加重被告人的罪质①。另一种观点认为,我国刑事审判的任务在于正确行使刑罚权,准确认定事实和确定罪名是科学刑罚的基础,法院如果认为起诉书指控的罪名不正确,当然有权予以变更,不受只能将重罪名改为轻罪名的限制。从比较法的角度考察,前一观点借鉴了英美法系的不告不理与诉因理论,后一观点与大陆法系的公诉事实模式较为接近②。本书认为,法院对指控罪名的变更不限于择轻变更,但应存在一定限制,尤其不能忽视对被告方的程序保障,具体可分三个层次建构规则:

1. 法院对于指控罪名应享有变更权

首先,从法律依据角度,《刑事诉讼法》第195条第(一)项规定了法院作出有罪判决的条件,即案件事实清楚,证据确实、充分。如果被告人的行为该当于某一犯罪的构成要件而依法被认定为有罪,法院就有作出有罪判决的权力和义务。最高人民法院《关于适用〈中华人民共和国刑事诉讼法〉的解释》(以下简称《刑诉法解释》)第241条第1款第(二)项进一步明确规定了法院的罪名变更权,且并未就更改罪名的轻重加以限制。其次,从职权体制角度,起诉书所载明的要件事实和罪名虽然能够起到提示、限定审理范围的作用,但最终对事实进行评价与定性的职责在法院一方。尤其在"以审判为中心"的诉讼架构中,定罪权专属于法院,对事实认定和法律适用起决定性作用的还是法院的审判活动。再次,从诉讼功能

---

① 徐文斌:《刑事审判的范围不能超过起诉指控》,载《人民司法》2008年第2期。

② 例如,美国《联邦刑事诉讼规则》第31条规定:"法院得就起诉罪名之未遂罪、起诉罪名要件中所包含之罪或该罪之未遂判决被告有罪。"据此,美国法只容许将起诉之"重罪"法条,变更为包含在其内的"轻罪",但是:(1)不容许将"轻罪"改为"重罪";(2)也不容许变更为起诉法条要件所不能全部包含之罪。而《德国刑事诉讼法典》第155条规定:"法院的调查与裁判,只能延伸到起诉书中写明的行为和以诉讼指控的人员。在此界限内,法官有权力和义务自行主动,尤其在刑法的适用上,法院不受提出的申请之约束。"《意大利刑事诉讼法》第521条第18款规定:"法院在判决时可以对事实作出不同于指控中定性的法律认定,只要所认定的犯罪未超出其管辖权。"参见杨杰辉:《三种刑事审判对象模式之比较研究》,载《现代法学》2009年第3期;王兆鹏:《美国刑事诉讼法》,北京大学出版社2014年版,第500页。

角度,法院如果不享有罪名变更权,不仅难以从根本上实现发现真实、惩罚犯罪的任务,也容易造成程序空转和资源浪费,不符合诉讼经济的要求。最后,从司法传统角度,英美法系奉行的当事人主义以及特别突出程序优位的审判理念不适合我国现阶段的基本国情,而同属大陆法系的德、意等国均允许法院在指控事实同一的范围内变更轻罪名为重罪名,可见只要制度设计得当,法院变更指控罪名不必限于择轻变更。

2. 法院对指控罪名的变更权应受指控的事实限制

一方面,法院变更罪名必须基于起诉指控的事实。被控事实本身是对法官主体性的最根本限制[1],判决所认定罪名的各构成要件,必须能够在起诉书中找到相符合的要件事实。比如在一起案件中,若起诉书仅列明了被告人犯非法侵入住宅的事实,而没有记载其通过暴力、胁迫等手段强取财物的具体事实,那么法院判定其犯抢劫罪就缺乏相应的事实依据,其正当性便会受到质疑。另一方面,法院不能主动调查审理起诉书未指控的其他犯罪事实。基于控审分离原则,法院专司审判之责,起诉只能由检察机关提起。即使法院在审判过程中发现了新的应受追诉的犯罪事实,也必须经由公诉机关补充或变更起诉方可审理。

3. 法院变更指控罪名须遵循必要程序,尤其在择重变更罪名时应给予被告方必要的程序保障

一是进行必要的告知开示程序,以适当方式促使控辩双方注意到法院最终认定的罪名可能会发生变化,使其更有针对性地参与庭审诉讼;二是切实保障被告方的辩护权,无论罪名变更轻重,据以裁判的案件事实及基本要素都必须经过法庭调查和辩论,否则不得作为定案依据,这也符合《刑诉法解释》第 241 条第 2 款的专门规定;三是若被告方提出延期审理的申请,可视情形予以准许,以赋予其收集诉讼资料的时间与机会,从而

---

[1]　白建军:《变更罪名实证研究》,载《法学研究》2006 年第 4 期。

进行充分的辩护准备。通过设置告知——防御的程序机制,有效防范审判对象变更的恣意化与突袭性审判的发生。①

（三）基于二则具体案例的分析

案例一:2012 年 11 月 30 日凌晨 3 时许,被告人沈某编造向他人索债的理由纠集被告人许某,携带白手套、榔头等工具共同至上海市闵行某处,由被告人许某采用绳索攀爬,从窗户翻入上述地址 202 室被害人袁某家中,并打开房门帮助沈某共同进入户内。嗣后,沈某伙同许某采用绳索勒脖子、捂嘴、拳击头部等方式殴打袁某,向其索要钱款 5 万元,后因袁某报警而未得逞。经鉴定,袁某因外伤致左额颞部及左枕部头皮下血肿和双眼部挫伤,构成轻微伤。2012 年 12 月 20 日,被告人沈某被公安人员抓获。2013 年 2 月 7 日,被告人许某主动投案并如实供述了前述事实。

公诉机关认为,被告人沈某的行为构成抢劫罪,数额巨大,系犯罪未遂;被告人许某的行为构成非法侵入住宅罪,且系共同犯罪。法院经审理认为,被告人沈某对被害人所实施的暴力威胁手段相对于一般抢劫犯罪方式稍缓、程度稍轻、时限稍宽,且其在潜入被害人住宅后并未当场劫取钱财,而是要求被害人限期交出钱款,其行为符合敲诈勒索罪的特征,被告人许某的行为符合非法侵入住宅罪的特征,并据此作出判决。宣判后,公诉机关以原判对沈某定性有误为由提出抗诉。二审法院认为,原判决事实不清,作出撤销原判、发回重审的裁定。后原审法院另行组成合议庭重新审理该案。

对于该起案件的审理焦点在于:一是两名被告人的行为符合何种罪名的构成要件;二是鉴于公诉机关指控被告人许某的罪名为非法侵入住宅罪,如果根据现有事实能够认定许某的行为构成抢劫罪,是否可以直接对其以较重的罪名(抢劫罪)论处。

---

① 谢进杰:《审判对象的运行规律》,载《法学研究》2007 年第 4 期。

关于焦点之一,认为被告人沈某、许某两人的行为均构成抢劫罪(入户、未遂)的具体理由为:

第一,两名被告人具有非法占有主观目的。本案被害人袁某对于此前曾欠沈某钱款的事实予以否认,沈某也未向法庭提供对袁某享有合法到期债权的证据,甚至连双方之间存在债务纠纷的证据都无法提供。案发当日,沈某等人既未事先与袁某联系,也未通过按门铃等正常方式进入袁某家中,而是携带手套、锤头等作案工具,在袁某所住小区逗留许久后,由许某借电线攀爬直接秘密潜入被害人家中,继而使用暴力对被害人殴打并致其轻微伤,并向被害人索取财物。从两名被告人的行为手段、实施经过以及造成的后果等方面考察,明显具备非法占有他人钱财的目的,而与所谓"讨要说法"或维权行为完全无关。

第二,沈某、许某存在当场使用暴力、胁迫等手段强取被害人钱款的行为。两名被告人潜入袁某家中被发现后,发生扭打、搏斗,沈某、许某以捂嘴、拳击头面部等方式对袁某实施暴力击打。在被袁某认出后,沈某仍向袁某索要钱款。经袁某佯允给付沈5万元后,沈某、许某二人方离去。在案证据中,验伤通知书、医院检验情况记录、鉴定意见书、照片、现场勘验检查工作记录、调取证据清单、移动电话短信记录等书证、物证与被害人的陈述能相互印证,被告人许某在侦查、庭审时亦曾多次供述双方曾发生过扭打。故而,两名被告人主观上具有非法占有目的,客观上也当场使用了暴力、胁迫手段强取被害人钱财的行为,并造成了被害人轻微伤的后果,侵犯了被害人的人身和财产权益,应以抢劫罪论处。

关于焦点之二,认为就被告人许某的行为定性问题,公诉机关起诉书中认定的事实为:"被告人沈某伙同许某采用绳索勒脖子、捂嘴、拳击头部等方式殴打被害人袁某,向其索要钱款5万元,后因被害人袁某报警而未得逞。"据此,公诉机关指控的事实中,已经包含被告人沈某伙同许某,共同以暴力方式向被害人袁某强取财物的行为,而该行为显然无法为非法侵入住宅罪所涵盖和评价。庭审中,法庭就相关事实听取了控辩双方的意见,并对证据进行了质证。现有证据中,被害人袁某明确陈述许某与沈某共同对其实施了暴力殴打行为,且知晓沈某欲向袁某索财的事实,被告人许某在侦查及审查起诉阶段对此也曾有过供认。相关验伤通知书、鉴定意见书,公安机关的现场勘查笔录及从现场调取的电线、手套、锤头、眼镜片等物证,亦可印证被害人的陈述内容。因此,可以确认许某参与实施了对被害人的暴力劫财并致被害人轻微伤的事实。起诉书一方面在事实认定中,指控许某对被害人实施了暴力取财行为,另一方面却在最终定性时仅以非法侵入住宅罪论,指控的罪名与认定的事实显不相符。根据庭审查明的事实和经控辩双方质证的证据,许某参与抢劫的事实清楚,证据确实、充分,应以抢劫罪论处。

该案中,虽然起诉书认为被告人沈某和许某分别构成抢劫罪和非法侵入住宅罪,但两人的行为均应以抢劫罪论。主要理由为:

首先,该案符合抢劫罪的构成要件事实。起诉书指控的事实为:"被告人沈某伙同许某采用绳索勒脖子、捂嘴、拳击头部等方式殴打被害人袁某,向其索要钱款5万元,后因被害人袁某报警而未得逞。"可见,指控的犯罪事实中已经明确包含了以下内容:被告人沈某与许某结伙,共同以暴力方式向被害人袁某强取财物。该事实亦为法院审理所确认。

其次,该案的罪名变更满足相应规则。对两名被告人的行为应如何定性,存在较大争议。除重审时控辩双方提出的抢劫罪、非法侵入住宅罪外,原审一审判决曾认为沈某的行为构成敲诈勒索罪。本书认为,在案证据和查明的事实表明,两名被告人主观上具有非法占有目的;客观上存在当场使用暴力、胁迫等手段强取被害人钱款的行为,并造成了被害人轻微伤的后果,侵犯了被害人的人身与财产权益,均应以抢劫罪(入户、未遂)论处。

最后,该案具有相应的程序保障。在法庭调查阶段,合议庭不仅专门就起诉书指控事实与认定罪名不符的问题询问并听取了控方意见,还通过就相关事实进行发问的方式对辩方加以必要的提醒、开示,同时对全案证据进行了质证,查明核实了起诉书涉及的全部要件事实;在法庭辩论阶段,就两名被告人以非法占有为目的强取被害人财物这一事实及相关罪名的认定问题,合议庭充分听取了控辩双方的意见。

综上所述,基于起诉书指控的犯罪事实,在听取控辩双方意见并充分保障被告方辩护权的基础上,法院变更起诉罪名的做法是妥当的。因此,该案的再审分别以抢劫罪判处两名被告人相应的刑罚。

案例二:被告人张某系某 KTV 包厢服务员。2012 年 7 月某日,被害人王某等三人至该 KTV 唱歌饮酒,当晚 12 时许,王某等人离开 KTV 包厢时将一皮包遗忘在该 KTV 包厢的沙发内侧。凌晨 1 时许,张某至该 KTV 包厢打扫卫生,发现该皮包,其中有现金人民币 2 万元及银行卡、驾驶证等物。张某遂将该包藏匿在自己的宿舍内。次日,王某至该 KTV 寻找未发现该包,遂询问该 KTV 领班,KTV 领班查阅值班记录后,发现当天系张某当值,找到张某进行询问,张某否认见到该皮包。后经调阅监控录像,发现张某当天打扫卫生时曾夹带一疑似皮包的物品离开包厢,遂报警,公安人员到现场后,张某承认了占有该皮包的事实。检察机关以张某构成职务侵占罪为由,向人民法院提起公诉。人民法院经审理认为,张某占有该皮包未利用职务便利,故其行为不构成职务侵占罪,张某以非法占有为目的,将他人遗忘物非法占为己有,且拒不交出,其行为应构成侵占罪。在这种情况下,人民法院能否以侵占罪直接对张某定罪量刑?

我国刑法规定的犯罪从诉讼程序上分为两类,一类是公诉罪,一类是自诉罪。而所谓的自诉罪,又可以分为两大类:纯正的自诉罪和不纯正的自诉罪。所谓纯正的自诉罪是指只能由公民告诉才能受理的犯罪,根据我国刑法规定,纯正的自诉罪有四个:侮辱、诽谤案(《刑法》第 246 条,但是严重危害社会秩序和国家利益的除外)、暴力干涉婚姻自由案(《刑法》

第 257 条第 1 款)、虐待案(《刑法》第 260 条第 1 款);侵占案(《刑法》第 270 条)。所谓不纯正的自诉罪是根据我国《刑事诉讼法》的规定,既可以公诉也可以自诉的案件。其中又可以分为两类:一类是被害人有证据证明的轻微刑事案件;另一类是被害人有证据证明对被告人侵犯自己人身、财产权利的行为应当依法追究刑事责任,而公安机关或者人民检察院不予追究被告人刑事责任的案件。根据《刑事诉讼法》的规定,凡是公诉案件一律由人民检察院提起公诉;而纯正的自诉案件,只有当事人告诉人民法院才能受理,被告人不告诉,人民法院不得进行审判。

本案中,人民检察院认为张某的行为构成职务侵占罪,职务侵占罪属于公诉罪,人民检察院有权提起公诉。但是法院经审理认为,张某的行为不构成职务侵占罪,而应构成侵占罪,在这种情况下,由于侵占罪属于告诉才处理的犯罪,被害人没有告诉的情况下,人民法院不得进行审判,更不能直接以侵占罪定罪量刑。根据《刑事诉讼法》第 15 条的规定,依照刑法告诉才处理的犯罪,没有告诉或者撤回告诉的,人民法院应当裁定终止审理。所谓终止审理,是从程序上将某一起案件终止掉,而并不涉及对被告人行为属性的判断。需要说明的是,人民法院不能直接宣告被告人无罪,一旦人民法院宣告被告人无罪,根据《刑事诉讼法》一事不再理的原则,被害人如果没有新的事实、证据,无法再就同一事件向人民法院提起自诉。

第七章　定罪与刑事政策

　　关于刑事政策的概念理论界的界定并不统一,基本可以理解为:刑事政策是指一个国家根据本国国情和犯罪状况制定的预防犯罪、惩罚犯罪以及矫治犯罪人的各种刑事对策的总和。刑事政策不仅在刑事立法和刑事执法中普遍应用,在定罪中同样发挥着重要作用。

一、中外刑法理论对刑事政策的不同立场

　　从近代西方国家的发展来看,对刑事政策的作用大体经历了由排斥到逐渐接受的过程。在相当长一段时期内,由于罪刑法定原则的确立和贯彻,西方国家始终强调法律与政策相分离,即便是对刑事政策推崇备至的李斯特也提出:刑法是刑事政策不可逾越的樊篱(即所谓的"李斯特鸿沟"),其目的在于防止政治对法律的不当干预,确保法律的公正与独立。但是随着社会的发展,刑事政策对于社会刑事治理的作用受到重视。目的理性犯罪论体系的构建者罗克辛指出,倘若人们想将刑事政策之评价和体系性极强的教义学构造二者割裂开来,也许从一开始就是不可能的。[①]为此,罗克辛将社会相当性原理纳入犯罪构成,提出如果某种行为

---

　　① ［德］克劳斯·罗克辛:《刑事政策与刑法体系》,蔡桂生译,载《刑事法评论》2010 年第 1 期。

从社会的角度考虑缺乏刑罚处罚的相当性,可排除其刑事责任。从总体而言,德国刑法理论虽然逐渐接受了刑事政策的理论,但是对其适用范围予以了严格限制。"在费尔巴哈的刑法理论中,刑事政策仅指刑事立法政策,只对刑事立法起指导作用,把刑事政策堵截在刑事司法之前。李斯特虽然提倡广义的刑事政策,而且创立了刑法教义学,但把刑事政策堵截在了刑法教义学的体系之外,相应地,刑事政策同时对刑事立法和刑事执行起指导作用,但难以对刑事司法起到指导作用。罗克辛虽然实现了刑事政策与刑法教义学的贯通,把刑事政策刑法教义学化,但对刑事政策的运行设定了严格的界限,即刑事政策只能在罪刑法定原则之实质内容的指导下发挥出罪功能。"[1]至今,在德国,刑事政策仍游离于刑法之外,而被当作更为广泛意义上的社会政策使用。"作为法律政策的一部分,刑事政策全面涉及预防犯罪与处理犯罪及其后。因此,它打开了对犯罪的影响值得讨论的所有主题,比如,社会政策与教育政策;社会如何对待计算机游戏、网络或者电视;武器法的规则;警察部门与司法部门的人事安排,同样能够成为刑事政策的对象。"[2]

与德国刑法学家的保守不同,我国刑法学界对刑事政策一般均持较为开放的态度,认为刑事政策不仅贯穿于刑事立法、刑事执法还对刑事司法具有积极的指导作用。"一方面,早期的罪刑法定原则就是法无明文规定不为罪,法无明文规定不处罚,只关注定罪量刑的形式合法性,只要被告人的行为触犯实定刑法的规定,就认为国家对其定罪量刑具有合法性。但是,现在的罪刑法定早就超越了早期的罪刑法定,不再将关注的目光仅仅聚焦于形式合法性,而是在关注国家对被告人定罪量刑的形式合法性

---

① 苏永生:《德国刑事政策与刑法关系的理论及其借鉴意义》,载《法学杂志》2017年第10期。

② [德]乌韦穆尔曼:《德国刑法基础课》(第7版),周子安译,北京大学出版社2023年版,第23页。

的同时,进一步强调国家对被告人定罪量刑的实质合理性,并且特别强调结合个案具体情况具体判断对被告人定罪量刑的实质合理性。在此过程中,就把早期罪刑法定所排斥的个案正义的考量、刑事政策的考量、具体问题妥当解决的考量等吸纳到当代罪刑法定的诉求之中。因此,可以认为,当代的罪刑法定其实有三种诉求。第一是作为规则之治的罪刑法定,第二是作为良法之治的罪刑法定,第三是作为良法善治、具体法治、个案正义的罪刑法定。当罪刑法定发展到这个程度的时候,其实已经吸纳了刑事政策的核心诉求。"①刑事政策之所以在我国刑法中占据重要地位,与新中国法治发展历程的独特性有密切关系。中华人民共和国成立后的相当一段时期内,由于政治、思想认识等原因,对法律在社会生活中的作用认识严重不足,法治建设严重滞后。由于缺乏完备的法律体系,政策在整个国家治理中处于重要地位。虽然随着治国理念的转变,依法治国成为基本治国方略,但是在中国语境下,政策对刑事立法乃至司法的影响仍然十分强大和深刻。可以说,刑事政策是刑法的灵魂和核心,刑法是刑事政策的条文化与定型化,是刑事政策作用的最精炼注解。

二、刑事政策在定罪中的应用

基于对刑事政策的开放态度,我国刑事政策不仅在刑事立法、刑事执法中普遍应用,在定罪的司法实践中也发挥着重要作用:

第一,罪与非罪的界定。我国《刑法》第 13 条规定:"一切危害国家主权、领土完整和安全,分裂国家、颠覆人民民主专政的政权和推翻社会主义制度,破坏社会秩序和经济秩序,侵犯国有财产或者劳动群众集体所有的财产,侵犯公民私人所有的财产,侵犯公民的人身权利、民主权利和其他权利,以及其他危害社会的行为,依照法律应当受刑罚处罚的,都是犯

---

① 梁根林:《刑事一体化与罪刑法定、刑事政策与刑法体系的深度融通》,载《中国检察官》2018 年第 1 期。

罪,但是情节显著轻微危害不大的,不认为是犯罪。"该条规定既是我国刑法中关于犯罪的概念,同时也是犯罪构成的实质标准,即犯罪是违反刑法规定、具有社会危害性、应受刑事处罚的行为。因此社会危害性是我国刑法中犯罪的本质特征。当行为处于某种临界点时,也就是行为的社会危害性的政策界限不是十分清晰时,刑事政策在确定罪与非罪时就发挥着决定性的作用,当刑事政策倾向于打击该类行为时,这些行为就有可能被认定为犯罪,这在某些经济犯罪或者说行政犯的认定中尤其明显。

2001年最高人民法院印发的《全国法院审理金融犯罪案件工作座谈会纪要》指出,1998年7月13日,国务院发布了《非法金融机构和非法金融业务活动取缔办法》。1998年8月11日,国务院办公厅转发了中国人民银行整顿乱集资、乱批设金融机构和乱办金融业务实施方案,对整顿金融"三乱"工作的政策措施等问题作出了规定。各地根据整顿金融"三乱"工作实施方案的规定,对于未经中国人民银行批准,但根据地方政府或有关部门文件设立并从事或变相从事金融业务的各类基金会、互助会、储金会等机构和组织,由各地人民政府和各有关部门限期进行清理整顿。超过实施方案规定期限继续从事非法金融业务活动的,依法予以取缔;情节严重、构成犯罪的,依法追究刑事责任。因此,上述非法从事金融活动的机构和组织只要在实施方案规定期限之前停止非法金融业务活动的,对有关单位和责任人员,不应以擅自设立金融机构罪处理;对其以前从事的非法金融活动,一般也不作犯罪处理。

刑事政策不仅在相关司法文件中有鲜明地体现,还在潜移默化中影响着司法判决的走向。2018年5月31日,最高人民法院对原审被告人张文中(原物美控股集团有限公司董事长)犯诈骗、单位行贿、挪用资金再审一案公开宣判,撤销原审判决,改判张文中无罪。其中关于张文中诈骗一节,一审判决认定:2002年初,张文中、张伟春在明知民营企业不属于国债技改贴息资金支持范围的情况下,经共谋,物美集团以中国诚通控股集团有限公司（国有企业，以下简称诚通公司）下属企业的名义，通过申报虚假项目，骗取国债技改贴息资金 3190 万元。再审则认为，1999 年国家有关部门虽然将国家重点技术改造项目主要投向国有企业，但并没有明确禁止民营企业申报。2002 年物美集团申报国债技改项目时，国家对民营企业的政策已经发生变化，国债技改贴息政策也已有所调整，物美集团申报的物流项目和信息化项目符合国债技改贴息资金支持的项目范围。虽然物美集团在距申报截止时间比较短的情况下，为了申报的方便快捷而以诚通公司下属企业的名义进行申报，程序上不规范，但物美集团始终是以自己企业的真实名称进行申报，并未使审批机关对其企业性质产生错误认识。物美集团在申报国债技改项目和使用国债技改贴息资金方面虽然存在一些不规范的行为，但原审被告人张文中等并无骗取国债贴息资金的故意和行为，不符合诈骗罪的构成要件。因此，原判认定张文中、张伟春的行为构成诈骗罪，认定事实和适用法律错误，依法应予纠正。

对比两份判决，有两点引人关注：一是再审认为，1999 年国家有关部门虽然将国家重点技术改造项目主要投向国有企业，但并没有明确禁止民营企业申报。2002 年物美集团申报国债技改项目时，国家对民营企业的政策已经发生变化，国债技改贴息政策也已有所调整，物美集团申报的物流项目和信息化项目符合国债技改贴息资金支持的项目范围。客观地说，由于物美集团属于民营企业，在当时的历史条件下，民营企业申请相关资金支持的难度比较大，不排除物美集团存在意图借用国有企业的名义申请资金从而降低申请难度的因素。一审由此认为认定张文中在明知物美集团（民营企业）不属于国债技改贴息资金支持范围的情况下，而以国有企业下属企业的名义申报项目，故此推定张文中有诈骗故意。而再审法院则认为，物美集团为了申报的方便快捷而以诚通公司下属企业的名义进行申报，程序上不规范，但物美集团始终是以自己企业的真实名称进行申报，并未使审批机关对其企业性质产生错误认识。二是一审基于物美集团借用他人名义进行项目申报且在使用资金方面存在问题,认定其具有诈骗的行为。再审则认为物美集团虽违规使用 3190 万元贴息资金,但并没有侵吞、隐瞒该笔资金,否定了其具有诈骗行为。客观地说,冒用他人名义、不按规定使用资金,在司法实践中经常被用作推定诈骗的标准(在《刑法》第 224 条合同诈骗中,明确将冒用他人名义签订合同作为合同诈骗的表现形式)。

　　基于大体相同的事实,一审法院推定张文中有诈骗故意,再审法院否定张文中有诈骗故意,这"一进一出"之间,可能产生作用的因素很多,但不可否认的是,国家对民营企业刑事政策的变化是重要的因素之一。这从最高人民法院回答记者的提问中可见一斑。针对有记者提出的"对历史形成的涉产权和企业家权益的案件,人民法院如何依法妥善处理?"最高人民法院相关负责同志指出:"一些民营企业家为寻求企业发展,在经营过程中有一些不规范行为。对此,我们应当用历史的、发展的眼光客观地、实事求是地看待。依法妥善处理特定历史条件下各类企业特别是民营企业经营过程中存在的不规范问题,是加强产权司法保护的重要内容。从执法、司法机关来说,对于这些不规范行为,要严格区分罪与非罪的界限,对于一般的违法违规行为可以采取行政处罚、经济处罚、民事赔偿等方式妥善处理,但是不能把一般的违法、违规行为当作刑事犯罪来处理。"[1]

　　第二,此罪与彼罪的界定。在司法实践中,当某类犯罪较为猖獗时,针对该类犯罪的打击策略发生变化,可能会导致罪名发生变化,即在相近或交叉的罪名之间选择较重的罪名定罪。如醉酒驾车导致多人伤亡的案件,传统以交通肇事罪定罪,由于交通肇事罪是过失犯罪,量刑偏轻,为了解决这个问题,司法实践中对部分醉酒驾车导致多人伤亡的案件,以以危险方法危害公共安全罪定罪,其中最典型的案件为四川孙伟铭案、南京张

---

[1]　新华社:《保护产权和企业家合法权益的"标杆"案件》,载《新华日报》2018 年 6 月 1 日第 5A 版。

明宝案。

2008 年 5 月 28 日,孙伟铭购买了车牌号为川 A43K66 的别克牌轿车。在未取得合法驾驶证的情况下,孙伟铭长期无证驾驶该车,并有交通违法记录。2008 年 12 月 14 日中午,孙伟铭与其父母在成都市成华区万年场"四方阁"酒楼为亲属祝寿,其间大量饮酒。16 时许,孙伟铭驾驶川 A43K66 车送其父母到成都市火车北站搭乘火车,之后驾车折返至城东成东路向成都市龙泉驿区方向行驶。17 时许,行至成龙路"蓝谷地"路口时,孙伟铭驾车从后面冲撞与其同向行驶的川 A9T332 比亚迪轿车车尾部。其后,孙伟铭继续驾车向前超速行驶,并在成龙路"卓锦乘"路段违章越过道路中心黄色双实线,与对面车道正常行驶的川 AVD241 福特蒙迪欧轿车、川 AMC337 奇瑞 QQ 轿车发生碰撞擦刮,致川 AUZ872 长安奔奔牌轿车内张景全及尹国辉夫妇、金亚民及张成秀夫妇死亡,另一乘客代玉秀重伤,造成公私财产损失共计 5 万余元。交通警察接群众报案后赶至现场将孙伟铭抓获,经鉴定,孙伟铭驾驶的车辆碰撞前瞬间的行驶速度为 134—138 公里/小时;孙伟铭案发时血液中的乙醇含量为 135.8 毫克/100 毫升。法院经审理认为,孙伟铭购置汽车后,未经正规驾驶培训长期无证驾驶车辆,并多次违章。众所周知,汽车作为现代交通运输工具,由于其高速行驶的特性在使社会受益的同时,又易给社会造成危害,因此,国家历来对车辆上路行驶有严格的管理规定。孙伟铭作为受过一定教育、具有完全刑事责任能力的人,明知国家的规定,仍漠视社会公众和重大财产安全,藐视法律法规,长期持续违章驾车行驶于车辆、人群密集的公共道路,威胁公众安全。尤其是在本次醉酒驾车发生追尾交通事故后,孙伟铭不计后果,放任严重后果的发生,以超过限速二倍以上的速度驾车在车辆、人流密集的道路上穿行逃逸,以至于违章跨越道路黄色双实线,冲撞多辆车辆,造成四死一伤、公私财产损失数万元的严重后果。事实表明,孙伟铭对其本次行为可能造成严重危害公共安全的后果完全能够预见,其虽不是积极追求这种结果发生,但其完全放任这种结果的发生,其间无任何避免的措施,其行为完全符合《刑法》关于以危险方法危害公共安全罪的构成规定,应以以危险方法危害公共安全罪定罪。

2009 年 6 月 30 日 20 时许,张明宝在深度醉酒状态下独自驾驶一辆别克君越轿车,沿南京市江宁区金盛路由南向北行驶的过程中连续肇事,造成 5 人死亡、4 人受伤、数辆机动车受损的严重后果。法院经审理认为,被告人张明宝明知酒后驾车违法、醉酒驾车会危害公共安全,却无视法律醉酒驾车,放任危害结果发生,并在肇事后继续驾车连续冲撞多名行人及车辆,其行为构成以危险方法危害公共安全罪,依法予以严惩。被告人张明宝在案发当日的中午及晚间大量饮酒系其自主行为,案发时其血液中的乙醇含量高达 381.5 毫克/100 毫升,属于醉酒状态。在此状态下,作为一个合法申领了驾驶执照的成年人,却无视法律规定和不特定多数人的生命财产安全醉酒驾车,尤其是在肇事后继续驾车冲撞,造成重大人员伤亡,说明其主观上对持续发生的危害后果持放任态度,具有危害公共安全的故意。

2009 年最高人民法院下发了《关于醉酒驾车犯罪法律适用问题的意见》,明确指出:"行为人明知酒后驾车违法、醉酒驾车会危害公共安全,却无视法律醉酒驾车,特别是在肇事后继续驾车冲撞,造成重大伤亡,说明行为人主观上对持续发生的危害结果持放任态度,具有危害公共安全的故意。对此类醉酒驾车造成重大伤亡的,应依法以以危险方法危害公共安全罪定罪。"之所以出台上述司法解释,时任最高人民法院审判委员会专职委员黄尔梅在接受记者采访时表示:"2009 年 1—8 月,全国共发生3206 起交通事故,造成 1302 人死亡,其中,酒后驾车肇事 2162 起,造成893 人死亡;醉酒驾车肇事 1044 起,造成 409 人死亡。醉酒驾车犯罪呈多发、高发态势,严重危害了广大人民群众的生命安全。为了有效惩治并预防醉酒驾车犯罪,维护人民群众生命安全,人民法院应当正确适用法律,坚持宽严相济的刑事政策,充分发挥刑罚惩治和预防犯罪的作用,依法严惩醉酒驾车犯罪。"①

第三,一罪与数罪的界定。基于刑事政策的考虑,将某些本应从一重罪处断的犯罪,也就是一罪,按照数罪并罚的方式处理,从而体现从重打击。

2016年12月20日,最高人民法院、最高人民检察院、公安部《办理电信网络诈骗等刑事案件适用法律若干问题的意见》(以下简称《意见》)规定,使用非法获取的公民个人信息,实施电信网络诈骗犯罪行为,构成数罪的,应当依法予以并罚。根据《刑法》第253条之一的规定,使用非法获取的公民个人信息,构成侵犯公民个人信息罪。而使用电信网络诈骗的方法实施犯罪,同时构成诈骗罪,两者系手段和目的的牵连。根据牵连犯的一般原则,应择一重罪处断。《意见》修改了这一规则,规定两者数罪并罚。其原因正如有观点所指出的,贯彻宽严相济刑事政策中的从严要求打击某一类犯罪时,不仅对该类犯罪要从严判处刑罚,更要注重对其关联犯罪的一体从严惩处,这是治理犯罪、预防犯罪的基本经验和重要对策。电信网络诈骗犯罪一般都是多人共同犯罪,分工较细,环节较多,流程较长,形成较为完整的犯罪链条,通常衍生出诸多关联罪名,形成以诈骗为中心的系列犯罪产业链。如果不从源头上根治灰黑产业链、切断犯罪利益链,就难以从根本上铲除电信网络诈骗犯罪得以滋生、实施和蔓延的温床。因此,惩治和防范电信网络诈骗犯罪,不仅必须依法严惩直接实施电信网络诈骗的犯罪分子,而且应当依法全面惩处为电信网络诈骗提供外围支持的关联犯罪。在这方面,《意见》第三部分用8个条文专门规定了全面惩处关联犯罪,就电信网络诈骗犯罪的关联犯罪的处理提出原则性的意见,并对个别问题提出具体意见,从严密司法适用、全面惩处关

---

① 参见 http://auto.people.com.cn/GB/1050/10016278.html,2018年4月22日访问。

联犯罪的角度体现了对电信网络诈骗犯罪的从严惩处……《意见》明确对利用非法获取的公民个人信息实施电信网络诈骗犯罪实行数罪并罚,是从严打击这两种犯罪的体现,符合现实斗争需要。[①]

三、定罪与刑事政策关系的应然立场

储槐植教授提出,"入罪注重合法性,出罪注重合理性"[②]。这句话为刑事政策在刑法中的应用划定了基本界限。法律是统治阶级为了实现统治并管理国家的目的,经过一定的立法程序所颁布的规则体系。法律是统治阶级意志的体现,国家的统治工具。政策是国家政权机关、政党组织和其他社会政治集团为了实现自己所代表的阶级、阶层的利益与意志,以权威形式标准化地规定在一定的历史时期内,应该达到的奋斗目标、遵循的行动原则、完成的明确任务、实行的工作方式、采取的一般步骤和具体措施。政策的实质是阶级利益的观念化、主体化、实践化反映。[③]也就是说,政策从来都与政治密切相关,是为了实现一定政治目的而实行的一种策略、措施。法律与政策都是统治阶级意志的体现,都是国家治理的方式,法律与政策存在同源性。法律与政策最大的不同在于制定的程序不同,法律的产生必须经过立法程序,而所谓的立法程序在现代国家就是征求民意的过程。因此,从一定意义上说,法律是统治力量与民意博弈的结果,法治代表着民主。而政策制定的过程虽然也要征求民意,但带有更强的政治性。

法律与政策的同源性决定了政策必然对法律的制定产生影响。费尔巴哈指出,刑事政策"系以科学方法,研究犯罪原因及刑罚成效,且以此为

---

① 李艳:《宽严相济刑事政策在惩治电信网络诈骗犯罪中的科学运用——基于"两高一部"〈关于办理电信网络诈骗等刑事案件适用法律若干问题的意见〉的分析》,载《法律适用》2017年第9期。

② 储槐植:《出罪应注重合理性》,载《检察日报》,2013年9月24日第3版。

③ 参见 https://baike.sogou.com/v64821912.htm?fromTitle＝政策,2018年8月15日访问。

基础,而获得各种原理原则。国家并依此原理原则,借刑罚及其相类似制度为手段,以抗制犯罪。"①李斯特则认为,"一般来说,刑事政策要求社会防卫,尤其是作为目的刑的刑罚在刑种上均适合犯罪人的特点,这样才能防止其将来继续实施犯罪行为。从这个要求中我们一方面可以找到对现行法律进行批判性评价的可靠标准,另一方面我们也可以找到未来立法规划发展的出发点。"②可见,费尔巴哈与李斯特并不排斥刑事政策,但又都不约而同地把刑事政策的作用限于刑事立法的范围。在李斯特看来,"不得为了公共利益而无原则地牺牲个人自由。尽管保护个人自由因不同历史时期人们对国家和法的任务的认识不同而有所不同,但是,有一点是一致的,即在法制国家,只有当行为人的敌对思想以明文规定的行为表现出来了,始可处以行为人刑罚……对个人自由最重要的保障,是制定一个给予犯罪人适当的、充分保护的辩护机会,严禁追诉机关专断的刑事诉讼程序的规定"。③由于刑法的功能在于保障人权,而刑事政策的功能在于保护社会。在此,刑法与刑事政策首次出现了较为明确的功能上的分野。正因为这种功能分野而引发的刑法与刑事政策之间的紧张关系,才使得李斯特把刑事政策的作用仅限于完善刑事立法,并以此确立了"刑法是刑事政策不可逾越的鸿沟"这一基本法治思想。

罪刑法定原则既是现代法治的原则也是公认的现代刑法的基本原则,是古代刑法与现代刑法最根本的区别之一。刑法的本质特征是惩治犯罪,这个本质特征从古亦然。但从罪刑法定原则的诞生开始,刑法就具有了双重属性,即刑法不仅是惩罚犯罪的工具,也是人权保障的工具。罪刑法定原则从诞生之日起,就是为了反对罪刑擅断、反对出入人罪,限制公权力的滥用。"法无明文规定不为罪,法无明文规定不处罚"是

---

① 许福生:《刑事政策学》,中国民主法制出版社 2006 年版,第 3 页。
② 〔德〕李斯特:《德国刑法教科书》(修订译本),徐久生译,法律出版社 2006 年版,第 15 页。
③ 〔德〕李斯特:《德国刑法教科书》(修订译本),徐久生译,法律出版社 2006 年版,第 23 页。

罪刑法定原则的核心表述,也正是因为有了罪刑法定原则,现代刑法才被称为"人权保障的大宪章"。"保障公民个人自由空间不受国家侵犯是罪刑法定主义应有之义,它表明,只在有明确法律规定的情况下才处罚他人",①为了实现一定的政治目的,统治阶级动用国家力量,采用一切手段,而罪刑法定原则则意图限制国家权力的滥用,保障公民的自由和福祉。由此,在一定意义上说,罪刑法定原则从诞生之日就与政策存在着冲突。

长期以来刑事政策在我国刑事司法中发挥着重要作用。随着法治建设的推进,我国 1997 年《刑法》首次确立了罪刑法定原则,这是我国法治建设取得的重大进步。但是,一方面人的观念和习惯并不会随着法律原则的确立而立即转变;另一方面,由于我国特殊的国情,即使在罪刑法定原则确立后,刑事政策仍然在刑事司法中发挥着巨大作用。如何处理政策与法律的问题,在法理上的定位十分清晰,但是在实践的运用中仍存在不少问题。

通过对前述两起醉酒驾车危害公共安全案的判决书的分析我们可以发现,孙伟铭案可以分为两个阶段:第一阶段,孙伟铭驾车行至成龙路"蓝谷地"路口时,驾车冲撞与其同向行驶的轿车尾部。第二阶段,在发生车祸后,孙伟铭继续驾车超速行驶,并违章越过道路中心黄色双实线,与对面车道正常行驶的车辆发生碰撞。在这起案例中,第一阶段符合交通肇事罪的构成要件(在不考虑实害后果的情况下)。在第二阶段,孙伟铭为逃避责任追究驾车超速行驶,穿越道路双黄线并与对面正常行驶车辆发生碰撞,此时,孙伟铭的主观故意和客观行为均发生了转化,即由过失转化为放任的故意,而其行为本身也明显具有了危害公共安全的性质,符合转化犯的特征,因此对孙伟铭以以危险方法危害公共安全罪定罪总体是

①　梁根林、〔德〕埃里克·希尔根多夫:《中德刑法学者的对话:罪刑法定与刑法解释》,北京大学出版社 2013 年版,第 72 页。

恰当的。在张明宝案件中,张明宝在深度醉酒状态下独自驾驶车辆肇事,造成 5 人死亡、4 人受伤、数辆机动车受损的严重后果,从张明宝肇事的过程来看,并未发生明显的中断,也就是张明宝造成数人伤亡的后果是由一个连续不间断的行为所造成的,发生第一起事故后,张明宝由于深度醉酒,导致车辆处于失控状态,从发生第一起事故到后续事故的发生,中间张明宝未采取任何明显可能导致更大损害后果的积极行为。由于没有新行为加入,所以张明宝行为的性质也不存在转化的可能,因此对张明宝以交通肇事罪定罪更为妥当。法院之所以对张明宝以以危险方法危害公共安全罪定罪,显然受到舆论、被害人以及从重打击此类犯罪刑事政策的影响。

在另外一个事例中,由于受到刑事政策的影响,最高法院的司法解释明确将依照刑法基本理论应当从一重处断的犯罪,以数罪并罚的方式加以规定。有法律规定按照法律规定,没有法律规定按照刑法基本原理,这是刑事司法的一条基本原理。实质上类似的争论并不是没有先例。1988 年的《关于惩治贪污罪贿赂罪的补充规定》(以下简称《补充规定》)曾经规定,"因受贿而进行违法活动构成其他罪的,依照数罪的规定处罚"。但是在 1997 年《刑法》修订时并未吸收上述观点,反而在第 399 条中规定,司法工作人员收受贿赂,有前三款行为的,同时又构成本法第 385 条规定之罪的,依照处罚较重的规定定罪处罚,回归到刑法基本理论的本源,从而引发了关于此条规定究竟是"特别性规定"还是"提示性规定"的争论。不管理论界如何争论,司法实务界仍然延续了 1988 年《补充规定》的基本思路。1998 年最高人民法院《关于审理挪用公款案件具体应用法律若干问题的解释》第 7 条规定,因挪用公款索取、收受贿赂构成犯罪的,依照数罪并罚的规定处罚。2001 年最高人民法院《刑事审判第一庭庭长会议关于被告人受贿后徇私舞弊为服刑罪犯减刑、假释的行为应定一罪还是数罪的研究意见》也采纳了这种观点,认为被告人受贿后徇私舞弊为服刑罪犯减刑、假释的行为构成受贿罪和徇私舞弊减刑、假释罪，数罪并罚。

为了解释上述观点，诸多论者从各个方面进行了阐述。比如有论者指出，受贿后又实施渎职行为既不是牵连犯也不是想象竞合或者法条竞合犯，而是实质上的数罪。[①]但是《刑法》第 399 条规定，司法工作人员收受贿赂，有前三款行为的，同时又构成本法第 385 条规定之罪的，依照处罚较重的规定定罪处罚，其中"依照处罚较重的规定定罪处罚"显然是牵连犯的典型表述。又有论者指出，实行数罪并罚有利于增强刑法的预防效果。当受贿且渎职行为属于实质数罪，是择一重罪处罚还是数罪并罚，需要考虑两罪犯罪行为的社会危害性。当两罪社会危害性都比较大，每种犯罪行为本身属于较重罪行，而且在一定时期属于刑事政策打击的重点，如果择一重罪处罚，就违背了罪刑均衡原则和全面评价原则。当前贪污贿赂犯罪和渎职侵权犯罪都是性质非常严重的职务犯罪，侵犯了国家工作人员职务的廉洁性和不可收买性，也是党和国家严厉打击的重点。渎职犯罪动辄造成人员伤亡和重大经济损失，严重影响经济发展、损害民生民利、危害公平正义、破坏和谐稳定，其社会危害性不小于贪污贿赂犯罪，甚至比贪污贿赂犯罪还要严重。受贿犯罪与渎职犯罪本质上都是对国家公权力的亵渎，直接损害了国家工作人员廉洁行政、依法行政的公信力，公民有理由要求国家机关工作人员严格依法履行职务，并受到法律的监督制约。对国家工作人员受贿且渎职行为实行数罪并罚，可以体现刑法对国家公权力的严格要求，有利于增强对渎职犯罪的打击力度，通过特殊预防实现一般预防的刑罚目的，从而体现刑法的引导和评价、惩罚与保障功能。[②]笔者认为，司法工作人员作为执法者承担着打击违法犯罪、维护公平正义的社会责任，其收受贿赂并渎职，社会危害性远较一般国家公职人员严重。按照上述论者的观点，对一般国家工作人员受贿并渎职的

---

① 汪东健：《受贿罪疑难问题研究》，安徽大学 2011 年硕士学位论文。
② 汪东健：《受贿罪疑难问题研究》，安徽大学 2011 年硕士学位论文。

应当数罪并罚,以体现从严打击,而按照《刑法》的规定,对司法工作人员受贿并渎职只能从一重处断,岂不是放纵司法人员受贿、渎职? 最高人民法院、最高人民检察院《关于办理渎职刑事案件适用法律若干问题的解释(一)》第3条规定,国家机关工作人员实施渎职犯罪并收受贿赂,同时构成受贿罪的,除刑法另有规定外,以渎职犯罪和受贿罪数罪并罚。最高人民法院有关新闻发言人在回答记者提问时指出:"渎职犯罪不仅损害党和政府的形象与威信,损害人民群众切身利益,而且还是贪污贿赂犯罪、经济犯罪的重要诱因。依法从严惩治渎职犯罪活动,是深入贯彻科学发展观、推进党风廉政建设和反腐败工作、密切党同人民群众血肉联系的一项重要举措。"[1]言外之意,该解释是基于从严惩处职务犯罪的刑事政策出发,对渎职并受贿做了特殊安排。但是这种特殊安排的结果是造成司法解释与刑法规定的不协调。

不仅限于上述两个司法解释,实质上,刑事政策对我国刑事司法解释的扩张作用十分明显。有研究显示,在早期无法典时期的司法解释中,每100个司法解释中就有63个以宽宥为主,只有37个以苛厉为主。到了1979年《刑法》时期,每100个司法解释中以宽宥为主的司法解释的出现概率降低至22.7个,而以苛厉为主的司法解释却升至77.3个。到了1997年《刑法》时期,每100个司法解释中以宽宥为主的司法解释的出现概率继续下降到20.4个,而以苛厉为主的司法解释却继续攀升到79.6个。几十年来,由司法解释所显示出来的刑事政策的总体趋势是不断趋厉,而不是逐渐趋缓。同时,通过统计还可以发现,刑事政策主体对违反传统道德规范的传统犯罪的容忍度相对较大,而对破坏社会主义市场经济秩序以及违反现行行政管理规范并导致宏观秩序破坏的犯罪的容忍度

---

[1]　最高人民法院、最高人民检察院《关于办理渎职刑事案件适用法律若干问题的解释(一)》的新闻发布稿,http://www.360doc.com/content/13/1115/22/12018718_329542480.shtml,2018年5月22日访问。

相对较小。我们把刑事反应的力度与犯罪的悖德性强度之间的这种负相关现象——悖德性越大,刑事反应越宽宥;悖德性越小,刑事反应越苛厉的现象——称为犯罪与刑事政策之间关系的偏重。[①]

注意避免不当运用刑事政策对刑事司法造成的负面影响,并不是在刑事司法中否定刑事政策的运用。刑事政策对刑事司法的作用应更多地体现于刑罚轻重的运用以及刑罚手段的选择。尤其是在当前刑法趋重的总体态势下,更应充分发挥刑事政策在出罪而不是入罪方面的作用。"以犯罪预防为主的刑事政策需在刑法规范内展开,不得创设新的罪名,也不能加重刑罚。由此,刑事政策在现行刑法体系中的规范意义主要在于,透过对案情的综合考查,在罪刑法定主义框架下寻求更加宽和的罚则,以抑制刑罚过度所带来的负面效果。出罪与刑罚调整(即从轻、减轻或者免除刑罚)系从两种不同维度限制刑罚适用。前者关涉犯罪论,重点在于对犯罪性的否定,进而从根本上否定刑罚适用;后者基于刑罚论,目的在于调整刑罚的量,以防止刑罚过度。"[②]正是在这个意义上,罗克辛虽然把刑事政策引入犯罪构成,但其并不允许刑事政策突破法律,而是在罪刑法定原则(之实质内容)之框架下允许以刑事政策解释刑法。"由上可见,在刑事政策与刑法关系的建构上,德国刑法理论坚持的一个基本原则是:严格区分刑法的功能及思考方式与刑事政策的功能及思考方式,即刑法的功能是保障人权,通过限制刑罚权来实现,刑事政策的功能是保护社会,通过惩罚犯罪来实现;而且刑法的功能及思考方式优先于刑事政策的功能及思考方式。这是一种法治化的思维方式。正是这种思维,为罪刑法定原则的有效贯彻,进而为刑事领域法治的实现奠定了基础。"[③]

---

① 白建军:《刑事政策的运作规律》,载《中外法学》2004 年第 5 期。
② 苏永生:《德国刑事政策与刑法关系的理论及其借鉴意义》,载《法学杂志》2017 年第 10 期。
③ 苏永生:《德国刑事政策与刑法关系的理论及其借鉴意义》,载《法学杂志》2017 年第 10 期。

四、正确运用刑事政策确定合理的定罪思维

当前我国基本的刑事政策是在 2005 年底第五次全国刑事审判工作会议上提出的宽严相济刑事政策。从此后的立法总体来看,呈现犯罪化与非犯罪化、刑罚制度趋严与趋宽双向运动的特点。一方面,罪名总体呈扩张的态势。2006 年《刑法修正案(六)》增加了 10 个罪名;2009 年《刑法修正案(七)》增加了 7 个罪名;2011 年《刑法修正案(八)》增加了 8 个罪名;2015 年《刑法修正案(九)》增加了 12 个罪名;2020 年《刑法修正案(十一)》大幅增加了 18 个罪名。单从增加罪名数来看,刑法修正案增加的罪名占刑法总罪名的近十分之一,此外还大幅拓展了部分罪名的适用范围。另一方面,大幅削减死刑罪名,增加了已满年龄七十五周岁的人故意犯罪,可以从轻或者减轻处罚,未成年人不构成累犯,将坦白独立为法定从轻处罚情节等,一定程度上反映了宽严相济刑事政策的基本精神。从刑事司法的角度,根据公开披露的资料,我国近十年来,重刑率(司法统计上一般以五年有期徒刑以上刑罚作为重刑率的统计标准)一直维持在 10％以下,缓刑率一般维持在 20％—30％的区间,轻型化的态势比较明显。

在立法扩张的情况下,司法实践中运用刑事政策进行定罪,要把握以下两点:

第一,刑事政策在司法中的应用应当始终坚持罪刑法定原则。

罪刑法定是现代刑法最重要、最基本的原则,也可以说是现代刑法的基石。任何政策、意见要在司法领域发挥作用都必须受罪刑法定原则的约束,这也就是李斯特鸿沟的本意所在。也就是说,政策不能创立法律没有规定的犯罪,也不能为了贯彻政策要求将本不属于刑法规定范畴内的行为解释为犯罪。以受贿犯罪为例。对于受贿罪侵犯的客体,世界各国大致有两种立法模式,一种是罗马法的思想,认为贿赂行为侵害了职务行为的正当性,因此只要收受贿赂就应当以受贿罪论处。另一种是日耳曼

法的思想,认为贿赂犯罪的违法性在于侵害了职务行为的公正性,而不违背职务收受贿赂的行为不构成受贿罪。[①]我国《刑法》第 385 条规定:"国家工作人员利用职务上的便利,索取他人财物的,或者非法收受他人财物,为他人谋取利益的,是受贿罪。"根据我国《刑法》的规定,为他人谋取利益是受贿罪的构成要件之一。因此,构成受贿罪必须要为他人谋取利益(即使是正当利益)。2016 年 4 月 18 日,最高人民法院、最高人民检察院《关于办理贪污贿赂刑事案件适用法律若干问题的解释》第 13 条规定:"具有下列情形之一的,应当认定为'为他人谋取利益',构成犯罪的,应当依照刑法关于受贿犯罪的规定定罪处罚:(一)实际或者承诺为他人谋取利益的;(二)明知他人有具体请托事项的;(三)履职时未被请托,但事后基于该履职事由收受他人财物的。国家工作人员索取、收受具有上下级关系的下属或者具有行政管理关系的被管理人员的财物价值三万元以上,可能影响职权行使的,视为承诺为他人谋取利益。"根据这个司法解释,承诺谋取利益,但实际没有为他人谋取利益也构成受贿。更有论者指出"受贿人知道或者应当知道行贿人的具体请托事项,但并不想具体实施为对方谋取利益的行为,此种情形同样属于基于具体职务行为的权钱交易行为,公职人员的职务廉洁性受到侵害,故也应认定为受贿人为他人谋取利益"。[②]显然我国刑法采用的是日耳曼法的思维,即受贿行为必须对职务行为产生影响(即为他人谋取利益),单纯的收受贿赂行为不构成受贿罪。但是司法解释实质采用了罗马法的思路,只要行为人收受了财物,即使该行为对职务行为没有产生影响(不想为请托人谋取利益),也构成受贿罪。这个从司法解释该条第二款体现得更明显。根据第二款规定,国家工作人员收受具有上下级关系或者有行政管理关系的人员一定数额

---

① 张明楷:《外国刑法纲要》(第二版),清华大学出版社 2007 年版,第 732—735 页。
② 裴显鼎等:《〈关于办理贪污贿赂刑事案件适用法律若干问题的解释〉的理解与适用》,载《人民司法》2016 年第 19 期。

的钱款,只要与职权相关,就视为为他人谋取利益,即使该国家工作人员既未承诺也未实际为他人谋取利益。笔者对依法从严惩处职务犯罪的基本刑事政策完全支持,但是解决相关问题应当通过立法方式,即国家工作人员只要基于其职务收受他人财物,一律应当以受贿论处。通过司法解释扩张解释的路径贯彻刑事政策的方式值得商榷。

第二,要注重发挥刑事政策在定罪中的出罪或轻缓处理的功能。

前文指出,除了传统的四要件或三阶层理论外,在我国刑法中有一个独特的评价犯罪的要件,即前文指出的"危害性评价"要件,根据《刑法》第13条,情节显著轻微危害不大的,不认为是犯罪。而如何对行为的社会危害性进行评价,刑事政策是其中非常重要的内容之一。第五次全国刑事审判工作将宽严相济确定为我国当前基本的刑事政策。所谓宽严相济,根据2010年最高人民法院《关于贯彻宽严相济刑事政策的若干意见》的规定,就是实行区别对待,做到该宽则宽,当严则严,宽严相济,罚当其罪,打击和孤立极少数,教育、感化和挽救大多数,最大限度地减少社会对立面,促进社会和谐稳定,维护国家长治久安。因此,所谓的"严"是指量刑从重和刑罚执行从重从严掌握,并不是定罪从重,更不是将本不构成犯罪的认定为犯罪。最高人民法院在《意见》中也指出,贯彻宽严相济刑事政策,必须坚持严格依法办案,切实贯彻落实罪刑法定原则、罪刑相适应原则和法律面前人人平等原则,依照法律规定准确定罪量刑。从宽和从严都必须依照法律规定进行,做到宽严有据,罚当其罪。所谓"宽",根据《意见》的规定,主要是指对于情节较轻、社会危害性较小的犯罪,或者罪行虽然严重,但具有法定、酌定从宽处罚情节,以及主观恶性相对较小、人身危险性不大的被告人,可以依法从轻、减轻或者免除处罚;对于具有一定社会危害性,但情节显著轻微危害不大的行为,不作为犯罪处理;对于依法可不监禁的,尽量适用缓刑或者判处管制、单处罚金等非监禁刑。可见所谓的"宽"既指量刑和刑罚执行方式的宽也包含对"但情节显著轻微危害不大的行为,不作为犯罪处理"。所以在定罪的实践中,应当充分发挥宽严相济刑事政策宽缓处理的指引功能,以实现案件裁判法律效果和社会效果的有机统一。

关于刑事政策的出罪功能。以合同诈骗为例。《刑法》第 224 条规定:"有下列情形之一,以非法占有为目的,在签订、履行合同过程中,骗取对方当事人财物,数额较大的,处三年以下有期徒刑或者拘役,并处或者单处罚金;数额巨大或者有其他严重情节的,处三年以上十年以下有期徒刑,并处罚金;数额特别巨大或者有其他特别严重情节的,处十年以上有期徒刑或者无期徒刑,并处罚金或者没收财产:(一)以虚构的单位或者冒用他人名义签订合同的;(二)以伪造、变造、作废的票据或者其他虚假的产权证明作担保的;(三)没有实际履行能力,以先履行小额合同或者部分履行合同的方法,诱骗对方当事人继续签订和履行合同的;(四)收受对方当事人给付的货物、货款、预付款或者担保财产后逃匿的;(五)以其他方法骗取对方当事人财物的。"由于法律规定的相对原则,某些企业在签订、履行合同中往往采用了一些不规范的做法,比如不使用真正的企业名称,违规担保等,一旦资金链断裂,无法履行合同,就出现被以合同诈骗定罪的危险,实践中也不乏此类案例。为此,2018 年最高人民法院下发《关于充分发挥审判职能作用　为企业家创新创业营造良好法治环境的通知》,要求严格执行刑事法律和司法解释,坚决防止利用刑事手段干预经济纠纷。坚持罪刑法定原则,对企业家在生产、经营、融资活动中的创新创业行为,只要不违反刑事法律的规定,不得以犯罪论处。严格非法经营罪、合同诈骗罪的构成要件,防止随意扩大适用。对于在合同签订、履行过程中产生的民事争议,如无确实充分的证据证明符合犯罪构成的,不得作为刑事案件处理。由此,在判断企业是否构成合同诈骗时,不能仅因为行为表面上符合《刑法》第 224 条规定的四种情形,就简单地认为行为人构成合同诈骗,而要进行实质分析,即行为人是否真正具有诈骗故意,对一些行为人虽然在签订、履行合同中采取了一些规避方式，但不具有诈骗故意，而是因为经营不善导致无法偿还的情形，不得作为合同诈骗罪定罪处罚。比如余某诈骗案。被告人余某出资500万元入股某甲公司，取得34%的股权。后因公司经营亏损，被告人余某与公司法定代表人商量后，取得公司的实际经营管理权，并又出资500余万元用于公司的经营、支付员工工资、租金等。后因公司经营不善，被告人余某为转嫁个人损失，伪造了甲公司向乙公司（由余某实际控制）借款1000万元的借款协议，并以乙公司为原告向法院提起诉讼，要求甲公司偿还1000万元，同时要求甲公司股东被告人余某及刘某甲、刘某乙在出资范围内对上述债务承担补充赔偿责任。人民法院经过审查，支持了乙公司的诉请。案件生效后，乙公司申请执行，法院遂拍卖了甲公司股东刘某甲持有的其他公司的股票，得款1000余万元。后刘某甲向公安机关报案，并将上述钱款予以冻结。本案中，公诉机关认为余某以虚构的事实向人民法院提起诉讼，非法侵占刘某甲的财产人民币1000余万元，其行为构成诈骗罪。人民法院经过审理认为，根据在案证据证实，被告人余某对甲公司确有1000余万元的实际出资。《公司法》第49条规定，股东应当按期足额缴纳公司章程规定的各自认缴的出资额。本案中，余某依法履行了出资义务，在后期公司经营困难时公司另外两名股东均拒绝出资，在这种情况下其要求甲公司及其股东偿还，实质上是在公司无法继续经营的情况下撤回投资的一种手段，系事出有因，其向其他两名股东索要的资金数额既未超出其本人的出资额，亦未超出另外两名股东应缴的出资额，难以认定其主观上有非法占有故意。但是余某捏造虚假的债权债务关系向法院提起民事诉讼，应当构成虚假诉讼罪。

关于刑事政策的罪轻功能，比如张某寻衅滋事案。某日，张某（16岁，系中专在校学生）乘坐火车时，发现被害人李某（案发时不满14周岁）在车厢联结处独自玩耍，遂心生歹念，将李某挟持至车厢厕所，用扇耳光等方式,强迫李某交出随身财物,并劫得手机一部(经鉴定价值人民币540元),后张某被乘警抓获。公诉机关以抢劫罪向法院提起公诉。本案中,对张某如以抢劫罪定罪,因系在公共交通工具上抢劫,论罪应当判处十年以上有期徒刑,即使张某系未成年人,对其减轻处罚,仍应判处三年以上十年以下有期徒刑。张某系在校学生,无前科劣迹,如以抢劫罪对其判处重刑,显然不利于教育、感化、挽救之未成年人犯罪刑事政策之贯彻。最终法院以寻衅滋事罪对张某定罪并对其判处拘役6个月,缓刑6个月。2006年最高人民法院《关于审理未成年人刑事案件具体应用法律若干问题的解释》第8条规定:"已满十六周岁不满十八周岁的人出于以大欺小、以强凌弱或者寻求精神刺激,随意殴打其他未成年人,多次对其他未成年人强拿硬要或者任意损毁公私财物,扰乱学校及其他公共场所秩序,情节严重的,以寻衅滋事罪定罪处罚。"这也体现了这种指导思想。应当注意的是,在宽缓运用方面也要坚持罪刑法定原则,可在交叉罪名之间选择较为适宜的处理方式(就采用轻微暴力方式劫得财物这一行为方式,抢劫罪和寻衅滋事罪中的"强拿硬要"之间存在一定交叉),以实现罪责刑相适应。

　　总之,刑事政策运用到定罪问题上,就是要在坚持罪刑法定的基础上,从有利于社会治理、预防犯罪、修复受损社会关系的角度,进行综合衡量,审慎选择合理的定罪方式,实现定罪效果的最大化。此外,刑事政策的实施,特别是宽严相济刑事政策的实施必须在观念上进行革新,才能使之实现成为可能,才能更好地在定罪方面产生良好的指导作用。"如果没有观念意义上的刑事政策思维,不根据内含于刑法之中的刑法价值、刑法目的的理解与适用刑法,而是教条、机械、僵化地理解法条,把法条视为一个没有灵魂、没有价值、没有目的的白纸黑字,那才是真正违反了罪刑法定,既不符合罪刑法定的本来旨意,也违反了现代刑事政策的基本诉求。"①

① 梁根林:《刑事一体化与罪刑法定、刑事政策与刑法体系的深度融通》,载《中国检察官》2018年第1期。

第八章　定罪与量刑

　　定罪是对行为危害性质的判断,量刑是对行为危害性的衡量。传统观点认为,量刑亦是一个三段论的推理过程,即大前提是刑法规范,案件事实是小前提,如果大小前提相符合,便可以找到对应的罪名,然后在该罪名的法定刑范围内,根据量刑情节裁定刑罚。这种思维模式可以称为"由罪生刑"。[①]其基本理论基础在于,刑罚的轻重是由行为的社会危害性决定的,而行为具有什么样的社会危害性则是由行为所触犯的罪名所决定的。只有先确定行为社会危害性的性质,才能决定行为社会危害性的大小。"定罪量刑时,司法人员必须遵循先定罪、后量刑的时间顺序规则,不能把量刑提到定罪之前。否则,后果不堪设想。"[②]"无论如何,犯罪与刑罚的关系,即罪刑机理的决定因素是犯罪而不是刑罚。在犯罪面前,刑罚是第二性的,它是犯罪的附属物应当没有质疑。"[③]"定罪为量刑提供相应的法定刑,是量刑得以存在的先决条件,也是防止重罪轻罚和轻罪重罚的基本保障。"[④]理由是,由罪生刑理论是刑法教义学在罪名与刑罚关系

---

① 陈金钊、谢晖主编:《法律方法(第 17 卷)》,山东人民出版社 2015 年版,第 316 页。

② 王勇:《定罪导论》,中国人民大学出版社 1990 年版,第 263 页。

③ 张绍彦:《刑罚的使命与践行》,法律出版社 2003 年版,第 23 页。

④ 赵廷光:《论定罪、法定刑与量刑》,载《法学评论》1995 年第 1 期。

上必须坚持的价值取向,也是严格法治主义的本质要求,这是构建刑法大厦支柱的罪刑法定原则和罪责刑相适应原则的题中之意,因此罪名认定是刑罚裁量的根据,罪名确定前不能考虑刑罚问题,在准确定罪的基础上考虑社会危害性和人身危险性进行量刑,先定性后定量是司法主体坚守的思维方式。①

然而,一段时期内,这一长期被奉为"金科玉律"的定罪量刑思路受到了来自理论和实务的双重挑战。有学者观察司法实践中解决疑难复杂案件如"许霆案",从是否应受刑罚、适合的法定刑为多少年来反推罪与非罪、此罪与彼罪,总结司法实践规律提出"以刑制罪"的观点。甚至有观点认为,为了实现最终刑罚的公平正义,可以不受犯罪构成要件的约束进行定罪。

"以刑制罪"相关文献数量相当可观,不同的出发点和立场,形成了狭义的"以刑制罪"、广义的"以刑制罪"概念,涉及的争议命题除"以刑制罪"的概念界分外,包括宏观、中观、微观三个方面的议题。宏观议题包括是否具有法理基础,其与刑事政策的关系,其中,"以刑制罪"的法理基础又被进一步从是否违背罪刑法定原则与罪责刑相适应原则、是否符合刑法目的等方面。"以刑制罪"中观议题包括在立法上对犯罪圈的影响,对刑法解释的影响等。"以刑制罪"微观议题包括"以刑制罪"推理模式在司法实践中如何可能,在个案中是否能实现罪责刑均衡等。为了进一步了解其中的问题,先从纵向上以时间为轴对"以刑制罪"的概念演进角度加以阐述,并从横向上就不同论点的立论和批判观点予以梳理;再对广义的"以刑制罪"概念进行批判,并认为狭义的"以刑制罪"虽然存在可取之处,但其入罪功能可以通过实质解释实现。

一、"以刑制罪"概念演进及评述

率先提出"以刑制罪"这一名称的是法律实务部门。有法官提出"以

---

① 赵运锋:《能或不能:以刑制罪理论之反思》,载《甘肃政法学院学报》2014 年第 1 期。

刑制罪"是指，"在刑事司法活动中，在罪刑法定原则指导下，对法定犯罪构成之理解应当同法定刑相适应"。[①]但此时的"以刑制罪"是指法定刑反向影响、制约构成要件的解释，本身就是罪刑关系的题中之意，因此这一阶段只是提出了"以刑制罪"的名字。真正意义上的"以刑制罪"概念缘起于学者为解决个别疑难复杂案件争议而作出的努力。

第一阶段：狭义的"以刑制罪"。

以法定刑限制解释构成要件的想法，最初的目的是为了实现个案公平。如阮齐林教授在解决绑架罪的理论与司法争议时发现，对绑架罪构成要件的不同理解和掌握，可能导致司法适用上的不平衡，使同样的行为受到罪与非罪或者畸轻畸重的对待。为实现个案正义与司法适用均衡，解释绑架罪构成要件时应当与法定刑相称，以实现罪责刑相适应。他认为解释法律的终极目的在于使案件得到公平合理的处理，而不在于使犯罪的要件符合我们的理解，也不在于使它以什么样的罪名受到处理。[②]

冯亚东首次从立法论上阐述了"以刑制罪"[③]的观点，借助探讨行政违法和刑事犯罪界限问题的契机，他认为在犯罪圈的设置上，不能仅考虑行为本身的危害性及其程度，还应该考虑规制为"犯罪"后以何种方式处罚、处罚的效果如何，在入罪、出罪难以抉择时，基于是否具有处罚必要性、处罚必要性的大小以及可能性效果而逆向性、互动性的考虑确定罪名及刑罚，这种根据刑罚程度确定是否构成犯罪的思维过程被称为"以刑制罪"。对出于一般违法行为与犯罪临界区域的大量危害行为，根据"以刑定罪"思路，就是以是否需要剥夺自由的角度看待犯罪，即只有达到需要

---

① 裴霞、李佑喜：《以刑制罪：一种定罪的司法逻辑》，载《河南社会科学》2004 年第 6 期。

② 阮齐林：《绑架罪的法定刑对绑架罪认定的制约》，载《法学研究》2002 年第 2 期。

③ 梁根林教授的"以刑制罪"、高艳东教授的"量刑反制定罪"、冯亚东教授的"以刑定罪""由罪定刑"、许松林教授的"以刑释罪"、曹坚博士的"以量刑调解定罪"、余文唐先生的"以刑议罪"、郑延谱教授的"刑罚反制罪名"等几种表述的含义基本趋同，本文对上述概念不作区分，仅因引用原文而表述不同。

被剥夺自由的程度才构成犯罪，此时入罪门槛升高，犯罪圈缩小；如果仅仅以是否需要"单处"财产刑（罚金和没收财产）或资格刑（剥夺政治权利）的刑罚去界定犯罪，则犯罪的关节点就会降得很低，其外延势必扩大，从而导致刑法及犯罪的泛化、处理得不及时甚至刑罚的无效，以致大大削弱刑法（犯罪和刑罚）强烈的威慑效应。他进一步指出，这种思路与立法者以不同调控手段划分部门法（刑事、行政与民事）及行为归属的基本思路不谋而合，"以刑制罪"蕴涵了人类社群生活中事实与规范、行为与制裁、目的与手段的关系中，是一种双向互动、相互修正、互为定义的规律性现象。①

持类似观点的学者进一步从司法实践角度出发，主张在认定危害行为时，先考虑是否要对其施以刑事处罚。如赵运锋教授从罪刑关系、司法逻辑功能、教义学与刑事政策贯通、法哲学基础等视角对"以刑制罪"展开深入分析。他认为就方法论而言，"以刑制罪"从罪刑关系角度分析疑难案件的构成要素，继而对刑法概念作出准确解读和判断，与其他分析和诠释法律规范的方法一样。在适用对象上，梁根林教授认为疑难案件可以根据政策需要、刑罚考量及利益权衡对犯罪构成进行考察，进而确定适用罪名。许松林教授认为以刑释法主要发生在法条竞合与想象竞合领域。郑延谱教授则明确指出，以量刑反制定罪理论应该基本否定，除想象竞合犯与牵连犯外，量刑不能反制定罪。②

无论是否在论文中明确提出"以刑制罪"，这一阶段"以刑制罪"在司法层面要解决的问题是如何解释构成要件。如在绑架罪中为确保量刑均衡如何理解构成要件中"勒索的内容和程度""侵犯第三人的自决权""绑架人质的方式"等。在立法层面要解决的问题是，当法定刑不同时，在进行不同罪名出罪入罪解释时，要平衡刑罚与责任对罪名有无的影响。

---

① 冯亚东：《罪刑关系的反思与重构——兼谈罚金刑在中国现阶段之适用》，载《中国社会科学》2006 年第 5 期。

② 赵运锋：《以刑制罪法理分析与适用考察》，载《政法论丛》2016 年第 1 期。

提出"以刑制罪"思维模式的主要理由为：

第一，"以刑制罪"思维模式是刑法理论回应司法实践需要的产物。作为一种思维模式，"以刑制罪"重视刑罚对犯罪的制约作用。从刑事立法看，只有认为某个危害行为具有以刑罚加以制裁的必要性时，才会将其纳入犯罪的范围，并根据具体的行为方式和产生的后果设置罪名。从刑事司法角度看，可能判处的刑罚轻重对于犯罪行为的认定起着制约作用。因此，司法工作人员要目光不断往返于刑罚规定的案件事实之间，根据刑法规定的具体犯罪和法定刑来检验可能判处的罪名的妥当性。[1]如梁根林教授所言："刑从罪生、刑须制罪的罪行正向制约关系并非罪刑关系的全部与排他的内涵，在这种罪行正向制约关系的基本内涵之外，于某些疑难案件中亦存在逆向地立足于量刑的妥当性考虑，而在教义学允许的多种可能选择之间选择一个对应的妥当的法条与构成要件予以解释与适用，从而形成量刑反制定罪的逆向路径。"[2]

第二，"以刑制罪"并不违背罪刑法定原则。"以刑制罪"司法逻辑，司法主体在对危害事实进行构成要件符合性判断时，不能局限于构成要件本身，而是须将目光不断往返于构成要件与刑罚之间，将体现政策意识的必要性与妥当性融入规范要素的诠释当中，继而得出符合规范性和政策性的初步裁量结果。此外，"以刑制罪"需要对初步裁量结果予以检验和审查，只有符合规范文义，又符合立法精神，才作为最终裁量结果而接纳。[3]

第三，"以刑制罪"思维模式的提出，是实质解释论在罪刑关系上的折射。近年来，我国刑罚解释理念之争日益激烈，形成形式解释论与实质解释论两大阵营。形式解释强调尊重字面含义，注重从概念推导结论；实质

---

[1]　温登平：《"以刑制罪"思维模式批判》，陈金钊、谢晖主编：《法律方法（第 17 卷）》，山东人民出版社 2015 年版，第 318 页。

[2]　梁根林：《许霆案的规范与法理分析》，载《中外法学》2009 年第 1 期。

[3]　赵运锋：《以刑制罪法理分析与适用考察》，载《政法论丛》2016 年第 1 期。

解释则重视情势变化与法律适用目的，主张根据情势目的考量来发现法律规范的意义。形式解释论者所持罪刑关系与传统罪刑关系一致，即从构成要件到司法裁量。而实质解释论则主张以犯罪本质为指导解释刑法规定的构成要件，刑罚妥当性考量是解读犯罪构成要件的前提因素，因此与"以刑制罪"理论契合，即通过先进行刑罚判断再进行犯罪构成选择。①

总体上，"以刑制罪"思维模式甫经提出即受到违反罪刑法定原则的批判。随后，量刑反制定罪是否违反罪刑法定的原则，该理论是否有正当性和合理性，引发学界热议。主要的批判理由包括：

第一，破坏罪刑法定原则的"制定法主义"。"以刑制罪"可能导致司法权僭越立法权，出现滥用。如有学者认为，量刑反制定罪忽视了罪刑法定原则下的司法权与立法权的关系定位，"定罪与量刑之间的关系定位，关键的不是谁主谁次的问题，而是如何处理两者之间的关系，才算坚守罪刑法定原则……为了追求量刑公正，就擅自改变罪刑关系配置的基本逻辑的做法，意味着向后退了一大步……赋予法官改变罪名的权力，法官就会把自己的意志变成法源，从而可能打着量刑公正的旗帜，葬送来之不易的刑事法治"。②不光刑法学者认为量刑反制定罪观点值得商榷，也有学者从法理学角度提出质疑，认为"量刑反制定罪摆脱了教义分析对司法权力的某些制约……在现代社会立法司法已有分工并且试图以立法制约司法权的制度条件下，作为司法处理难办案件的一种思路，这有点不安分；法官甚至不是司法制度会篡夺立法者的权力……放弃了规则约束，这种思路势必更多诉诸或者是法官个人的道德直觉，或者是不太稳定的民众情绪，或者是两者，因此很容易为个人直觉或民粹主义左右，很难保证法律的同等保护"。③

---

① 赵运锋：《能或不能：以刑制罪理论之反思》，载《甘肃政法学院学报》2014 年第 1 期。

② 姜涛：《量刑公正与刑法目的解释》，载《法学家》2012 年第 4 期。

③ 苏力：《法条主义、民意与难办案件》，载《中外法学》2009 年第 1 期。

第二，突破构成要件限制。有学者指出，法定的构成要件具有定型性特征，如果先确定应当适用的刑罚，然后再确定相应的罪名，会使法定的构成要件丧失定型性。[①]量刑反制定罪论如果只考虑量刑的实质公正，而将刑法所预设的犯罪构成视为可以随意突破的形式上的内容，是值得商榷的。[②]定罪是量刑的前提条件，定罪不应受到量刑的影响，只能根据犯罪构成。即使是为了实现罪刑相适应也不能以量刑来左右定罪。司法上的罪刑相适应必须受到立法上罪刑关系限度的制约。[③]

第三，违反传统的罪刑关系。根据刑事政策，将目光往返于构成要件与刑罚之间，这是由罪生刑思路和"以刑制罪"思路均认同的罪刑关系。但是"以刑制罪"只接受在初步裁量结果中，符合规范文义又符合立法精神的结果。言下之意，不符合立法精神的裁量结果，将在个案公平的目标下，通过更换罪名的方式得到修正。这已经超出了罪刑法定原则，脱离了教义学范畴，也超出了先事实判断后价值判断的罪责刑判断程序，而是以价值判断为指导，根据事实去寻找罪名，极易导致刑罚滥用。

第二阶段：广义的"以刑制罪"。

所谓广义的"以刑制罪"是指为了量刑公正可以选择罪名。根据案件事实的社会危害性预先处断其应予匹配的刑罚幅度，然后根据这一幅度选择较为合适的罪名。[④]这种观点认为，在传统的因罪生刑的模式下界定罪与非罪、此罪与彼罪有困难时，先衡量是否应该处以刑罚或者应该处以

---

① 张明楷：《许霆案的刑法学分析》，载《中外法学》2009 年第 1 期。
② 劳东燕：《刑事政策与刑法解释中的价值判断——兼论解释论上的"以刑制罪"现象》，载《政法论坛》2012 年第 4 期。
③ 陈兴良：《法条竞合的学术演进——一个学术史的考察》，载《法律科学》2011 年第 4 期。
④ 高艳东：《量刑与定罪互动论：为了量刑公正可变换罪名》，载《现代法学》2009 年第 5 期；赵运锋：《以刑制罪：罪刑关系的反思与展开》，载《政治与法律》2010 年第 7 期；王华伟：《误读与纠偏："以刑制罪"的合理存在空间》，载《环球法律评论》2015 年第 4 期；袁博：《论"以刑制罪"思维的教义反思与司法适用》，载《犯罪研究》2013 年第 1 期。

何种刑罚,再选择相应的条款。①在罪刑关系理解上,完全突破传统模式,力主以刑罚公正性为基准选择妥当的罪名。

2006 年"许霆案",在刑法教义学内部产生了无罪说、盗窃罪说、侵占罪说、信用卡诈骗罪说,也首次提出了"量刑反制定罪论"的观点。②接着,梁根林教授在 2009 年《中外法学》第 1 期的"主编絮语"部分将问题明确为"量刑反制定罪的逆向路径",提出:刑从(已然之)罪生、刑需制(未然之)罪的罪刑正向制约关系的原则之外,是否在疑难案件中存在量刑反制定罪的逆向思维? 如果存在,这种思维是否违背传统的刑法教义学理论,甚至违反罪刑法定原则,造成破坏法治的严重后果?③

由此高艳东教授提出"量刑反制定罪"观点,被不少学者视为广义的"以刑制罪"。以罪制刑在司法上的运用仅是在某一具体行为是否符合犯罪构成存在两可时,从刑对罪的制约角度来认定行为是否符合犯罪构成。④高艳东教授认为,为了得出公正的、对个人最有意义的精确刑事责任结论,"罪名上的形式正确"理当为"量刑上的实质公正"让路。⑤他进一步指出,刑事责任才是具有实质意义的刑法结论,也是被告人和民众关注的核心;如果根据犯罪构成判断出的罪名会使量刑明显失衡,就应适度变换罪名以实现量刑公正,让罪名为公正的刑事责任让路,不能把准确判断罪名作为优于量刑的司法重心。⑥

但广义的"以刑制罪"似乎受到学者们一边倒的批判:

首先,广义的"以刑制罪"思维模式已经完全突破罪刑法定的原则。

---

① 陈庆安:《论刑法漏洞的存在与补救——兼论"以刑入罪"之隐忧》,载《政治与法律》2010 年第 7 期。

② 高艳东:《从盗窃到侵占:许霆案的法理与规范分析》,载《中外法学》2008 年第 3 期。

③ 梁根林:《许霆案的规范与法理分析》,载《中外法学》2009 年第 1 期。

④ 周洪波:《浅议刑罚对犯罪的影响》,载《检察实践》2002 年第 4 期。

⑤ 高艳东:《量刑与定罪互动论:为了量刑公正可变换罪名》,载《现代法学》2009 年第 5 期。

⑥ 高艳东:《从盗窃到侵占:许霆案的法理与规范分析》,载《中外法学》2008 年第 3 期。

运用广义的"以刑制罪"对某些罪刑关系进行解读时,是借助个案正义为刑罚决定论寻找理论依据,并借此将罪名及相应的犯罪构成视为可任意突破的形式上的手段。"以刑制罪"观点是先确定适用的法定刑,再确定相应的罪名,它容易使法定刑丧失定型性,同时也容易对个案作出不符合事实的归纳。正如张明楷教授指出的,"以量刑反制定罪"的见解,其关注实质上的量刑公正的一面值得肯定,但由此将罪名及相应的犯罪构成视为可任意突破的形式上的手段,无疑大可商榷。①因为刑法规范一旦确定,就成为法官判案的依据,只有强化这种规范的权威性与平等性,才能增强人们对刑法规范的认同,这是刑法教义学的题中应有之义,毕竟,刑法教义学的"核心在于强调权威的法律规范和学理上的主流观点",所以改变罪名就违反了"罪刑法定"的刑法教义。②

其次,"以刑制罪"思维模式难以妥善处理疑难案件。金泽刚教授认为,在一些疑难案件中,仅靠单向、一元的罪刑制约模式对犯罪行为便不能做出准确的司法认定。因为司法主体遵循从犯罪到刑罚的模式进行定罪量刑时,往往会影响到量刑公正。因此实践中的做法是"择轻刑定罪"。③"以刑制罪"思维模式变换罪名的前提是发现量刑过重,将重罪罪名变换为轻罪罪名,而不能相反。④然而,事实上教义学分析无法解决的疑难案件,分为事实认定存在疑难和法律适用存在疑难两种情况。其中事实认定存疑是证据问题,通过进一步补充证据得以解决,而法律适用存疑是指案件事实与多个刑法规范存在对应关系,以致法官在解释和适用法律、选择罪名时存在较大分歧。

事实上,刑事判决在进行构成要件分析、判断是否具有违法性、应当

---

① 张明楷:《许霆案的刑法学分析》,载《中外法学》2009 年第 1 期。
② 姜涛:《批判中求可能:对量刑反制定罪论的法理分析》,载《政治与法律》2011 年第 4 期。
③ 金泽刚、颜艺:《以刑制罪的学理阐释》,载《政治与法律》2010 年第 7 期。
④ 高艳东:《量刑与定罪互动论:为了量刑公正可变换罪名》,载《现代法学》2009 年第 5 期。

归责于哪个具体主体时，是对各种价值、利益、政策进行综合平衡和选择的结果。虽然最终的结果都是对疑难案件适用了轻刑，但教义学在坚持罪刑法定原则基础上进行的价值判断，而"以刑制罪"则是以价值判断为主导的罪名适用，为实现量刑公正而变更罪名的选择，并不是一种合理合法的做法。正如有学者指出，从刑法教义学上分析，固然定罪制动量刑理论可能面临困境，但却是人类社会长期博弈的结果。倘若我们无视这一点，不从刑法教义学上寻找困境的破解之道，而径行走到"量刑反制定罪"的路上，但恐怕不仅会破坏罪刑法定原则，而且还会葬送来之不易的刑事法治。如此给我们带来的可能就不是"刑法福利"，而是"刑法灾难"了。①

第三阶段：缓和的"以刑制罪"。

随着风险社会下刑法需要应对恐怖组织犯罪、网络犯罪、环境犯罪等一系列新型犯罪行为，有学者将目光聚焦到"李斯特鸿沟"问题上，即如何解决刑事政策与刑法教义学之间产生的冲突。

有学者提出以刑事政策与刑法的融会贯通为由，主张对行为结果先进行刑事政策上的价值判断，再以价值判断为依据，对构成要件进行实质解释，进而决定罪名。②与狭义的"以刑制罪"解决立法、司法上罪刑关系，广义的"以刑制罪"直面刑事司法上罪刑关系不同，这一阶段的"以刑制罪"主要是从解释论上阐述为何要引入"以刑制罪"思维模式。劳东燕教授指出，在刑法日益刑事政策化的今天，单纯依靠法益扩容来完成对构成要件的解释已不大可能，因为法益本身也依靠刑事政策确定，既然法益越来越刑事政策化，自然就得出刑法解释也受到刑事政策影响的结论。刑法解释学的核心任务是甄别值得刑罚处罚的行为，而是否值得刑罚处罚，

---

① 姜涛：《批判中求可能：对量刑反制定罪论的法理分析》，载《政治与法律》2011 年第 4 期。

② 劳东燕：《刑事政策与刑法解释中的价值判断——兼论解释论上的"以刑制罪"现象》，载《政法论坛》2012 年第 4 期；赵运锋：《以刑制罪：刑法教义学与刑事政策学相互贯通的路径选择》，载《北方法学》2014 年第 5 期。

不可能不考虑能否实现刑罚矫枉过正的问题,刑事政策正是判断行为是否值得刑罚处罚的过程中必须予以考虑的因素。用公式简单表述就是:刑事政策——应受刑罚处罚必要性及其程度的价值判断——危害性评价——对犯罪成立要件的解释。这意味着解释犯罪成立要件时必须考虑刑罚问题,所以刑罚的严厉程度反过来会制约与影响犯罪成立要件解释。这就是"以刑制罪",而"以刑制罪"的实现依赖的就是刑事政策。而实质解释,就是要求"在刑法有明文规定的情况下,必须使构成要件说明犯罪本质、使犯罪构成整体说明行为的社会危害性达到了应当追究刑事责任的程度",所以从解释论上认可实质解释,就意味着对"以刑制罪"现象合理性的承认。[①]当然,"以刑制罪"仍要坚持罪刑法定原则为前提。劳东燕教授指出,"刑罚反制"承认法定刑会影响、制约对相应犯罪构成要件的解释,但绝不认同解释者在解释时任意突破犯罪构成的制约,为获得量刑公正而不惜摆脱刑法教义学束缚的做法。[②]

赵运锋教授也认为,刑事政策进入教义学的路径就是"以刑制罪"的司法逻辑。理由一是,"以刑制罪"目的性强,是以刑罚妥当性和必要性为考量,而检验刑罚妥当性和必要性的就是刑事政策。二是"以刑制罪"的单向性强,主要解决疑难案件的出罪和罪轻问题。如在绑架罪与非法拘禁罪的界分、抢劫罪与寻衅滋事罪的界分、绑架罪与敲诈勒索罪的界分、伪造公民身份证罪的出罪和罪轻裁判中,均有实践价值。[③]

同样作为对沟通刑法教义学与刑事政策的尝试,有学者建议将"以刑制罪"限制在刑罚解释论上,将"以刑制罪"作为刑法目的解释而存在。有

---

① 劳东燕:《刑事政策与刑法解释中的价值判断——兼论解释论上的"以刑制罪"现象》,载《政法论坛》2012 年第 4 期。

② 劳东燕:《刑事政策与刑法解释中的价值判断——兼论解释论上的"以刑制罪"现象》,载《政法论坛》2012 年第 4 期。

③ 赵运锋:《以刑制罪:刑法教义学与刑事政策学相互贯通的路径选择》,载《北方法学》2014 年第 5 期。

学者提出如下思路:(1)在刑法规范的可能文义射程范围内,如果解释者对于刑法规范的解释存在两种以上的方案,那么可以依据刑罚妥当性作为解释方案的决策。(2)在刑法规范的可能文义涵盖范围内,如果解释者根据初次解释预见到刑罚后果的不妥当性,则应当据此反思对于法律规范的理解。基于这种批判性的审查视角,解释者在刑法规范的可能文义射程范围内重新探索更为妥当的可能处罚解释方案。①

总体而言,认可实质解释的学者在阐述解释依据时,会涉及"以刑制罪"思维,但仍是对"以刑制罪"商榷意见多、支持意见少。缓和的"以刑制罪"观点,与狭义的"以刑制罪"观点有相似之处,都认可刑罚对定罪具有影响,承认应受刑罚处罚必要性及其程度的价值判断——危害性评价——对犯罪成立要件的解释这一思维模式,但二者还是有所不同:

第一,解释依据不同。狭义的"以刑制罪"论一般认为该思维模式只适用于司法过程,即在处理疑难案件时适用,主要用于出罪和罪轻罪名的选择,主要目标是实现刑法的公正与合理,换言之,是民众的法感情。而缓和的"以刑制罪"为了在刑事政策与刑法教义学之间寻找桥梁,在解释论上适用"以刑制罪"思维模式,解释的依据是刑事政策。

第二,这一阶段的"以刑制罪"与第一阶段的"以刑制罪"具有相似之处,都是司法上的"以刑制罪",而非立法上,主要都是通过刑法解释实现合理定罪。但这一阶段用"以刑制罪"的对象不再以疑难案件为限制,而是扩大到所有刑事案件。

第三,"以刑制罪"思维与实质解释有相似,但两者并不相同。"以刑制罪"探讨的是处理犯罪、刑罚关系时的思维方式,即是先确定罪名还是先确定刑罚,法定刑的种类、程度是否对罪名的认定起反向作用,尤其是在法律认定类的疑难案件中,当罪名难以确定,是否以实现类案公正为目

---

① 王华伟:《误读与纠偏:"以刑制罪"的合理存在空间》,载《环球法律评论》2015 年第 4 期。

标,通过刑罚在多个可能合适的罪名中作出选择。而实质解释作为刑法解释的一种,直面的对象是构成要件要素,其目的是对构成要件进行带有价值判断的解读。至于近几年出现的形式解释与实质解释之争,具有相同的前提,即不得超出罪刑法定原则,即语词的解释必须在最大文义射程范围内。形式解释与实质解释的差异主要是立场不同,即当词义有多种解释时,是否允许对语词进行价值判断,进而避免构成要件要素语词解释的僵化。

二、"以刑制罪"在司法实践中的运用

与理论界的争论不同,司法实务界似乎普遍默认量刑对罪名确定的反制作用。罪责刑是否均衡,是法官确定罪名的一项重要考虑原则。因量刑无法做到均衡而考虑适用其他罪名,是法官常用的方法之一。以林某等人虚假广告罪为例。

被告人某甲新媒体科技有限公司。

被告人林某,某甲新媒体有限公司法定代表人、股东、总经理。

被告人黄某,某甲新媒体有限公司副总经理、股东。

被告人郑某,某甲新媒体有限公司媒介部主管。

被告人宫某,某乙科技有限公司法定代表人。

被告人包某,无固定职业。

某人民检察院以某甲新媒体科技有限公司及被告人黄某、林某、郑某、宫某、包某犯非法经营罪一案向人民法院提起公诉。

法院经审理查明:2019年1月,被告人林某、黄某成立被告单位某甲新媒体科技有限公司,二人分别担任公司的总经理、副总经理,二人负责公司决策、管理。该公司由业务部负责寻觅商户签订代营运合同,由运营部、设计部等部门为商户在互联网平台上提供广告投放、平面设计、内容搭建、数据分析等代营运服务,由媒介部负责寻找刷手,采用空刷虚假好评、团购、收藏、笔记等方式为代营运的商户提高星级排名、好评度、团购销售等数据。被告人宫某、包某按照某甲公司的要求，自行或者招募其他刷手为某甲公司代运营的商户发布虚假好评或购买团购券并虚假核销。经查，某甲公司签订合同收取合同款共计人民币 2000 余万元，对外支付刷单炒信费用 100 余万元。其中宫某收取某甲公司支付的刷单炒信费用 71 万余元，包某收取某甲公司支付刷单费用 22 万余元。上述各被告人被抓获归案后分别退缴了部分违法所得。

检察院认为，根据 2013 年最高人民法院、最高人民检察院《关于办理利用信息网络实施诽谤等刑事案件适用法律若干问题的解释》第 7 条的规定，违反国家规定，以营利为目的，通过信息网络有偿提供删除信息服务，或者明知是虚假信息，通过信息网络有偿提供发布信息等服务，扰乱市场秩序，具有下列情形之一的，属于非法经营行为"情节严重"，依照《刑法》第 225 条第(四)项的规定，以非法经营罪定罪处罚：(一)个人非法经营数额在五万元以上，或者违法所得数额在二万元以上的；(二)单位非法经营数额在十五万元以上，或者违法所得数额在五万元以上的。实施前款规定的行为，数额达到前款规定的数额五倍以上的，应当认定为《刑法》第 225 条规定的"情节特别严重"。某甲公司通过信息网络有偿提供发布信息，扰乱市场秩序，根据上述规定，其行为应当构成非法经营罪，且经营额超过 100 万元，属于情节特别严重，应当在五年有期徒刑以上判处刑罚。

法院经审理认为，审计报告证实，某甲公司收取商户合同费用 2000 余万元，其中包含正常业务费用以及刷单炒信费用，而用于刷单炒信的费用仅 100 余万元。由此可见，某甲公司并非专门从事刷单炒信业务的平台。根据《〈关于办理利用信息网络实施诽谤等刑事案件适用法律若干问题的解释〉的理解与适用》的有关精神，明知是虚假信息，通过信息网络有偿提供发布信息等服务的行为，实际上为诽谤、敲诈勒索、寻衅滋事等违法犯罪提供了传播虚假信息的手段、平台，扩大了信息网络上虚假信息的影响范围,不仅扰乱网络秩序,而且破坏了市场管理秩序,是当前信息网络上种种乱象的重要推手,具有较大的社会危害性,应当以非法经营罪定罪处罚。由此可见,《解释》规制利用信息网络实施非法经营犯罪的立法宗旨主要是为惩治在信息网络上进行信息炒作、发布不实信息的"网络公关公司""营销公司"等。而本案涉案公司系有正当主营业务的公司,经营收入主要源自广告设计、策划、文案优化和网店搭建等,涉案公司的刷单业务主要是应商家需要撰写好评、团购核销、种草、收藏客户等,与为诽谤、敲诈勒索、寻衅滋事等违法犯罪提供传播虚假信息的手段、平台,扩大信息网络上虚假信息的影响范围存在本质区别。本案被告人通过网络媒介等方式推介特定商品或服务,属于《广告法》规定的广告形式,其采用刷单炒信的方式营造虚假的客户信誉和口碑,符合虚假广告的构成要件,故各被告人的行为构成虚假广告罪。

本案中,法院改变检察机关指控罪名的根本原因在于,某甲公司虽然从事了刷单炒信业务,但是该公司主要经营的业务是正当合法的业务,刷单炒信行为在整个业务中仅占非常小的比例,与专门从事刷单炒信业务的公司不同;此外,某甲公司的刷单炒信业务主要是为客户进行业务推广,虽然有虚假成分,扰乱了正常的市场秩序,但是与那种为违法犯罪提供帮助的刷单炒信行为还是有本质区别的。但是按照《解释》,其经营额已经超过 75 万元的"情节特别严重"门槛,需要在有期徒刑五年以上进行量刑。从行为的社会危害性上看,显然难以做到罪责刑相适应。故此,法院采用目的解释的方法,对《解释》的相关规定进行了缩限解释,从而认为本案被告人的行为不构成非法经营罪,最终法院以虚假广告罪对相关被告人判处了一至两年有期徒刑的刑罚。

三、"以刑制罪"之总体否定及合理因素的汲取

陈兴良教授认为,"罪刑关系的辩证运动分为四个阶段:一是确定罪

刑关系的刑事立法阶段;二是解决罪刑关系质的个别化的定罪阶段;三是解决罪刑关系量的个别化的量刑阶段;四是实现罪刑关系的行刑阶段"。①在以上四个阶段中,立法阶段无须"以刑制罪",因为立法思路是先定罪后确定法定刑,具体某一行为是否应当以刑法立法规制属于设置犯罪圈大小问题,不属于本书讨论范畴。第四阶段行刑也不考虑罪刑法定,因为既然行刑,说明罪名、刑期已定。目前产生"以刑制罪"争议的主要是二三阶段,即在确定罪名时是否应当考虑刑罚的反制作用,在个案刑罚的确定上,尤其是为了追求疑难案件与普通案件的量刑均衡上,满足民众朴素的正义观而确定先合适的宣告刑,进而寻找确定的罪名。第二阶段的争议产生了上文所称广义的"以刑制罪"概念,即以刑罚确定罪名。而第三阶段的争议则对应上文狭义的"以刑制罪"概念和缓和的"以刑制罪"概念。

就司法上的"以刑制罪"而言,笔者反对作为思维模式的"以刑制罪",即完全根据刑罚寻找适用罪名。它推翻了先定罪后量刑思维模式,是对罪刑法定原则的突破。既然广义的"以刑制罪"不可取,那么狭义和缓和的"以刑制罪"思路是否有正当基础? 也就是说,在疑难案件审理过程中是否可以"以刑制罪"。这并不意味着司法工作人员在判案时不考虑刑罚对罪名定性的影响,而是赞同司法工作人员要目光不断往返于刑罚规定的案件事实之间,根据刑法规定的具体犯罪和法定刑来检验可能判处的罪名的妥当性。因此赞成在确定罪名时需要考虑到刑罚的公正性和合理性。也认同为了跨越李斯特鸿沟需要将刑事政策纳入刑法教义学范畴中,但可行的路径可以是实质解释,而非"以刑制罪"。

综上所述,笔者并不认可"以刑制罪"的思维模式,而是希望通过刑法解释实现无论是普通案件还是疑难案件在罪责刑方面的均衡。具体理由

---

① 陈兴良:《刑法哲学》,中国政法大学出版社 2004 年版,第 726 页。

如下：

第一，从刑罚反推罪名的思维方式是对罪刑法定原则的否定，应当坚守从罪名到刑罚。刑事立法必须坚守罪刑法定的基本原则。罪刑法定原则包括"形式的侧面"和"实质的侧面"。"形式的侧面"包括法律主义、禁止事后法、禁止类推等原则，旨在规制国家的司法权力。"实质的侧面"包括明确性原则和刑罚法规正当等原则。刑事立法中的罪与刑具有先后次序性，罪与刑的法定性在刑法条文上表现为罪刑的因果性、单向性，刑事司法只能依法定罪量刑。[①]

第二，以刑定罪扭曲了定罪与量刑的关系。刑法具有解决行为人刑事责任有无和大小的使命，而定罪、量刑均围绕这一使命展开。如以刑定罪根据"刑罚处罚必要性及其程度的价值判断——危害性评价——对犯罪成立要件的解释"公式，将刑罚作为定罪的依据，确定定罪与量刑是目的与手段，有本末倒置之嫌。罪名是以类型化为基础，一旦罪名变成了规则的一部分，并引导出法定刑的配置，这就成为严格规则主义的一部分，不可逾越，这是法条主义和罪刑法定的题中应有之义，并且这已经成为中国当代法学界的主导法治意识形态，所以，"即使是出于'平衡'罪刑关系的良善动机，为了克服刑法本身对个罪刑罚设置不当的不足，追求所谓'个案的公正'，也不能脱离案件的基本事实而选择罪名的适用或者人为降低刑罚的档次，此种做法伤害的是量刑的根基，有损刑事诉讼活动公信力"。[②]

第三，考虑罪责刑的适应，考虑个案审理的公正，本身是罪责刑原则题中之意，与罪刑法定原则更不冲突。定罪体系中的"以刑制罪"，主要是罪与非罪、此罪与彼罪的认定。由宣告刑到法定刑的有效沟通。刑事责

[①] 高铭暄、马克昌主编：《刑法学（第五版）》，北京大学出版社、高等教育出版社 2011 年版，第 238 页。

[②] 姜涛：《量刑公正与刑法目的解释》，载《法学家》2012 年第 4 期。

任是犯罪与刑罚之间连接的桥梁,犯罪决定刑事责任的成立,刑事责任又决定刑罚适用,由犯罪到刑罚的过程,刑罚呈现被动状态。

第四,罪刑不均衡主要是司法解释不力,不能期望通过"以刑制罪"解决。以刑定罪与实质解释属于不同范畴的概念,否定以刑定罪并非否定实质解释,同样认可实质解释并不说明"以刑制罪"具有合理性。形式解释与实质解释被认为是不同的解释立场,但无论是形式解释还是实质解释,均不能超越文义射程,即最多只能是扩大解释,不能进入类推解释范畴。形式解释并非对构成要件的规范进行僵化解释,其背后的理念是行为无价值,即行为人罪责和刑罚的来源是其实施的行为,这些行为违反了立法之初确立的法规范。实质解释也坚持必须在文义射程范围内,其背后的理念是结果无价值,即认为刑法的目的是恢复法所保护的、受到行为侵害的利益,法所保护的利益往往以结果、具体危险、抽象危险等形式规定在法条中,因此依据行为对造成的结果、引发的危险的程度,理解刑法条文规范。由此可见,实质解释的范围受到法益的限制,而如何理解法益,刑事政策是否应当作为法益的来源之一,学界对此尚存争议。

当然,若将"以刑制罪"视为目的解释的一种,将刑事政策作为目的,而为"以刑制罪"谋取立足的一席之地具有合理性。因为刑法解释必须坚持能动性,在维护定罪与量刑之基本逻辑关系不变的前提下,主张把刑罚目的作为解释者解释刑法中定罪情节、罪名界限、量刑情节等的一个内在标准,所以它同样会产生罪名改变,进而实现量刑公正之效果,与量刑反制定罪似有相似之处。但它不主张以量刑结果直接改变罪名的逻辑,又规避了对罪刑法定原则的背离。①但此时的"以刑制罪"是否属于狭义或缓和的"以刑制罪"概念,或者说是否有必要提出"以刑制罪"概念,就值得商榷了。否定"以刑制罪"绝不意味着在案件审理过程中,司法工作人员

---

① 姜涛:《量刑公正与刑法目的解释》,载《法学家》2012 年第 4 期。

完全忽视刑罚对定罪的作用。正如梁根林教授所说,在疑难案件出现的时候怎么办?可能要跳出单纯的、教条的、绝对的从所谓构成要件出发来处理案件的传统思维模式。要考虑对这个案子,在应当认定为犯罪的前提下怎么处罚是妥当的,即从量刑妥当性的基点出发,反过来考虑与我们裁量的相对妥当的刑罚相适应的构成要件是哪个,从而反过头来考虑该定什么罪。①

以赵某抢劫案为例。被告人赵某因失业加之欠了大量外债,遂产生了抢劫他人的念头。某日,被告人至一青年公寓附近物色作案对象,选定被害人崔某后,尾随被害人至其租借的该青年公寓 507 室门口,乘被害人崔某开门之际迅速闯入,尔后以语言威胁、展示美工刀等方式劫得 28000元。后被告人被抓获归案,家属代被告人赔偿了被害人损失,被害人对被告人予以谅解。公诉机关认为被告人构成抢劫罪且系入户抢劫。主要理由为:本案涉案虽然为公寓,但房间设有密码锁门与外界隔离,他人不得自行进出,具备了"户"的场所特征。被害人于案发前已经签约承租,欲将该房间作为自己的住处,该房间内基本生活设施完备,可随时拎包入住,故该处已然成为被害人个人生活场所,具有私密性和排他性,可以认定为入户抢劫中的户。

根据《刑法》第 263 条的规定,入户抢劫应当判处十年以上有期徒刑、无期徒刑或者死刑,并处罚金或者没收财产。但是本案中有两个特殊点需要引起注意:

第一,本案中的"户"不典型。2000 年最高人民法院《关于审理抢劫案件具体应用法律若干问题的解释》、2005 年最高人民法院《关于审理抢劫、抢夺刑事案件适用法律若干问题的意见》指出,入户抢劫中的"户"一般应当具备两个基本特征:一是场所特征,即与外界相对隔离;二是功能

---

① 梁根林:《现代法治语境中的刑事政策》,载《国家检察官学院学报》2008 年第 4 期。

特征,即供家庭生活所用。在司法实践中又延伸出第三个特征,即"正在为家庭生活所用"。最高人民法院"法答网"第二批精选问答中,对于房屋装修后,尚无人居住,进入房屋盗窃是否构成"入户盗窃"的问题,答疑指出,"房屋装修放置期间,所涉住所虽然与外界相对隔离,具有'户'的场所特征,但因无人居住,尚未供他人家庭生活,不具有功能特征。从立法目的看,将入户盗窃规定为盗窃罪的一种入罪情形,目的在于强化对户内人员人身权利的保护。因为入户盗窃一旦被户内人员发现,往往会转化为抢劫,从而危及、危害户内人员的人身,而进入无人居住的房屋通常不存在这一问题。故对被告人在房屋装修放置期间进入盗取家电家具等财物的行为,不宜认定为'入户盗窃'"。上述观点同样可以适用于入户抢劫。本案发生于2023年8月。被害人于2023年6月签订公寓租赁合同。据被害人陈述,签订租房合同时房屋正在装修,7月份可以入住,但因为公寓刚刚装修完毕,有甲醛需要散味等因素,其实际一直也没入住。案发前被害人只去过一次,案发当天是第二次去,放一下包,当时连电费也没交,只是作为其一个临时放东西的地方。因为去的次数少,案发当天乘电梯到5楼后没找对房间几次迷路。案发现场的照片证实,该房间内除基本生活设施外,没有被害人自己的物品,甚至冰箱门都呈开启状态,印证了被害人没有实际入住、电费都没交的说法。因此,本案房屋虽然已经具备了可供日常生活的基本条件,但是尚未真正被用于家庭日常生活。是否能够认定为入户抢劫中的"户",值得商榷。

第二,被告人的抢劫行为具有一定特殊性。案发当日,被告人闯入被害人室内,声称向被害人崔某"借钱",并展示了美工刀,被害人提出给其现金3000元,被告人予以拒绝并要求被害人进行网贷。被害人网贷28000元并转入被告人的银行卡内后,被告人要求被害人继续借钱,被害人予以拒绝,被告人没有实施进一步的暴力或威胁。后被告人主动向被害人表明是"借款",并在被害人的要求下持本人真正的身份证拍摄了视频,双方并加了微信,被告人将上述视频发送给被害人,表示每月 20 日发工资后,25 日将归还一部分"借款"给被害人。后被告人主动离开。根据2014 年最高人民检察院《关于强迫借贷行为适用法律问题的批复》(高检发释字〔2014〕1 号)"以暴力、胁迫手段强迫他人借贷,属于刑法第二百二十六条第二项规定的强迫他人提供或接受服务,情节严重的,以强迫交易罪追究刑事责任;同时构成故意伤害罪等其他犯罪的,依照处罚较重的规定定罪处罚。以非法占有为目的,以借贷为名采用暴力、胁迫收单获取他人财物,符合刑法第二百六十三条或者二百七十四条规定的,以抢劫罪或敲诈勒索罪追究刑事责任"。[1]同时最高法院在"李洪生强迫交易案"中也指出"本案中,被告人李洪生当场使用暴力手段,强行向被害人孙焕然借款 100 万元,并逼迫孙焕然当场筹借部分款项。虽然其书写了借条,并书面承诺无报酬替孙焕然解决孙与有关公司之间的纠纷,形式上有一定交易性质,但并不符合强迫交易罪的构成要件,不能认定为强迫交易罪,而恰恰符合抢劫罪的构成要件,应认定为抢劫罪"。[2]根据上述规定及参考案例,虽然本案构成抢劫罪,但是有以下因素需要考虑:一是被告人在劫得部分钱财后,欲进一步劫财并被被害人拒绝后,未进一步实施暴力、威胁行为,说明被告人的暴力行为有节制;二是被告人将自己真正的身份信息告知被害人并承诺还款,公安机关可据此轻易将被告人抓获,而公安机关也确实是根据被害人提供的信息很快将被告人抓获。

　　根据上述两点,本案中如认定被告人构成入户抢劫,并与"抢劫致人重伤、死亡"等其他七类情形相提并论,判处十年以上有期徒刑,显然罪责刑难以适应。在这种情况下,法院对"户"的认定采用了严格解释的方法,认定本案被告人不构成入户抢劫,最终以抢劫罪判处被告人有期徒刑六

---

　　[1]　喻海松:《实务刑法评注》,北京大学出版社 2022 年版,第 9—34 页。

　　[2]　最高人民法院刑事审判第一、二、三、四、五庭主办:《刑事审判参考》(总第 66 集),法律出版社 2009 年版,第 11 页。

年,并处相应的罚金。

案件的审理效果是司法工作人员必须考虑的重要问题,在司法实践过程中,案件审理绝不是单纯的法条适用,而是在事实认定过程中、法律适用过程中不断进行价值判断。事实上,虽然事实判断与价值判断应当剥离,先进行事实判断后进行价值判断,但二者绝不能完全割裂。在一个案件中,应从事实判断到价值判断,再根据已有的价值判断回头审视事实判断,进而再次进行价值判断,事实与价值判断不断循环往复的过程。

第九章 "但书"规定在定罪中的规范化运用

如果将"但书"所反映出的对行为危害性(法益侵害性)的实质评价纳入犯罪构成,那么根据罪刑法定基本原则的要求,就产生了"但书"的规范化运用问题,否则就可能出现以"危害性评价"架空该当性、违法性、有责性评价的问题,导致随意的出入人罪。

一、"但书"在实践中运用

"但书"体现出来的指导思想广泛分布在司法解释和最高法院指导性文件中。早在 1999 年最高人民法院《全国法院维护农村稳定刑事审判工作座谈会纪要》(济南会议纪要)中就多次运用了这种方式。该《纪要》指出,对于村民群体械斗案件,要查清事实,分清责任,正确适用刑罚。处理的重点应是械斗的组织者、策划者和实施犯罪的骨干分子。一般来说,械斗的组织者和策划者,应对组织、策划的犯罪承担全部责任;直接实施犯罪行为的,应对其实施的犯罪行为负责。要注意缩小打击面,扩大教育面。对积极参与犯罪的从犯,应当依法从轻或者减轻处罚。其中符合缓刑条件的,应当适用缓刑;对被煽动、欺骗、裹挟而参与械斗,情节较轻,经教育确有悔改表现的,可不按犯罪处理。关于拐卖妇女、儿童犯罪案件,该《纪要》指出,要严格把握此类案件罪与非罪的界限。对于买卖至亲的案件,要区别对待:以贩卖牟利为目的"收养"子女的,应以拐卖儿童罪处理;对那些迫于生活困难、受重男轻女思想影响而出卖亲生子女或收养子女的,可不作为犯罪处理;对于出卖子女确属情节恶劣的,可按遗弃罪处罚;对于那些确属介绍婚姻,且被介绍的男女双方相互了解对方的基本情况,或者确属介绍收养,并经被收养人父母同意的,尽管介绍的人数较多,从中收取财物较多,也不应作犯罪处理。关于正确处理干群关系矛盾引发的刑事案件问题,该《纪要》指出,对抗拒基层组织正常管理,纯属打击报复农村干部的犯罪分子,一定要依法严惩;对事出有因而构成犯罪的农民被告人,则要体现从宽政策。群体事件中,处罚的应只是构成犯罪的极少数为首者和组织者;对于其他一般参与的群众,要以教育为主,不作犯罪处理。直至近年,这种方式仍然沿用。2019 年 10 月 25 日,最高人民法院、最高人民检察院《关于办理非法利用信息网络、帮助信息网络犯罪活动等刑事案件适用法律若干问题的解释》第 15 条规定,综合考虑社会危害程度、认罪悔罪态度等情节,认为犯罪情节轻微的,可以不起诉或者免予刑事处罚;情节显著轻微危害不大的,不以犯罪论处。

在实务中,"但书"规定也一直被作为出罪依据使用。1990 年陕西汉中两级法院关于"中国安乐死第一案"的判决中明确指出,被告人的行为属于故意剥夺公民生命权利的行为,符合故意杀人罪的构成要件,但综合全案具体情况,被告人的行为仍属"情节显著轻微、危害不大",因而一审判决、二审裁定被告人无罪。[①]

在张某诈骗案中,张某系甲公司和乙经营部实际负责人,常年为工地供应钢材。2009 年 10 月,丙公司中标承建一工程后转包给个体建筑商朱某实际施工。2010 年 4 月,经朱某介绍,甲公司与丙公司签订钢材购销合同,由甲公司向丙公司提供钢材。合同履行期间实际由朱某指定人

---

① 参见张波:《刑法学的若干基本理论探讨》,载《现代法学》2004 年第 6 期。

员负责签收、管理、使用甲公司提供的钢材,并根据钢材供应量凭甲公司开具的发票向丙公司申请货款,然后再由朱某将货款转交给张某。经审计,工程施工期间,甲公司累计向工地提供钢材价值人民币5060余万元,朱某凭甲公司出具发票从丙公司获取钱款3080余万元,以钢材款名义转入甲公司3380余万元,朱某另将个人控制的资金1140万元以钢材款的名义转入乙经营部。另查明,朱某与张某存在借贷关系,施工期间曾同时向张某归还过个人欠款。2015年5月,张某与朱某签署一张丙公司尚欠甲公司1430余万元钢材款的对账单。2015年5月28日,张某持上述对账单等材料以甲公司名义提起民事诉讼,要求丙公司支付拖欠钢材款1430余万元及利息480余万元。后经法院判决,丙公司应支付甲公司货款即利息753万余元。2017年2月,丙公司向公安机关报案,认为甲公司涉嫌虚假诉讼罪。后检察机关指控被告人张某收到足额钢材款后,以非法占有为目的,采用虚构事实、隐瞒真相的收单提起民事诉讼,构成诈骗罪,并向法院提起公诉。法院经审理认为,张某提出的诉讼请求数额系根据自持的单据计算得出,张某、朱某、丙公司之间未曾实际对账,引发账目混乱,张某没有实施隐瞒真相的行为,张某的行为不具有刑法意义上严重的社会危害性,对市场经济活动中平等主体之间发生的纠纷,如果未造成严重危害后果或侵犯第三人合法权益,可以通过民事诉讼程序等进行有效处理,没有动用刑罚手段予以制裁的必要性,不能认定为犯罪,据此宣告被告人张某无罪。

在文某盗窃案中。被告人文某17岁。1999年7月,文某因谈恋爱遭到其母王某的反对,被王某赶出家门。之后,王某更换了门锁。数日后,文某得知其母回娘家,便带着女友撬锁开门入住。过了几天,因没钱吃饭,文某便伙同女友先后3次将家中电器变卖得款3150元。公诉机关以盗窃罪提起公诉。法院经过审理,判决文某无罪。相关判例认为,被告人文某在作案时年龄为17岁,虽然已经符合追究刑事责任的年龄要求,但仍属于未成年人,且没有固定的经济收入和独立生活的能力,其母亲作为唯一法定监护人,对其负有抚养和监护的义务。即使其母亲对文某过早谈恋爱有权提出批评和进行管教,但不应当放弃抚养的义务和监护的职责,让其脱离监护单独居住,更不应迫使其离家出走。被告人文某因谈恋爱引起其母亲不满而被赶出家后,无生活来源,于是趁其母亲不在家的时候,与其女友撬开家门入住,并将家中物品偷出变卖,其目的是为了自己及其女友的生活所用,其偷拿自己家庭财产的行为与在社会上作案不同,社会危害性不大,被盗财物已追回或以赔偿,损失也不大,依法不应当追究刑事责任。①

从 1997 年《刑法》修订至今,我国出台了十一个刑法修正案,刑法呈现出一种明显的扩张态势。受风险社会理论的影响,刑法的防卫功能更加突出,一大批传统的预备犯、帮助犯被作为正犯纳入我国刑法体系,行为刑法的特点在一定程度上更加明显。但是随着刑法的扩张,刑法网的密织,我国传统违法、犯罪二元体系受到了很大冲击。由此导致了刑法打击和保障功能之间的冲突越来越明显。而在这种愈发明显的冲突下,传统的四要件犯罪构成理论体系除了以"但书"规定缓和刑法扩张之后所带来的行为极易犯罪化或入罪化的现象之外,可以说没有其他更好的办法,"但书"规定的应用也似乎呈现某种扩张态势。以危险驾驶罪为例,2011年《刑法修正案(八)》增设了危险驾驶罪,规定醉酒驾驶机动车的构成危险驾驶罪。根据刑法规定,行为人只要达到醉酒程度,在道路上驾驶机动车,即构成危险驾驶罪。对于危险驾驶罪能否运用"但书"条款出罪产生了理论上的争议。部分观点认为对醉驾型危险驾驶行为不能适用《刑法》第 13 条的规定,即对于酒精含量检测结果达到醉酒驾驶标准的案件应当

---

① 最高人民法院刑事审判第一庭、第二庭编:《刑事审判参考(第 3 卷·下)》,法律出版社 2002 年版,第 151—155 页。

一律入罪,这样更符合立法本意,更有利于治理醉驾现象。[①]在强大的舆论态势下,该种观点一度占据主流,一段时期内人民法院几乎没有通过"但书"条款出罪的判例。《刑法修正案(八)》出台后,危险驾驶罪的数量迅速攀升,截至目前危险驾驶罪已经超越传统的盗窃罪成为我国刑法第一大罪名[②]。随着危险驾驶罪数量越来越多,反思的观点逐渐出现。最高人民法院下发的《关于正确适用〈刑法修正案(八)〉依法追究醉酒驾车犯罪案件的紧急通知》中明确提出的"刑法第 133 条之一规定在道路上醉酒驾驶机动车予以追究刑事责任,虽然没有规定情节严重或情节恶劣的前提条件,但根据'但书'规定,危害社会行为情节显著轻微危害不大的,不认为是犯罪"。最高人民法院主编的《刑事审判参考》指导案例第 896 号吴晓明危险驾驶案中,由最高法院法官审编的裁判理由指出,对危险驾驶罪可以适用情节显著轻微,但要严格限制,"除不低于免予刑事处罚的适用条件外,在'量'上应当更加严格把握,要求同时具备:(1)没有发生交通事故或者仅造成特别轻微财产损失或者人身伤害;(2)血液酒精含量在 100 毫克/100 毫升以下;(3)醉驾的时间和距离极短,根据一般人的经验判断,几乎没有发生交通事故的可能性"。[③]上述观点最终被 2023 年最高人民法院、最高人民检察院、公安部、司法部联合下发的《关于办理醉酒危险驾驶刑事案件的意见》所吸收。

二、"但书"在实践运用中存在的问题

社会危害性评价是对一个案件各种要素的综合评判,包含的内容极其复杂,既包含实害性判断也包含价值判断,还包含刑事政策的因素;既

---

① 张建:《"醉驾型"危险驾驶罪的反拨与正源》,载《华东政法大学学报》2011 年第 5 期。

② https://www.163.com/dy/article/GPGDI9R205129QAF.html.

③ 中华人民共和国最高人民法院刑事审判第一、二、三、四、五庭主编:《刑事审判参考》2013 年第 5 辑,第 24 页。

包含客观要素也包括主观要素,包含人身危险性要素;既包含事前要素也包含事中要素,还包含事后要素;既包含案内要素,也包含某些案外要素。在"但书"条款作用日渐重要的情况下,目前我国理论界对"但书"的研究却非常薄弱。以"但书"为标题关键词在"知网"查询,共得到至少 175 个检索结果,其中大部分是讨论具体个罪中"但书"条款的运用问题,对"但书"进行规范化研究的成果极少。危害性评价包含的内容极其复杂,在这些因素中作用力的大小应当如何排列? 在发生要素冲突时应当如何进行取舍? 对这些问题都缺乏明确的路径,由此导致司法实践甚至司法解释对"但书"运用的随意性较大。主要表现为:

一是将不符合犯罪构成的行为以"但书"形式出罪。前文指出,我国的犯罪构成实际存在两个层面,行为的该当性和责任的充足性。第二个层面应当是以第一个层面为前提的。也就是说,如果行为不符合刑事法律规范的该当性,行为就不可能构成犯罪,也就不存在第二个层面的责任是否充足的判断。然而实践中相关司法解释性文件并未严格遵循上述规范。最高人民法院 2003 年《关于行为人不明知是不满十四周岁的幼女双方自愿发生性关系是否构成强奸罪问题的批复》规定:"行为人明知是不满十四周岁的幼女而与其发生性关系,不论幼女是否自愿,均应依照刑法第二百三十六条第二款的规定,以强奸罪定罪处罚;行为人确实不知对方是不满十四周岁的幼女,双方自愿发生性关系,未造成严重后果,情节显著轻微的,不认为是犯罪。"在这一批复中,首先强调奸淫幼女构成犯罪的要件之一是"行为人明知是不满十四周岁的幼女而与其发生性关系"。既然"明知"是构罪的条件之一,那么"不明知",显然不符合奸淫幼女构成犯罪的条件,也就是说行为人在"不明知"的情况下与幼女发生性关系不构成犯罪,也就不存在所谓的"双方自愿发生性关系,未造成严重后果,情节显著轻微的,不认为是犯罪"。

二是定罪免刑与"但书"出罪混用。有学者指出,根据立法的预设,定罪免刑的实质要件为"情节轻微不需要判处刑罚",它与"但书"出罪的实质要件"情节显著轻微危害不大"显然是不同梯度的情节,两者对应的法效果也存在有罪和无罪的根本区别。然而,立法在模糊规定"情节轻微"与"情节显著轻微"两档情节之后,并没有进一步明示应当如何区分轻微的情节和显著轻微的情节,导致两者的梯度关系"有名无实"而难以真正界分。①

三是评价标准不明确。比如关于涉枪犯罪的问题。我国《刑法》第125条、第128条分别规定了与枪支有关的犯罪。2001年最高人民法院制定了《关于审理非法制造、买卖、运输枪支、弹药、爆炸物等刑事案件具体应用法律若干问题的解释》(以下简称《涉枪解释》),并于2009年修改后重新公布。2014年,最高人民法院又会同最高人民检察院制定了《关于办理走私刑事案件适用法律若干问题的解释》(以下简称《走私解释》),对走私武器、弹药罪的定罪量刑标准作了规定。根据司法解释的规定,非法制造、买卖、运输、邮寄、储存、持有、私藏军用枪支一支以上的,或者非法制造、买卖、运输、邮寄、储存、持有、私藏以火药为动力发射枪弹的非军用枪支一支以上或者以压缩气体等为动力的其他非军用枪支二支以上的,即构成犯罪;枪支数量达到上述标准五倍或者三倍以上的,要升档量刑,其中如认定为非法制造、买卖、运输、邮寄、储存枪支罪的,可以判处十年以上有期徒刑直至死刑。在认定此类犯罪时,首先要明确的是枪支的概念。《枪支管理法》第46条对"枪支"作了定义性规定,明确"本法所称枪支,是指以火药或者压缩气体为动力,利用管状器具发射金属弹丸或者其他物质,足以致人伤亡或者丧失知觉的各种枪支"。同时,该法第4条规定,枪支管理工作由公安机关主管。由于《枪支管理法》只是明确了枪支的性能特征,实践中办理相关案件,一直按照有关部门制定的枪支鉴定

---

① 夏伟:《"但书"出罪运行机制研究》,载《中国法学》2023年第4期。

标准认定是否属于枪支。2007 年公安部发布了《枪支致伤力的法庭科学鉴定判据》(GA/T 718-2007,该标准为推荐标准),将枪支认定标准修改为枪口比动能 1.8 焦耳/平方厘米。2010 年《公安机关涉案枪支弹药性能鉴定工作规定》(公通字〔2010〕67 号)明确,对不能发射制式弹药的非制式枪支,"枪口比动能大于等于 1.8 焦耳/平方厘米时,一律认定为枪支"。近年来,由于《涉枪解释》规定的入罪门槛较低,而一些涉以压缩气体为动力且枪口比动能较低的枪支的案件,一律以涉枪犯罪定罪量刑,难以体现罪责刑相适应原则,引发社会舆论的强烈反应。天津老太涉枪案后,最高人民法院、最高人民检察院联合发布了《关于涉以压缩气体为动力的枪支、气枪铅弹刑事案件定罪量刑问题的批复》(法释〔2018〕8 号,以下简称《批复》)。《批复》规定:"对于非法制造、买卖、运输、邮寄、储存、持有、私藏、走私以压缩气体为动力且枪口比动能较低的枪支的行为,在决定是否追究刑事责任以及如何裁量刑罚时,不仅应当考虑涉案枪支的数量,而且应当充分考虑涉案枪支的外观、材质、发射物、购买场所和渠道、价格、用途、致伤力大小、是否易于通过改制提升致伤力,以及行为人的主观认知、动机目的、一贯表现、违法所得、是否规避调查等情节,综合评估社会危害性,坚持主客观相统一,确保罪责刑相适应。"根据《批复》规定,除涉案枪支的数量外,还应当充分考虑如下情况:一是涉案枪支的外观、材质、发射物、购买场所和渠道、价格。如果从外观看一般人明显不会认识到系枪支(如玩具枪),材质通常不同于一般枪支(如使用材质较差的塑料),发射物明显致伤力较小(如发射 BB 弹),就购买场所和渠道而言一般人认为购买不到枪支的地方(如玩具市场),就价格而言一般人认为不可能是枪支的对价(如仅花费了几十元钱),一般不认定为犯罪。二是涉案枪支的致伤力大小、是否易于通过改制提升致伤力。如枪支其本身致伤力不大,但易于通过改制达到较大致伤力,也可以定罪。三是涉案枪支的用途和行为人的主观认知、动机目的、一贯表现、违法所得、是否规避调查等情节。

这主要侧重从行为人的人身危险性角度进行考量。《批复》仍然采用了所谓"耦合式"的思维模式,该模式最大的问题在于各种规则体系缺乏先后逻辑顺序,从而导致如果各要素之间存在冲突,则仍然无法按照一定的规则体系解决问题。如果上述三个方面之间产生了冲突,比如行为人根据枪支的外观不能客观地认识到某物品系枪支,但该物品经过改装具有相当大的杀伤力,应当如何处理?"综合分析判断"由于缺乏一定的规则顺序,其实质是无法进行分析判断,因为不同规则体系之下,针对同一事物综合分析判断的结论可能截然相反,其结果就可能为司法的任意性提供了空间。

正是因为存在上述问题,有学者指出,"法官常常援引自陷风险、期待可能性等超法规的出罪事由,以增强裁判说理。这表明'但书'对超法规的出罪事由可能具有'接应功能',司法实践以'但书'规定为基础变相发展出了'多元化的出罪事由体系'"。①

三、"但书"的规范化运用

梳理相关司法解释以及司法执法规范性文件,"但书"一般运用于以下情形:

1. 实行行为本身极其轻微

比如,2013 年最高人民法院《关于依法惩治性侵害未成年人犯罪的意见》第 27 条规定,"已满 14 周岁不满 16 周岁的人偶尔与幼女发生性行为,情节轻微、未造成严重后果的,不认为是犯罪"。2010 年最高人民法院、最高人民检察院、公安部、司法部《关于依法惩治拐卖妇女儿童犯罪的意见》第 17 条规定:"不是出于非法获利目的,而是迫于生活困难,或者受重男轻女思想影响,私自将没有独立生活能力的子女送给他人抚养,……

---

① 夏伟:《"但书"出罪运行机制实证研究》,载《中国法学》2023 年第 4 期。

情节显著轻微危害不大的,可由公安机关依法予以行政处罚。"2022年最高人民法院、最高人民检察院、公安部、国家移民管理局《关于依法惩治妨害国(边)境管理违法犯罪的意见》第11条规定:"徒步带领偷越国(边)境的人数较少,行为人系初犯,确有悔罪表现,综合考虑行为动机、一贯表现、违法所得、实际作用等情节,认为对国(边)境管理秩序妨害程度明显较轻的,可以认定为犯罪情节轻微,依法不起诉或者免予刑事处罚;情节显著轻微危害不大的,不作为犯罪处理。"2023年最高人民法院、最高人民检察院、公安部、司法部《关于办理醉酒危险驾驶刑事案件的意见》第12条规定:"醉驾具有下列情形之一,且不具有本意见第十条规定情形的,可以认定为情节显著轻微、危害不大,依照刑法第十三条、刑事诉讼法第十六条的规定处理:(一)血液酒精含量不满150毫克/100毫升的;(二)出于急救伤病人员等紧急情况驾驶机动车,且不构成紧急避险的;(三)在居民小区、停车场等场所因挪车、停车入位等短距离驾驶机动车的;(四)由他人驾驶至居民小区、停车场等场所短距离接替驾驶停放机动车的,或者为了交由他人驾驶,自居民小区、停车场等场所短距离驶出的;(五)其他情节显著轻微的情形。"

2. 情节轻微的帮助犯

比如2014年最高人民法院、最高人民检察院、公安部《关于办理利用赌博机开设赌场案件适用法律若干问题的意见》第7条规定:"对受雇佣为赌场从事接送参赌人员、望风看场、发牌坐庄、兑换筹码等活动的人员,除参与赌场利润分成或者领取高额固定工资的以外,一般不追究刑事责任,可由公安机关依法给予治安管理处罚……"2016年最高人民法院、最高人民检察院《关于办理非法采矿、破坏性采矿刑事案件适用法律若干问题的解释》第11条规定,对受雇佣为非法采矿、破坏性采矿犯罪提供劳务的人员,除参与利润分成或者领取高额固定工资的以外,一般不以犯罪论处,但曾因非法采矿、破坏性采矿受过处罚的除外。

3. 因事后真诚悔罪、积极弥补并未造成重大损失的

比如 2009 年最高人民法院《关于审理非法制造、买卖、运输枪支、弹药、爆炸物等刑事案件具体应用法律若干问题的解释》第 6 条规定："非法携带枪支、弹药、爆炸物进入公共场所或者公共交通工具,危及公共安全,……携带的数量达到最低数量标准,能够主动、全部交出的,可不以犯罪论处。"2013 年最高人民法院《关于审理拒不支付劳动报酬刑事案件适用法律若干问题的解释》第 6 条规定:"在刑事立案前支付劳动者的劳动报酬,并依法承担相应赔偿责任的,可以认定为情节显著轻微危害不大,不认为是犯罪。"2014 年最高人民法院、最高人民检察院、公安部《关于办理非法集资刑事案件适用法律若干问题的意见》第 6 条规定:"对于涉案人员积极配合调查、主动退赃退赔、真诚认罪悔罪的,可以依法从轻处罚;其中情节轻微的,可以免除处罚;情节显著轻微、危害不大的,不作为犯罪处理。"2022 年最高人民法院《关于审理非法集资刑事案件具体应用法律若干问题的解释》第 6 条规定:"非法吸收或变相吸收公众存款,主要用于正常的生产经营活动,能够在提起公诉前清退所吸资金,可以免于刑事处罚;情节轻微危害不大的,不作为犯罪处理。"

4. 基于被告人与被害人之间的特殊关系

比如,2011 年最高人民法院、最高人民检察院《关于办理诈骗刑事案件具体应用法律若干问题的解释》第 4 条规定:"诈骗近亲属的财物,近亲属谅解的,一般可不按犯罪处理。诈骗近亲属的财物,确有追究刑事责任必要的,具体处理也应酌情从宽。"2013 年最高人民法院《关于办理敲诈勒索刑事案件适用法律若干问题的解释》第 6 条规定:"敲诈勒索近亲属的财物,获得谅解的,一般不认为是犯罪;认定为犯罪的,应当酌情从宽处理";2013 年最高人民法院、最高人民检察院《关于办理盗窃刑事案件适用法律若干问题的解释》第 8 条规定:"偷拿家庭成员或者近亲属的财物,获得谅解的,一般可不认为是犯罪;追究刑事责任的,应当酌情从宽";

2016 年最高人民法院《关于审理毒品犯罪案件适用法律若干问题的解释》第 12 条规定:"容留近亲属吸食、注射毒品,情节显著轻微危害不大的,不作为犯罪处理。"

梳理上述司法解释或司法解释性文件,可以对"但书"的适用提炼出以下规则:

1. 适用但书的前提是行为符合构成要件的该当性

也就是说,按照法律的规定,某种行为符合犯罪构成,应当作为犯罪处理。如果行为不符合犯罪构成,则应当直接宣告无罪,不存在适用但书的空间。比如 2005 年最高人民法院、最高人民检察院《关于办理赌博刑事案件具体应用法律若干问题的解释》第 9 条规定,不以营利为目的,进行带有少量财物输赢的娱乐活动,以及提供棋牌室等娱乐场所只收取正常的场所和服务费用的经营行为等,不以赌博论处。这里"两高"用法律解释的方法,将"不以营利为目的,进行带有少量财物输赢的娱乐活动,以及提供棋牌室等娱乐场所只收取正常的场所和服务费用的经营行为"排除出刑法意义上赌博行为。据此,行为人实施上述行为应当从构成要件该当性的角度认定不构成犯罪,不应以"但书"方式出罪。

2. 适用但书的规定必须罪刑轻微

所谓的罪刑轻微应当以"罪中"情节作为主要判断标准,同时综合考虑罪前、罪后情节。犯罪行为本身是追究行为人刑事责任的基础和主要依据,而罪前、罪后情节往往是在衡量责任大小时所考虑的因素。所以不应仅因罪前、罪后情节就轻易适用"但书"出罪。2014 年最高人民法院、最高人民检察院、公安部《关于办理非法集资刑事案件适用法律若干问题的意见》规定:"对于涉案人员积极配合调查、主动退赃退赔、真诚认罪悔罪的,可以依法从轻处罚;其中情节轻微的,可以免除处罚;情节显著轻微、危害不大的,不作为犯罪处理。"其中"情节轻微、危害不大"应当指行为人实施非法集资行为的情节,而不包含"积极配合调查""主动退赃退赔""真诚认罪悔罪"等事后因素。如果行为人实施非法集资行为数额较大或者作用较大,即使"积极配合调查、主动退赃退赔、真诚认罪悔罪"一般仅可从轻处罚,而不能引用"但书"的规定予以出罪。

所谓"罪刑轻微"应当包含以下几个方面:

一是所犯本罪应当是该罪的最低量刑档次。我国刑法对大部分犯罪规定了多个刑档,比如我国《刑法》第 152 条规定:以牟利或者传播为目的,走私淫秽的影片、录像带、录音带、图片、书刊或者其他淫秽物品的,处三年以上十年以下有期徒刑,并处罚金;情节严重的,处十年以上有期徒刑或者无期徒刑,并处罚金或者没收财产;情节较轻的,处三年以下有期徒刑、拘役或者管制,并处罚金。对于该罪刑法规定了三个量刑档次:情节较轻、一般情节、情节严重。如果要适用"但书"规定,本罪应当在情节较轻的量刑幅度内。如果本罪在上一个量刑幅度内一般不能直接适用"但书"规定予以出罪。

二是所犯本罪一般应当在有期徒刑三年以下的实际量刑区间。从司法统计学的角度,有期徒刑三年以下的犯罪传统上可以被视为轻罪。从实证研究的角度,"表明理论模型中关于'但书'出罪主要适用于轻微犯罪的预判具有很强的说服力。从裁判文书来看,重罪即基准法定刑在 3 年以上有期徒刑的犯罪难以通过'但书'出罪"。[①]

三是行为人一般不具有从重处罚的情节。我国刑法对"但书"表述为"情节显著轻微危害不大的",如果行为人的行为具有从重处罚的情节,显然不能不属于"情节显著轻微"。所谓的从重处罚情节包含法定的从重情节和司法解释、规范性文件以及司法实践中公认的酌定从重处罚的情节。2023 年 12 月最高人民法院、最高人民检察院、公安部、司法部《关于办理醉酒危险驾驶刑事案件的意见》第 12 条规定:"醉驾具有下列情形之一,

---

① 夏伟:《"但书"出罪运行机制实证研究》,载《中国法学》2023 年第 4 期。

且不具有本意见第十条规定情形的,可以认定为情节显著轻微、危害不大,依照刑法第十三条、刑事诉讼法第十六条的规定处理……"即为适例。

四是行为没有造成实害或者虽然造成实害但事后有效弥补了实害,有效修复了受损的社会关系。社会危害性(或法益侵害性)是犯罪的本质,通过犯罪后对受损的社会关系进行修复,可以大大降低行为的社会危害性。最高人民法院《关于审理非法制造、买卖、运输枪支、弹药、爆炸物等刑事案件具体应用法律若干问题的解释》《关于审理拒不支付劳动报酬刑事案件适用法律若干问题的解释》《关于审理非法集资刑事案件具体应用法律若干问题的解释》等司法解释都充分阐释了这一点。

3. 被告人真诚认罪悔罪

"但书"规定实质是通过量变引起质变的过程。"但书"适用的前提是行为构成犯罪,这个是行为"质"的规定性,但是由于某些犯罪的情节"显著轻微"这个量的衡量,由此引发行为出罪的结果。所以"犯罪情节"是"但书"适用中重要的"量变"因素。现代刑法是行为刑法和行为人刑法的混合体,通说的观点认为,应当以行为作为定性的基础,以行为人的主观恶性作为定量考虑的因素。因此,如果行为人的主观恶性较大,一般不宜认定"情节显著轻微"。而如果行为人犯罪后真诚认罪悔罪,表明行为人的主观恶性程度降低,再犯可能性下降,对罪行本身较为轻微的罪犯而言,通过"但书"出罪是适宜的。

4. 被告人一般有值得宽宥的特殊理由

一是被害人有明显过错。被害人有过错虽然不是法定从轻处罚情节,但在实践中却普遍作为酌定从轻处罚情节。2010 年最高人民法院《关于贯彻宽严相济刑事政策的若干意见》规定,对于因恋爱、婚姻、家庭、邻里纠纷等民间矛盾激化引发的犯罪,因劳动纠纷、管理失当等原因引发、犯罪动机不属恶劣的犯罪,因被害方过错或者基于义愤引发的或者具有防卫因素的突发性犯罪,应酌情从宽处罚。根据 2021 年最高人民法院、最高人民检察院《关于常见犯罪的量刑指导意见（试行）》的规定，被告人系防卫过当的可以减少基准刑的 60% 以上或免于刑事处罚；被害人具有过错的，可以减少基准刑的 20% 以下。

二是被告人缺乏期待可能性。期待可能性理论虽然在我国刑事立法中没有明确作为量刑情节，但在司法实践中却普遍作为酌情考虑的情节。比如在非法集资类案件的处理过程中，不少地方对参与非法集资行为的业务员一般不作犯罪处理，其中就有综合考虑一般业务员虽然对行为的非法性有概括明知，但缺乏期待可能性的因素。比如张某非法吸收公众存款罪一案。张某应聘某公司司机，在入职时，该公司要求张某办理一张银行卡，并将该银行卡交由公司使用。张某为了获取该份工作，遂实名办理了银行卡并将该卡信息及密码告知公司，后该银行卡被公司用作转移非法吸收的资金使用。张某到案后供述，其知道该公司从事的是集资业务，也知道该公司的业务"有点不正常"，且发现其信用卡经常有大额资金进出，但是为了获取司机的工作，不得已将卡交公司使用，其实际从事的也是公司的司机工作，除司机正常的薪资报酬之外，未从公司获取其他任何好处。对于此类案件，张某按照公司的要求办理信用卡并被公司作为转移资金使用，张某对其行为的非法性具有概括故意，但其是为了获取司机的工作，未直接参与公司的非吸业务，且未获取司机应得报酬之外的利益，可以认定为情节显著轻微，不作犯罪处理。

三是被告人对行为的违法性缺乏明确认知。随着社会管理的精细化，行政犯的比例在刑法中呈现急剧扩张的态势。一些由于历史原因原本处于法律监管灰色状态的行为可能被明确为非法甚至犯罪。关于违法性是否犯罪认识因素的必要组成部分，违法性认识必要说已经成为目前的主流观点，但是在具体判断标准上又存在多种不同的观点，笔者赞同以下观点，即将犯罪区分为自然犯与法定犯，从而采取不同的判断标准。对于只要行为人具备了对事实的认知就可以推定其存在违法性认知；对于行政犯只要行为人具备对事实的认知,一般也可推定行为人具备违法性认知,但允许行为人提出证据推翻这种推定。①由于特定的文化或历史传统原因,在某些情况下,行为人可能对行为具有一定的违法性有概括认知,但不一定清楚地知晓,在未造成严重的犯罪后果的情况下,对此类犯罪可以"但书"出罪。比如天津老太非法持有枪支案即是适例。

四是案件系多因一果,其中某些被告人对结果发生的原因力较小。行为、结果、因果关系是行为该当性的具体表现。在某些情况下,行为人的行为造成了危害社会的结果,但该结果的产生系多因一果且介入因素未完全切断行为人的行为与结果之间的因果关系,在这种情况下,虽然可以认定行为人应当对危害结果负责,但可以"但书"规定出罪。比如在李某过失致人重伤案中,被害人王某酒后在工厂宿舍大吵大闹,作为保安的李某见状遂上前制止并对王某进行约束。在此过程中,王某因醉酒导致站立不稳而倒地,正在对其进行约束的李某压在王某身上导致王某颈椎骨折颈部以下瘫痪。在这个案件中,王某酒后在厂区宿舍大吵大闹,作为保安的李某有制止并维护秩序的责任和义务。李某采取措施的行为与王某最终受重伤之间有一定的因果关系,但导致王某受伤主要是因为其醉酒重心不稳而正在采取措施的李某压在其身上所致,李某的行为与王某受伤之间虽有因果关系,但相对轻微,故此对李某可以"但书"出罪。

5. 以"但书"出罪符合一般社会正义观念

所谓一般正义观念包含以下三层含义:

一是符合特定的刑事政策。由于运用"但书"出罪是一个由量变引发质变的过程,是将本应有罪但做无罪处理的特殊情况,而这个过程中必须符合刑事政策的要求,符合一般社会公众对公平正义的认知。由此,2010年最高人民法院《关于贯彻宽严相济刑事政策若干意见》中规定的一般应

---

① 贾宇:《犯罪故意研究》,商务印书馆 2020 年版,第 116—117 页。

当从严惩处的犯罪不宜通过"但书"出罪。此外,相关司法解释、司法政策文件中规定的从严惩处的犯罪,适用"但书"出罪应当特别慎重。比如2023年最高人民法院、最高人民检察院《关于办理强奸、猥亵未成年人刑事案件适用法律若干问题的解释》《关于办理性侵害未成年人刑事案件的意见》均体现了依法从严惩处性侵害未成年人犯罪的价值取向,因此对这类犯罪一般不得适用"但书"出罪。

二是符合主流价值理念。在我国司法实践中,传统文化及价值观念发挥着重要作用。前述《关于办理诈骗刑事案件具体应用法律若干问题的解释》《关于办理敲诈勒索刑事案件适用法律若干问题的解释》《关于办理盗窃刑事案件适用法律若干问题的解释》《关于审理毒品犯罪案件适用法律若干问题的解释》即是中华传统文化"亲亲相隐"观念的反映。在"于欢辱母杀人案中",被害人用生殖器对准于欢母亲在我国传统文化中属于侮辱性极强的行为,而儿子保护母亲在一般人类观念中属于天经地义,因此于欢为了保护母亲不受侮辱奋而持刀杀人的行为获得了社会公众的普遍同情。这些因素在运用"但书"时必须充分考虑。

三是不会造成不同犯罪人之间量刑的明显失衡。在共同犯罪中,各行为人之间形成了一个相互配合的共同体,因此对各犯罪人的定罪处刑必须根据各自在共同犯罪中的地位、作用以及社会危害性进行平衡,防止将罪刑较重的人以"但书"出罪而对罪刑相比较更轻的人予以定罪。

第十章　社会主义核心价值观在定罪中的运用

2015 年最高人民法院下发了《关于在人民法院工作中培育和践行社会主义核心价值观的若干意见》,要求在人民法院工作中加强培育和践行社会主义核心价值观,保证法官正确履行宪法法律职责,促进全社会不断提高社会主义核心价值观的建设水平。刑事审判承担着惩罚犯罪、保障人权的特殊功能,如何在坚持罪刑法定原则的前提下,在刑事案件定罪量刑过程中正确融入社会主义核心价值观,实现两者路径上的贯通,仍有许多问题需要研究。

一、价值观、道德与法的关系

价值观是关于价值的信念、倾向、主张和态度的观点,起着行为取向、评价标准、评价原则和尺度的作用。价值判断是一定价值观选择的结果。价值观具有稳定性和持久性、历史性。价值观与道德存在密不可分的联系。社会价值体系由个人的价值观念组合和凝结而成,一旦凝结成了大多数人公认的价值体系,它就会演变成为一种社会意识形态。价值体系包含很多内容,而道德价值体系就是其中的重要内容。道德行为的根源在于价值观,持有什么样的价值观,就会有什么样的道德行为,因此道德是价值观的核心①。

法是社会治理的规范，是特定社会经济文化的产物，不同的价值选择产生了不同类型的法。因此法的正当性无法从法本身找到答案，而必须从法的价值和目的中探寻。"法律体系中除了规则和原则之外，还有一种更高层次的存在，即借由抽象概念和客观价值所型构的法秩序"。②犯罪是对法秩序最强烈、最严重的违反，因此有学者指出："违法性的实质是违反国家的法秩序的精神、目的，对这种精神、目的的具体的规范性要求的背反。违法性的实质概念既不能单纯用违反形式的法律规范来说明，也不能用单纯的社会有害性或社会的反常规性来说明。法在根本上是国民生活的道义、伦理，同时也是国家的政治的展开、形成，它通过国家的立法在形式上予以确定或者创造。而且，这种形式的法规总是适应国民生活的条理或道义观念，以实现国家的目的。这种法是整体的秩序，违背它就是违法。"③德国联邦最高法院在2014年5月8日的判决中指出："基于刑法规范所追求的目标以及宪法上的原因，刑法规范并没有被以超越比例原则为基础更严格要求的限制。"④比例原则包括适当性、必要性、相称性三个基本维度。所谓的适当性是指所采取的措施可以实现法所追求的目的，也就是说一种行为被判定为违法还是合法，必须与法的目的性一致。而法的目的又与法的价值判断密切相关。基于此，陈兴良教授指出："在刑法教义学中，价值判断对于犯罪认定十分重要。因为犯罪本身既具有事实要素又具有价值要素，因而价值判断贯穿整个犯罪论体系。"⑤

法律与道德既属于不同范畴又存在紧密联系。法律不同于道德，法律仅仅能够将与秩序有关的道德行为纳入自身规范的范畴，而无法规范

---

① 陈理宣：《价值观教育与道德教育的关系》，载《理论之窗》2009年第10期。

② ［德］卡尔·拉伦茨：《法学方法论》，黄家镇译，商务印书馆2020年版，第548页。

③ ［日］小野清一郎：《新订刑法讲义总论》，有斐阁1948年版，第119页。

④ 赵秉志等编：《当代德国刑事法研究》（第1卷），法律出版社2017年版，第203页。

⑤ 陈兴良：《刑法教义学中的价值判断》，载《清华法学》2002年第6期。

属于单纯精神范畴的道德。但道德又是法律最重要的内核之一,违反公共道德的法律缺乏存在的正当性。法律靠国家强制力实施,但国民对法律的信仰却并不总是依靠强制力,而是信赖法律能够带来公平正义、安宁和秩序。"法律的社会功能不仅关乎规则本身,还关乎其背后的道德诉求和对人心所向的回应,也关乎对伦理人情的塑造与对规则合理与否的检视。"①二战后,新自然主义法学派代表人物富勒与以哈特为代表的实证主义法学派进行了论战。以哈特为代表的实证主义法学派并不否认道德对法产生着深刻影响,但认为这种影响从实证的角度存在着偶然性,"法律反映或符合一定道德要求,尽管事实上如此,然而不是一个必然的真理"。②而富勒则认为道德和法律密不可分。富勒指出,如果法律要求我们予以尊敬,那么这种法律一定表达了某种人类努力的一般方向,这种方向使我们可以理解和描述的,并且使我们在原则上是可以赞同的。③富勒把法律分为外在的道德和内在的道德。外在的道德又叫实体自然法,是指法律必须以正义作为其追求的目标。人类交往和合作要遵循的基本原则如效率、平等、公正等也是人们在制定法律时所要追求的实体目标。④

在我国法律发展的历史中,道德历来是重要的内容之一。中华法系的主要特征之一就是强调道德与法律密不可分,"德主刑辅"的观念深深渗透于我国法治文化之中。早在战国时期,《韩非子·奸劫弑臣》第三十章就明确提出"圣人为法国者,必逆于世,而顺于道德",汉儒董仲舒则提出"德教为本,刑罚为辅"的思想,发展至盛唐"德主刑辅"的思想得到了彻底贯彻,《唐律疏议·名例》篇中说:"德礼为政教之本,刑罚为政教之用,

---

① 崔永东、宋宝永:《伦理道德观念影响司法裁判的理论探究与实证分析——以刑事司法为侧重》,载《法学杂志》2021年第3期。

② [英]哈特:《法律的概念》,张文显等译,中国大百科全书出版社1996年版,第182页。

③ Lon L. Fuller: Positivism and Fidelity to Law—A Reply to Professor Hart. Harvard Law Review, Vol.71, No.4(Feb, 1958), p.632.

④ 相关内容参见富勒:《法律的道德性》,郑戈译,商务印书馆2005年版。

两者犹昏晓阳秋相须而成者也。"中华人民共和国成立后尤其是改革开放后,我国在建设社会主义法治国家的同时,也重视发挥德治在依法治国中的重要作用。2000年6月,江泽民同志在中央思想政治工作会议上的讲话中指出:"法律与道德作为上层建筑的组成部分,都是维护社会秩序、规范人们思想和行为的重要手段,它们互相联系、互相补充。法治以其权威性和强制手段规范社会成员的行为。德治以其说服力和劝导力提高社会成员的思想认识和道德觉悟。道德规范和法律规范应该互相结合,统一发挥作用。"中国特色社会主义进入新时代后,以习近平同志为核心的党中央也高度重视依法治国与以德治国的有机结合。习近平总书记在党的十八届四中全会第二次全体会议上的讲话指出,治理国家、治理社会必须一手抓法治、一手抓德治,既重视发挥法律的规范作用,又重视发挥道德的教化作用,实现法律和道德相辅相成、法治和德治相得益彰。习近平总书记在党的二十大报告进一步指出,要坚持依法治国和以德治国相结合,把社会主义核心价值观融入法治建设、融入社会发展、融入日常生活。

价值观、道德观有多样性,不同的人基于不同的社会经历形成了不同的价值观和道德观。法律所秉持的应该是统一的、核心的、主流的价值观。2006年10月,党的十六届六中全会首次明确提出"建设社会主义核心价值体系"的重大命题和战略任务。到2012年11月,党的十八大明确提出"富强、民主、文明、和谐,自由、平等、公正、法治,爱国、敬业、诚信、友善"12个词的社会主义核心价值观。以此为背景,党中央相继出台了一系列相关文件。2013年12月,中共中央办公厅颁布《关于培育和践行社会主义核心价值观的意见》,明确指出"社会主义核心价值观是我们党凝聚全党全社会价值共识作出的重要论断"。2016年12月,中共中央办公厅、国务院办公厅印发《关于进一步把社会主义核心价值观融入法治建设的指导意见》,提出将社会主义核心价值观融入法治建设的各个环节。2019年10月,党的十九届四中全会通过的《中共中央关于坚持和完善中国特色社会主义制度推进国家治理体系和治理能力现代化若干重大问题的决定》，强调了要"坚持法治与德治并重，完善弘扬社会主义核心价值观的法律政策体系，把社会主义核心价值观要求融入法治建设和社会治理"。

为了贯彻中央决定精神，最高人民法院相继发布了弘扬社会主义核心价值观的典型案例和若干意见。2015 年 10 月最高人民法院印发《关于在人民法院工作中培育和践行社会主义核心价值观的若干意见》，要求"在法院工作中培育和践行社会主义核心价值观的指导思想、基本原则和目标任务"。2018 年 6 月最高人民法院印发《关于加强和规范裁判文书释法说理的指导意见》，强调"裁判文书说理要符合社会主义核心价值观的精神和要求"。同年 9 月，最高人民法院发布《关于在司法解释中全面贯彻社会主义核心价值观的工作规划（2018—2023）》，指出"在司法解释工作中培育和践行社会主义核心价值观，统一司法实践的裁判标准和尺度"。2021 年最高人民法院又出台了《关于深入推进社会主义核心价值观融入裁判文书释法说理的指导意见》。

二、社会主义核心价值观在刑事审判中的功能

实践中直接运用社会主义核心价值观作为判决理由的案例并不多，刑事案例更少。白蒙尼在其论文《社会主义核心价值观融入刑事司法裁判的问题与对策研究》中，通过检索北大法宝等平台，检索出 106 篇刑事裁判文书，2014 年到 2018 年期间，各年份援引社会主义核心价值观的案件数量均非常少。自 2018 年起，全国刑事判决书中援引社会主义核心价值观的案件总数开始增长，2018 年、2019 年、2020 年、2021 年全国刑事判决书中援引社会主义核心价值观的案件总数分别为 7 件、9 件、13 件、73 件。罪名主要分布在刑法分则侵犯公民人身权利、民主权利罪，侵犯财产罪，破坏社会主义市场经济秩序罪，妨害社会管理秩序罪。其中，故意伤

害罪 20 件、盗窃罪 13 件、非法捕捞水产品罪 12 件、非法狩猎罪 10 件、交通肇事罪 8 件、诈骗罪 5 件、故意杀人罪 3 件、非法占用农用地罪 3 件、重婚罪 3 件,盗伐林木罪、非法拘禁罪、聚众斗殴罪、开设赌场罪、强奸罪、侵犯公民个人信息罪等均为 2 件,其余涉及的罪名数量均为 1 件。从最高法院公布的典型案例来看,除了在 2016 年公布的典型案例存在刑事案件之外,其后公布的典型案例均集中在民商事和行政上。从各地公布的典型案例来看,也存在着类似情形。据不完全统计,除 2020 年山东高院公布的十起典型案例中有 6 件刑事案件外,2022 年海南法院公布的社会主义核心价值观典型案例仅有一例为刑事案件,为被告人谢某某寻衅滋事侮辱烈士案;2022 年广东高院公布的九件典型案例中均为民商事案件;2022 年上海高院发布的十起典型案例中也仅有一件为刑事案件,为"'颜值检测'软件窃取个人信息刑事附带民事案"。

此外,最高法院有关指导性文件对刑事审判和民商事审判在运用社会主义核心价值观时采取了不同的态度。最高人民法院《关于深入推进社会主义核心价值观融入裁判文书释法说理的指导意见》(以下简称《意见》)第六条规定,民商事案件无规范性法律文件作为裁判直接依据的,除了可以适用习惯以外,法官还应当以社会主义核心价值观为指引,以最相类似的法律规定作为裁判依据;如无最相类似的法律规定,法官应当根据立法精神、立法目的和法律原则等作出司法裁判,并在裁判文书中充分运用社会主义核心价值观阐述裁判依据和裁判理由。第八条规定,刑事诉讼中的公诉人、当事人、辩护人、诉讼代理人和民事、行政诉讼中的当事人、诉讼代理人等在诉讼文书中或在庭审中援引社会主义核心价值观作为诉辩理由的,人民法院一般应当采用口头反馈、庭审释明等方式予以回应;属于本意见第四条规定的案件的,人民法院应当在裁判文书中明确予以回应。根据上述规定,在民商事案件中,社会主义核心价值观可以直接作为裁判依据和理由,而在对于刑事案件,法官一般不宜主动援引社会主义核心价值观作为裁判理据，只有在当事人援引社会主义核心价值观作为诉辩理由时，法官才能以口头等方式回应。

《意见》对民商事案件和刑事案件进行区分原因并不是说在刑事审判中不需要或者说是弱化了社会主义核心价值观，而是因刑事案件的特殊性导致刑事案件与民商事案件在运用社会主义核心价值观时的要求不同。

首先，民商事案件处理的是平等当事人之间的法律关系，裁判结果是对当事人之间人身、财产等法律关系的判断，一般不牵涉对当事人本身或对行为本身价值评价的问题。但在刑事审判中，定罪本身就意味着对被告人及其行为的否定性评价。"法律既然是国家意志的表达，那么，国家通过制定刑法，将某些行为类型与刑罚这种具有痛苦性的强制措施联系起来，显然是表明了国家对这些行为持有强烈的否定态度。"[1]谢望原教授认为，刑罚的否定机能表现在两个方面：其一，对犯罪人在精神上进行道义谴责；其二，对犯罪人的实体权利与资格予以剥夺。[2]"刑罚是对有责地实施违法行为的行为人公开的、社会伦理学上的否定评价。因此，刑罚总是具有消极评价的内容，而且，在一定程度上还总是具有令行为人痛苦的特征。"[3]因此，一个行为一旦构成犯罪，就意味着国家对该行为包括行为人予以了否定性评价，而这种评价不仅是法律上的否定评价，也意味着道义上的否定评价。显然，我们不能认为一个犯罪行为是符合道德的。如果一个符合道德且正义的行为被认定为犯罪，我们就要反思定罪本身是否正确。因此，一个行为被认定为犯罪，而这种认定如果是正确的，一般情况下就无需再引用社会主义核心价值观予

---

① 周少华：《刑罚在立法上的评价功能》，载《政法论坛（中国政法大学学报）》第25卷第3期。

② 谢望原：《刑罚价值论》，中国检察出版社1999年版，第43—45页。

③ ［德］汉斯·海因里希·耶赛克，托马斯·魏根特：《德国刑法教科书（总论）》，徐久生译，中国法制出版社2001年版，第82页。

以评价。

其次，《中华人民共和国民法典》第 10 条规定：“处理民事纠纷，应当依照法律；法律没有规定的，可以适用习惯，但是不得违背公序良俗。”可见公序良俗是民法的重要法源之一。当法律没有明确规定时，人民法院可以依照公序良俗和习惯对民事纠纷作出裁判。但刑事审判则截然不同。罪刑法定原则是现代刑法的基本原则之一，是现代国际公认的刑事审判基本原则，1966 年联合国《公民权利和政治权利国际公约》第 15 条规定，任何人的任何行为或不行为，在其发生时依照国家法或国际法均不构成刑事罪者，不得据以认为犯有刑事罪。所加的刑罚也不得重于犯罪时适用的规定。罪刑法定原则派生出一系列法律规则，其中最重要的一项内容就是排除习惯法，要求在刑事审判中只能以刑法的明确规定作为裁判依据，而不能仅以习惯和道德作为处罚依据。

刑事审判的特殊性决定了在刑事审判中应当谨慎适用“社会主义核心价值”直接作为判决理据，但并不是否定或忽视社会核心价值观在刑事审判中的重要作用，而是要求将社会主义核心价值观“融入”刑事审判中，作为衡量裁判是否合理的“价值内核”而贯穿于刑事审判的始终。正如有学者指出的，“融入”不是简单地加入，也不是直接地介入，而是要用符合法治要求的方式、方法，把社会主义核心价值观融进立法、司法和执法各个环节。把社会主义核心价值观融入法治建设，并不是简单地把一些具体的核心价值加进法治建设，而是要把法治思维、法治方式和社会主义核心价值观融为一体，共同营造良好的法治建设环境。①社会主义核心价值观在刑事审判中的作用至少可以体现在以下三个方面：

第一，社会主义核心价值观可以作为社会危害性评判标准的指引。现代刑法理论的通说认为，犯罪是形式标准和实质标准的统一，而社会危

---

① 陈金钊：《“社会主义核心价值观融入法治建设”的方法论阐释》，载《当代世界与社会主义》2017 年第 4 期。

害性是犯罪的实质评价标准。①行为形式上违反法律规定但没有造成实际的社会危害的,不能认定为犯罪。张明楷教授指出,并不是任何危害社会的行为都要受到刑罚处罚,联系刑法的相关规定,只有具备以下三个条件才能受刑罚处罚:其一,根据罪刑法定原则,危害社会的行为必须被法律类型化为构成要件,亦即刑法分则或其他刑罚法规明文规定处罚这种行为(对危害社会的行为规定了法定刑)。没有被类型化为构成要件的行为,即使危害了社会也不应当受刑罚处罚。其二,根据刑法的谦抑性,危害社会的行为不是情节显著轻微危害不大的行为,换言之,根据《刑法》第13条的规定,情节显著轻微危害不大的行为,依法不受刑罚处罚。其三,根据责任主义,仅有危害行为还不能受刑罚处罚,只有根据刑法的相关规定,当行为人对危害社会的结果持故意或过失,行为人达到责任年龄、具有责任能力,并且具有期待可能性时,才能受刑罚处罚。概言之,根据《刑法》第13条以及相关规定,严重的法益侵害性与有责性,是犯罪的实体。②对犯罪行为的社会危害性进行实体评价时,不应只看到行为侵害的具体对象,而要综合犯罪行为的事实、性质、情节、后果,行为人事前事后的表现、主观恶性、人身危险性以及社会的反应等进行综合评价,"如果只看到犯罪分子给某一个人、某一个单位造成这样那样的损害,而看不到犯罪在总体上对我国社会主义社会关系的危害,是不可能真正认识犯罪的本质的"。③刑事犯罪是对整个社会秩序(或者法益)的危害或侵害,因此也必然违背社会的核心价值观。而核心价值观作为整个社会秩序(上层建筑)的有机组成部分,反过来也对行为的社会危害性起着重要的评价作用。"刑事司法的罪与罚一方面要坚持罪刑法定原则的人权保障功能、恪

---

① 当前,有部分学者认为法益侵害是犯罪的实质,相关内容参见张明楷《法益初论(增订本)》(上册),商务印书馆2021年版。但笔者认为二者并无实质性区别。

② 张明楷:《法益初论(增订本)》(下册),商务印书馆2021年版,第485页。

③ 林准主编:《中国刑法教程(修订本)》,人民法院出版社1994年版,第45页。

守规则之治,另一方面,又需要通过价值判断为违法性与有责性提供实质理由,通过罚当其罪,实现法条主义与实质正义相结合,而这一维度正是社会主义核心价值观的存在场域与存在价值。"①

　　宽严相济刑事政策是当前我国基本的刑事政策,其核心是区别对待,做到当宽则宽、当严则严、宽严相济、罚当其罪。而如何判断哪些当宽、哪些当严,如何平衡宽严尺度,价值观在其中发挥着重要作用。最高人民法院《关于贯彻宽严相济刑事政策的若干意见》指出了当前和今后一段时期要依法严惩的五类犯罪:第一类是危害国家安全犯罪、恐怖组织犯罪、邪教组织犯罪、黑社会性质组织犯罪、恶势力犯罪、故意危害公共安全犯罪等严重危害国家政权稳固和社会治安的犯罪;第二类是故意杀人、故意伤害致人死亡、强奸、绑架、拐卖妇女儿童、抢劫、重大抢夺、重大盗窃等严重暴力犯罪和严重影响人民群众安全感的犯罪;第三类是走私、贩卖、运输、制造毒品等毒害人民健康的犯罪;第四类是严重损害群众利益、社会影响恶劣、群众反映强烈的国家工作人员职务犯罪;第五类是严重侵害国家经济利益、严重扰乱社会主义市场秩序的金融犯罪、食品药品安全的犯罪、重大环境污染犯罪、环境资源犯罪等。这些犯罪不仅侵害了具体的法益,更严重危害了国家和人民利益,危及了国家安全、政权稳定,损害了社会治安秩序和人民群众生命、健康以及财产安全,对"富强、民主、文明、和谐"的社会主义价值观构成严重挑战,当然要依法严惩。

　　此外,行为人实施了危害社会的行为,虽不具有法定从轻情节,但在情理或道德上具有可以宽宥的情形,我们也可以以核心价值观为指引对其依法从轻处罚。同理,如果行为人实施的行为具有严重违背人伦道德,也可以作为从重处罚的情节。

　　在许某故意伤害案中,被告人许某平时经常打骂父母,其母被打得不

①　陈晓庆:《社会主义核心价值观在刑事司法中的适用研究》,载《湖北经济学院学报(人文社会科学版)》第 19 卷第 4 期。

敢回家。2012年5月28日，许某又因琐事在家中殴打因患脑血栓行动不便的父亲。同月30日中午，许某再次拳打脚踢其父的头面部及其胸部等处，造成其父双侧胸部皮下及肌间出血，双侧肋骨多根多段骨折，左肺广泛挫伤，致创伤性、疼痛性休克并发呼吸困难死亡。河北省衡水市中级人民法院经审理认为，许某因琐事殴打患脑血栓行动不便的父亲导致其死亡，其行为已构成故意伤害罪，依法判处许某死刑，剥夺权利终身。后经最高法院复核，核准其死刑判决。①

在姚某故意杀人案中，被告人姚某和被害人方某系夫妻关系，婚后育有四个子女。方某与姚某结婚十余年来，在不顺意时即对姚某拳打脚踢。2013年下半年，方某开始有婚外情，在日常生活中变本加厉对姚某实施殴打。2014年8月16日中午，方某再次殴打姚某，当晚还向姚某提出离婚并要求姚某承担两个子女的抚养费用。次日凌晨，姚某在绝望无助、心生怨恨的情况下产生杀害方某的想法，并在方某熟睡之际，持钢管猛击方某头部数下，又持菜刀砍切方某的颈部，致方某当场死亡。作案后姚某主动报警并留在现场等候警察处理。人民法院经审理认为，被告人姚某因不堪忍受丈夫方某长期家庭暴力而持械杀死方某，其行为已构成故意杀人罪。姚某作案后主动报警如实供述犯罪事实，具有认罪悔罪情节。综合本案情况，可以认定姚某故意杀人情节较轻，据此以故意杀人罪判处姚某有期徒刑五年。②

上述两个案例都是发生在家庭成员之间的犯罪。在许某故意伤害案中，最高人民法院认为，尊老爱幼是中华民族的传统美德，被告人许某平时好吃懒做，还经常打骂父母，在案发前和案发当日先后两次对患脑血栓行动不便的父亲施暴，且是殴打头面部及胸部等要害部位。案发后，许某的近亲属及村民代表均要求严惩不务正业、打死生父、违背人伦道德的

---

① 该案例刊载于2015年3月4日最高法院公布的"涉家庭暴力犯罪典型案例"。
② 参见(2015)浙温刑初字第4号刑事判决书。

"逆子"。因此,对许某以故意伤害罪核准死刑,充分体现了对严重侵犯老人等弱势群体的暴力犯罪予以严惩的政策,即便是发生在家庭成员间也不例外。而在姚某故意杀人案中,温州中院认为,被害人方某自与被告人姚某结婚以来,只要姚某稍不顺从即对其拳打脚踢,在方某有婚外情后,只要姚某过问,遭受的殴打程度更加严重、更加频繁,对此有十余名包括被害人的亲属、工友、同乡等证人可以证实。被害人对被告人长期实施家暴并且婚内出轨,严重违背社会主义道德,被告人在长期受到凌辱、忍无可忍的情况下对被害人实施了杀人行为,情有可原,人民法院对其以情节较轻为由判处有期徒刑五年,兼顾了法理和情理,总体而言是恰当的。

　　第二,在需要多角度评判的情况下,社会主义核心价值观可以作为综合衡量的指引。犯罪是对行为以及行为人社会危害性的综合评判。而"综合"则意味着这种评判是多维度、全方位的,其中必然会产生多种规则的冲突。如何在这些冲突的规则中寻求平衡,从而得出最妥帖的结论,必然需要一定的价值指引。比如张某非法持有毒品案。张某长期吸毒,因吸毒负债累累、造成家庭破裂,后张某被强制戒毒。戒毒期满后,张某得知强制戒毒期间其深爱的父亲病逝,未能见到最后一面,深感悔恨,遂向其母表达了要向毒品决裂的意愿。其母表示,其曾多次表示要戒毒但都没有成功,已经伤透了家人的心,家中还有张某吸食剩余的 70 余克"冰毒",如其真正想与毒品决裂就要将上述毒品上缴"政府",才能相信他。在这种情况下,张某将上述毒品主动上缴了公安机关。检察机关以张某犯非法持有毒品罪向法院提起公诉。《刑法》第 348 条规定:"非法持有鸦片一千克以上、海洛因或者甲基苯丙胺五十克以上或者其他毒品数量大的,处七年以上有期徒刑或者无期徒刑,并处罚金。"本案中张某非法持有毒品 70 余克,已经达到了应处七年以上有期徒刑的量刑档次,但是张某主动将所持有的毒品上缴,表达了与毒品决裂的坚定决心,其也是在母亲的劝说下主动向公安机关自首,如被判处七年以上有期徒刑的刑罚,于法有据但于情不通。在这种情况下,法院考虑到张某有自首情节及本案的实际情况,对张某非法持有毒品罪予以定罪免刑。正如有论者指出的"许多法律原则和一般条款与社会主义核心价值观具有本质上相同的内容,在部分领域或层面上一起体现了对某种社会关系调整的特定理念和精神。这样,在必要时诉诸社会主义核心价值观的要求和准则,能够为法律原则或法律一般条款的解释及具体裁判规则的建构提供相应的参照。同时,法律原则和法律一般条款的存在反映了制定法对社会生活的开放性与适应性,司法活动在个案裁判中运用法律的原则或一般条款形成具体的裁判规则,也需要考量法律与价值、道德、文化等社会因素的关系,在法律与其他社会规范的互动中确定法律的实际含义。在进行这种综合判断的过程中,有时就需要探求'社会上通常合理的人的共同价值确信'以作为判断的基础"。①

第三,社会主义核心价值观可以作为超法定正当化事由判断的内在依据。法律不能仅仅因为某个人思想邪恶而惩罚他,但是法律可以因为某个行为具有更高的社会价值而宽恕他。当前刑法学中关于犯罪构成的三阶层理论中引入了实质违法性的概念,"在古典犯罪论体系中,实质违法性的判断是违法性阶层的功能,而构成要件阶层只是一种单纯的形式违法的判断。在构成要件实质化以后,将实质性违法的功能前置到构成要件阶层,在构成要件中不仅要完成形式违法性的判断,而且还要完成实质违法的判断。换言之,在形式上符合构成要件的前提下,如果缺乏实质违法性,则否定构成要件。至于违法性阶层则主要承担违法阻却的功能,为正当防卫、紧急避险等正当化事由提供出罪根据"。②那么这种出罪根据究竟是什么?社会相当说认为,在历史地形成社会伦理秩序范围内所

---

① 杨知文:《把社会主义核心价值观融入指导案例的理据与方法》,载《中共中央党校(国家行政学院)学报》第 25 卷第 6 期。

② 陈兴良:《刑法教义学中的价值判断》,载《清华法学》2002 年第 6 期。

允许的行为,或作为法秩序的基础的社会伦理规范所允许的行为(即社会的相当行为),就是正当的。①目前我国刑法规定的正当化事由仅为正当防卫和紧急避险。但是学者普遍赞同存在某些超法定正当事由的存在。"因而在没有刑法明确规定的情况下,超法规的违法阻却事由根据实质的价值判断获得正当性而予以出罪,并不违背罪刑法定原则。"②

　　以夏某故意伤害案为例。法院经审理查明:2020 年 6 月 7 日,被害人沈某在某超市结账时,仅将放在购物车内的蔬菜、鸡蛋等价值 20 余元的商品付款,而未将放在购物袋内价值 90 多元的牛肉取出付款。后沈某携带未付款商品欲离开超市时引发安检机报警。超市员工夏某发现后,反复询问沈某是否有未付款商品,沈均回答没有。夏某遂要求沈某将购物袋内的商品拿出接受检查。后在沈某购物袋底部发现未付款的牛肉等未付款商品。超市遂拨打 110 报警,并要求沈某在现场等候民警到场处理,沈某称这些商品不要了并执意要求离开。夏某等人予以劝阻,在劝阻过程中夏某将沈某拉倒在地。经鉴定沈某构成轻伤。检察机关以沈某构成故意伤害罪为由向法院提起公诉。法院经审理认为,夏某作为超市员工,发现沈某实施盗窃违法行为并且在已报警处理的情况下,为阻止沈某离开而实施的行为具有正当性,且未超出合理限度,故其行为不构成故意伤害罪。后检察机关以不存在犯罪事实为由撤回起诉。从我国刑法规定来看,阻却违法的正当事由有两个:正当防卫、紧急避险。本案显然不属于紧急避险的情形。关于正当防卫,"两高一部"《关于依法适用正当防卫制度的指导意见》指出,正当防卫必须是针对正在进行的不法侵害。对于不法侵害已经形成现实、紧迫危险的,应当认定为不法侵害已经开始;对于不法侵害虽然暂时中断或者被暂时制止,但不法侵害人仍有继续实施侵害的现实可能性的,应当认定为不法侵害仍在进行;在财产犯罪中,不

---

① ［日］大塚仁:《刑法概说(总论)》,有斐阁 1992 年改订增补版,第 326 页。

② 张明楷:《法益初论(增补本)》(下册),商务印书馆 2021 年版,第 485 页。

法侵害人虽已取得财物，但通过追赶、阻击等措施能够追回财物的，可以视为不法侵害仍在进行；对于不法侵害人确已失去侵害能力或者确已放弃侵害的，应当认定为不法侵害已经结束。本案中，沈某盗窃超市财物的事实已经被发现，而且沈某声称所盗窃的财物"不要啦"，因此，本案既不存在"不法侵害人仍有继续实施侵害的现实可能性"，也不存在"不法侵害人虽已取得财物，但通过追赶、阻击等措施能够追回财物的，可以视为不法侵害仍在进行"的情形，故适用正当防卫存在法律规定的障碍。本案的特殊性在于，行为人的不法侵害已经实施完毕，被告人在已经报警的情况下，希望阻止不法侵害人离开从而使不法侵害人受到法律制裁，该行为具有目的的正当性，应当受到法律的保护。夏某在庭审中陈述："我错了，我不应该阻止被害人离开，反正偷的又不是我家东西。"夏某为维护公司合法利益，尽责守职，勇于同不法行为作斗争，如果其受到法律的制裁，法律的公正性将受到质疑。在这种情况下，不能仅从形式上看到被告人的行为与被害人轻伤后果之间具有因果关系，进而推导被告人主观上具有犯罪故意。应当结合案件的起因、被害人的过错、被告人的行为方式、行为的性质、限度等方面，准确评价该行为是否具有实质违法性，从而作出符合"公众认同"的刑事判决。法院认为，从案件起因上看，被害人具有盗窃超市财物的嫌疑。《中华人民共和国刑事诉讼法》第84条规定："对于有下列情形的人，任何公民都可以立即扭送公安机关、人民检察院或者人民法院处理：（一）正在实行犯罪或者在犯罪后即时被发觉的；（二）通缉在案的；（三）越狱逃跑的；（四）正在被追捕的。"所谓扭送，法律没有明确界定。从文义解释的角度，扭送必须先"扭"后"送"，通过"扭"的手段达到"送"的目的。而"扭"必然包括实施一定程度的强制力。从立法本意上理解，"扭送"是在公力救济无法立即到位，嫌疑人随时可能逃脱，从而加大司法制裁难度的情况下，赋予公民的一种权利，从而鼓励公民同违法犯罪行为做斗争，节约司法成本。在沈某实施了盗窃行为的情况下，夏某为保护单位财产不受损失,使不法行为人受到法律制裁,其行为目的具有实质的正当性,可以视为《刑事诉讼法》第84条规定的"扭送"行为。从行为限度上说,夏某已明确告知沈某已报警,反复劝说沈某留在现场等候民警处理,其间大约经历5分钟,被害人不听劝阻,曾至少3次强行挣脱,意图离开现场,最后一次正是在沈某强行离开现场时,夏某拉住其胳膊从而导致沈某倒地造成伤害。从整个过程来看,夏某始终处于被动地位,并未主动对沈某实施攻击,其拉扯沈某的行为与力度始终保持克制且未造成严重后果。综上,法院认为夏某的行为具有正当性并未超过合理限度,其行为不构成犯罪,后来检察机关也撤回起诉。

三、社会主义核心价值观在刑事审判中的正确运用

通过最高人民法院自上而下的推动,尤其是编发典型案例,社会主义核心价值观在裁判文书中的运用正呈逐年上升的态势,但是也出现了很多问题。有学者指出,目前简单、机械运用社会主义核心价值观释法说理的问题仍然存在,主要表现在:(1)简单套用、说理粗略。部分法官在释法说理时,空洞引用"社会主义核心价值观",或者对所援引的核心价值观与案件的关联性缺乏细致分析论证,既没有借用核心价值观解释相关法律条文背后的立法原意、价值取向,也未结合案情深入剖析其中符合或违背核心价值观的情节。在裁判文书中,往往只出现"与核心价值观相符"或"有悖核心价值观"之类的表述,文书说理论证与社会主义核心价值观脱节,公众很难从文书中发现法律适用与社会主义核心价值观之间的内在逻辑。(2)说理模板化、格式化。部分文书未从争议事实中推导当事人应当遵守何种社会主义核心价值观,没有结合具体个案进行论证,而是套用社会主义核心价值观说理语句,比如在大量赡养纠纷中,法院判决子女承担赡养义务的理由都是"尊老爱幼是中华民族的传统美德,子女不承担赡养老人的义务与社会主义核心价值观相背离,故对原告要求被告承担赡

养义务的请求,本院予以支持"。(3)过多运用、泛化应用社会主义核心价值观内容。为了在裁判文书释法说理中体现社会主义核心价值观,采用社会主义核心价值观的关键词和内容,进行过多篇幅和文字的叙述,表面上是有内容,实质上与案件裁判关联不紧密,牵强附会,泛泛而谈,出现"重形式轻实质"问题。①

为了规范裁判文书引用社会主义价值观说理中出现的问题,2021年最高人民法院出台了《关于深入推进社会主义核心价值观融入裁判文书释法说理的指导意见》明确指出,有规范性法律文件作为裁判依据的,应当以规范性法律文件作为裁判依据,社会主义核心价值观作为一种判断标准更多地是作为理解立法目的和法律原则的重要指引以及作为检验自由裁量权是否合理行使的标准而存在。《意见》第4条规定了可以运用社会主义核心价值观进行释法说理的六种情形。根据《意见》第4条规定的规定,在刑事案件中可以适用社会主义核心价值观作为裁判理据的主要包含三类案件:

第一类:重大、敏感且社会关注的案件。此类案件案情重大、社会关注度高,裁判结果涉及重大价值观导向问题,有必要在裁判文书中表明裁判立场,弘扬和引导主流价值。

第二类:案件涉及多种价值观冲突容易引发争议的案件。比如在"于欢辱母杀人案"中,一方面于欢持刀杀人致一人死亡、二人重伤、一人轻伤,危害后果严重,另一方面于欢持刀杀人是在其母亲人格受到严重侮辱的情况下发生的。"辱母""暴力讨债""警察不作为"等关键词触动了公众的敏感神经。一审判决后,据《凤凰号大数据》3月28日发布的统计,对于一审判决结果,舆论呈现一边倒的负面倾向,谴责之声占比高达79.7%。3月26日"北京时间"评论官方公号发布了"三致'辱母案'"的三篇评论

---

① 刘峥:《论社会主义核心价值观融入裁判文书释法说理的理论基础和完善路径》,载《中国应用法学》2022年第2期。

文章:《致那位法官:您判于欢有罪让人难以接受》《致那位民警:您本来有机会救下于欢母子》《致那位死者:你若知道于欢被判刑会高兴么?》,代表了当时舆论对判决结果的质疑:于欢的行为不属于正当防卫吗? 出警民警是否不作为?"谁死谁有理"的司法实践合理吗?① 此类案件关乎伦理道德与法律的碰撞,关乎社会公众对于公平正义的理解和感受,用社会主义价值观来进行利益的综合平衡是恰当的。二审判决指出,本案系由吴学占等人催逼高息借贷引发,苏银霞多次报警后吴学占等人的不法逼债行为并未收敛。案发当日,被害人杜志浩曾当着于欢之面公然以裸露下体的方式侮辱其母亲苏银霞,虽然距于欢实施防卫行为已间隔约二十分钟,但于欢捅刺杜志浩等人时难免不带有报复杜志浩辱母的情绪,在刑罚裁量上应当作为对于欢有利的情节重点考虑。杜志浩的辱母行为严重违法、亵渎人伦,应当受到惩罚和谴责,但于欢在实施防卫行为时致一人死亡、二人重伤、一人轻伤,且其中一重伤者系于欢持刀从背部捅刺,防卫明显过当。于欢及其母亲苏银霞的人身自由和人格尊严应当受到法律保护,但于欢的防卫行为超出法律所容许的限度,依法也应当承担刑事责任。认定于欢行为属于防卫过当,构成故意伤害罪,既是严格司法的要求,也符合人民群众的公平正义观念。在这份判决中,通过还原案件事实,运用法律对于欢的行为进行了实事求是的分析:于欢实施防卫行为距辱母行为实施已间隔约二十分钟,于欢捅刺杜志浩等人时难免不带有报复杜志浩辱母的情绪,于欢在实施防卫行为时致一人死亡、二人重伤、一人轻伤,且其中一重伤者系于欢持刀从背部捅刺,故其行为构成故意伤害罪;另一方面,引入道德评价:"杜志浩的辱母行为严重违法、亵渎人伦,应当受到惩罚和谴责,"从而为于欢实施正当防卫奠定了道德基础,即于欢是在其母受到严重侮辱的情况下,于欢为维护其母亲人身自由和人格

---

① https://zhuanlan.zhihu.com/p/536753166.

尊严的情况下实施的,应该受到法律的保护。通过两方面的分析,最终认定于欢行为属于防卫过当,构成故意伤害罪,从而兼顾了情与法、法与理之间的关系,取得了较好的效果。

第三类:新类型案件,需要通过深入阐释从而树立新的价值导向的案件。部分案件虽然法律有明确的规定,但实践中运用较少,群众知悉度低,需要运用社会主义价值观深入阐释法律规定的目的和意义,从而引导社会形成正确价值导向。以"辣笔小球"侵害英雄烈士名誉、荣誉案为例。2021年2月19日上午,被告人仇子明在卫国戍边官兵誓死捍卫国土的英雄事迹报道后,为博取眼球,获得更多关注,在其住处使用其新浪微博账户"辣笔小球"(粉丝数250余万)先后于10时29分、10时46分发布两条微博,歪曲卫国戍边官兵的英雄精神,侵害英雄烈士名誉、荣誉。上述微博在网络上迅速扩散,引发公众强烈愤慨,造成恶劣社会影响。2月25日,公安机关以涉嫌寻衅滋事罪提请检察机关对仇子明逮捕。3月1日,《中华人民共和国刑法修正案(十一)》施行,南京市建邺区检察院依法以涉嫌侵害英雄烈士名誉、荣誉罪对仇子明批准逮捕。5月31日,江苏省南京市建邺区检察院提起公诉的全国首例侵害英雄烈士名誉、荣誉案及刑事附带民事公益诉讼案,在建邺区法院开庭审理。法院以侵害英雄烈士名誉、荣誉罪当庭判处被告人仇子明有期徒刑八个月,并责令其自判决生效之日起十日内通过国内主要门户网站及全国性媒体公开赔礼道歉,消除影响。本案系《刑法修正案(十一)》实施后,全国首例以侵害英雄烈士名誉、荣誉罪定罪处罚的案件。有评论指出,英雄烈士的事迹和精神是中国精神的重要体现,身处繁荣昌盛时代的我们更应该铭记和弘扬英雄烈士精神,诋毁、贬损英雄烈士名誉、荣誉的行为侵害了社会公众的历史记忆、共同情感和民族精神以及由此组成的社会主义核心价值观,社会影响极其恶劣,必须受到法律的制裁。人民法院以本罪对"辣笔小球"仇子明进行定罪处罚,向社会传递了"英烈不容诋毁、法律不容挑衅"的强烈信号,不仅是对法律的贯彻,同时也是很好的普法宣传,对社会法治意识的建构具有重要引领作用。

有论者指出:考虑到司法裁判要受法律拘束的基本教义立场,妥善在司法过程中注入或安置社会公共道德需要遵循一些方法上的操作规程和限制,尤其避免实践中诸种滥用社会公共道德的情形,唯有如此才能兼顾依法裁判与个案正义的统一。[①]一方面,刑事审判与社会主义核心价值观在本质上具有统一性,因此正确定罪量刑离不开社会主义核心价值观的指引,而正确的定罪量刑本身就反映了正确的价值观导向;另一方面,基于刑事审判的特殊性,在刑事审判中运用社会主义核心价值观也应慎重选择导向路径,当前尤其应避免以下两种倾向:

一是社会主义核心价值观具有整体性,不能人为割裂,更不能以一种价值观对抗另一种价值观。中共中央办公厅印发的《关于培育和践行社会主义核心价值观的意见》指出,社会主义核心价值观是社会主义核心价值体系的内核,体现社会主义核心价值体系的根本性质和基本特征,反映社会主义核心价值体系的丰富内涵和实践要求,是社会主义核心价值体系的高度凝练和集中表达。因此社会主义核心价值观具有根本性、原则性、体系性的特征,体现了社会主义整体价值追求。虽然社会主义核心价值观区分为三个层面:富强、民主、文明、和谐是国家层面的价值目标,自由、平等、公正、法治是社会层面的价值取向,爱国、敬业、诚信、友善是公民个人层面的价值准则,但是三个层面是相辅相成、有机统一的,具有本质的共同性和目标的统一性,共同组成了社会主义核心价值观体系。"从逻辑关系上来讲,三个层面都是围绕着实现人的全面发展而展开的,揭示了个人与国家、社会的关系,体现了实现美好生活目标的具体路径。"[②]

---

① 雷磊:《法律方法、法的安定性与法治》,载《法学家》2015 年第 4 期。

② 杨建文:《让司法更有温度——推进社会主义核心价值观融入裁判文书说理的时代要求和养成之道》,载 2022 年 7 月 1 日《人民法院报》。

"不同的价值之间不可通约,没有任何一个通用的标准可以衡量不同价值的重要性,各种价值在抽象意义上并没有绝对的优劣关系,这就排除了存在一种绝对的优先次序的可能。"①因此,在刑事审判中贯彻社会主义核心价值观应该将其作为一个整体来理解,不能人为割裂,不能认为国家层面的价值目标一定高于社会和个人层面的价值目标,也不能用不同层面的核心价值观相互否定。正确的做法是,将社会主义核心价值观整体作为最高的价值遵循,当个人和集体、局部和全局、短期和长远价值发生冲突时,指导我们做出选择和判断。

以最高人民法院指导案例 97 号王力军非法经营案为例。内蒙古自治区巴彦淖尔市临河区人民法院经审理认为,2014 年 11 月至 2015 年 1 月期间,被告人王力军未办理粮食收购许可证,未经工商行政管理机关核准登记并颁发营业执照,擅自在临河区白脑包镇附近村组无证照违规收购玉米,将所收购的玉米卖给巴彦淖尔市粮油公司杭锦后旗蛮会分库,非法经营数额 218288.6 元,非法获利 6000 元。案发后,被告人王力军主动退缴非法获利 6000 元。2015 年 3 月 27 日,被告人王力军主动到巴彦淖尔市临河区公安局经侦大队投案自首。原审法院认为,被告人王力军违反国家法律和行政法规规定,未经粮食主管部门许可及工商行政管理机关核准登记并颁发营业执照,非法收购玉米,非法经营数额 218288.6 元,数额较大,其行为构成非法经营罪。鉴于被告人王力军案发后主动到公安机关投案自首,主动退缴全部违法所得,有悔罪表现,对其适用缓刑确实不致再危害社会,决定对被告人王力军依法从轻处罚并适用缓刑。宣判后,王力军未上诉,检察机关未抗诉,判决发生法律效力。最高人民法院于 2016 年 12 月 16 日作出(2016)最高法刑监 6 号再审决定,指令内蒙古自治区巴彦淖尔市中级人民法院对本案进行再审。再审中,原审被

---

① 孙海波:《裁判运用社会公共道德释法说理的方法论》,载《中国应用法学》2022 年第 2 期。

告人王力军及检辩双方对原审判决认定的事实无异议,再审查明的事实与原审判决认定的事实一致。内蒙古自治区巴彦淖尔市人民检察院认为,原审被告人王力军的行为虽具有行政违法性,但不具有与《刑法》第225条规定的非法经营行为相当的社会危害性和刑事处罚必要性,不构成非法经营罪,建议再审依法改判。原审被告人王力军在庭审中对原审认定的事实及证据无异议,但认为其行为不构成非法经营罪。辩护人提出了原审被告人王力军无证收购玉米的行为,不具有社会危害性、刑事违法性和应受惩罚性,不符合刑法规定的非法经营罪的构成要件,也不符合刑法谦抑性原则,应宣告原审被告人王力军无罪。内蒙古自治区巴彦淖尔市中级人民法院于2017年2月14日作出(2017)内08刑再1号刑事判决认为,原判决认定的原审被告人王力军于2014年11月至2015年1月期间,没有办理粮食收购许可证及工商营业执照买卖玉米的事实清楚,其行为违反了当时的国家粮食流通管理有关规定,但尚未达到严重扰乱市场秩序的危害程度,不具备与《刑法》第225条规定的非法经营罪相当的社会危害性、刑事违法性和刑事处罚必要性,不构成非法经营罪。原审判决认定王力军构成非法经营罪适用法律错误。据此撤销原判决,宣告王力军无罪。在基本事实相同的情况下,原审判决和再审判决作出了截然不同的判断,其中司法机关价值观的转变无疑是其中一个重要因素。一方面,王力军无证收粮的行为扰乱了粮食正常流通秩序;另一方面,王力军作为农民个体,将从散户手中收购的玉米陆续卖到当地粮库和淀粉厂,无论对消费者还是粮农,都有所裨益,客观上对粮食市场并无害处,反而有益。最高人民法院在反复权衡两种利益的冲突,认定王力军的行为不构成犯罪。正如最高人民法院院长周强在2017年的全国两会上向十二届全国人大五次会议作最高法工作报告指出的,内蒙古法院依法再审改判王力军无证收购玉米无罪,保障广大农民放心从事粮食收购,促进农产品流通。显然,最高人民法院是站在更高层面上对王力军行为的性质作出了价值评判。

二是要防止将社会主义核心价值观"矮化"。中共中央办公厅《关于培育和践行社会主义核心价值观的意见》指出,社会主义核心价值观是社会主义核心价值体系的高度凝练和集中表达。因此社会主义核心价值观在整个价值观体系中居于最高地位。从位阶顺序上来说,在我国,核心价值观高于政策,政策的制定必须以核心价值观为指导,贯彻核心价值观的要求。而政策又指引法律的制定。政策是法律的核心内容,党通过把自己的政策制定为法律,上升为国家意志,从而实现对国家的治理。法律在实施过程中又产生了各种具体原则和方法。法律原则和方法要在社会主义核心价值观的指引下运行,而法律原则和方法运行的结果要体现社会主义核心价值观。因此,不能将社会主义核心价值观等同于一般的法律原则和方法,否则就容易将社会主义核心价值观"矮化"。基于上述认知,笔者认为以下两类案件一般不需要直接运用社会主义核心价值观作为判决理据:

第一类是法律规定已经非常明确,理论、实践和社会观念均不存在争议的案件。比如普通盗窃罪侵犯了公民的合法财产权益,对法治秩序构成了破坏,但一般公民对此存在充分的认知,对实施盗窃行为并达到法定标准的人以盗窃罪定罪处罚,即意味着对行为人否定性评价和道义上的谴责,社会公众对此充分理解并完全赞同,此时就无需再以核心价值观作为说理论据。例如,在一起寻衅滋事罪的刑事判决书中,其说理部分的表述为:被告人毁损财物的行为,情节严重,其背离了"自由、平等、公正、法治;诚信、友善……的社会主义核心价值观",依法构成寻衅滋事罪。姑且不论其引用的社会主义核心价值观是否正确,单就此类案件而言,无需再引用社会主义核心价值观作为裁判依据。"应指出的是,并不是在任何时候都须关照社会公共道德,只有当既有法源不敷需要或存在实质性道德缺陷时,才有必要引入社会公共道德进行价值协调和补充。否则的话,在简单案件中,如果任凭法官动辄援引公共道德来解读甚至改变法律,那么滥用自由裁量权的结果会适得其反,最终会促使法官走向一种背弃依法裁判立场的境地。"①但是需要指出的是,小案件有时并不一定是简单案件,小案件中也可能蕴含着大道理,因此即使在小案件中,如果产生了价值观冲突,也可以考虑运用社会主义核心价值观进行说理。比如同样是盗窃案件,北京的"天价葡萄"案就曾引发社会的广泛关注。2003 年 8 月 7 日凌晨,4 名农民工翻墙进入北京市农林科学院林业果树研究所内,在葡萄研究园内窃得一编织袋葡萄,返回途中被警方抓获。后经警方了解,该 4 名男子偷来的 47 斤科研用葡萄是北京农林科学院林业果树研究所葡萄研究园投资 40 万元、历经 10 年培育研制的科研新品种。4 位农民工的盗窃行为令其中的 20 余株试验链中断,损失无法估量。后北京市物价局价格认证中心对被偷的葡萄进行评估,涉案的 23.5 公斤葡萄直接经济损失为 11220 元。该葡萄一时被人们称为"天价"。此案案发后引起全国各大媒体的关注,《北京晚报》《北京日报》《法制日报》《检察日报》《人民法院报》《新京报》等纷纷予以报道。在这个案件中,4 名农民工处于社会底层,从他们的社会地位和所受教育状况而言,他们不可能认知到其行为能够造成如此大的经济损失,但他们的贪吃和无知也确实造成了直接和间接的巨大损失。有关评论指出"相对于人的自由而言,任何葡萄的价值都是次要的,再金贵的葡萄也不能凌驾于人的自由之上,再贵重的葡萄也不能和几位农民工长达半年的自由相比"。②虽然本案最后以检察机关决定不起诉而结束,但如果此案诉诸法院,采用社会主义核心价值观进行综合评判,应该是一种合理的路径选择。

第二类是本身就带有强烈道德色彩的犯罪。这类犯罪大多存在于妨

①　杨知文:《把社会主义核心价值观融入指导性案例的理据与方法》,载《中共中央党校(国家行政学院)学报》第 25 卷第 6 期。

②　康劲:《警惕葡萄案背后的强势话语权》,载 5 月 31 日《中国青年报》。

害公民人身权利、民主权利犯罪和侵犯财产犯罪以及部分妨害社会管理秩序犯罪中。比如,聚众淫乱罪,盗窃、侮辱、故意毁坏尸体、尸骨、骨灰罪等。以聚众淫乱罪为例,"本罪侵犯的客体是社会公共秩序和社会风化。男女多人自愿在一起性交或者进行性变态的行为,严重败坏了社会风气,是一种蔑视社会道德、伤风败俗的犯罪行为"。①行为人的行为构成聚众淫乱罪,从犯罪构成的角度,就已经侵犯了社会主义道德风化,再以社会主义核心价值观作为判决依据,实际上是对犯罪客体的重复。实际上属于"将社会主义核心价值观与其他法源复合适用,共同构造裁判依据,变相作为正式法律渊源"。②故一般情况下对此类案件也无需再引用社会主义核心价值观进行评判。

刑事审判的目的与社会主义核心价值观具有高度统一性,将社会主义核心价值观融入刑事审判是刑事审判国家性、人民性的本质要求。"现代法治语境中的司法裁决,决不能单纯寄望于国家强制力的维护,还应当寻求高度的说服力,这促使法官提供更可接受的标准,以阐释裁判结论的正义性。"③而将社会主义核心价值观融入刑事审判的路径选择既有原则性,又有灵活性,判定的唯一标准就是适用的效果能否真正做到兼顾国法、天理、人情,实现刑事审判"惩恶扬善"的价值功能。

---

① 周道鸾、张军主编:《刑法罪名精释(第四版)》(下),人民法院出版社 2013 年版,第 715 页。

② 刘峥:《论社会主义核心价值观融入裁判文书释法说理的理论基础和完善路径》,载《中国应用法学》2022 年第 2 期。

③ 资琳:《疑难案件裁判的理论与方法——我国法理学的司法应用》,法律出版社 2018 年版,第 30 页。

后　记

　　2000 年我从校园毕业后进入法院，几乎一直从事刑事审判工作。慢慢地我发现，学校中所学的理论与司法实践中遇到的问题之间存在差异。我开始思考为什么会产生这种差异，并逐渐意识到，从理论到实践或许需要一种方法，也就是一座将理论和实践连接起来的桥梁。工作十四年之后，2014 年我又再次踏入校园攻读刑法学博士，师从我国著名刑法学家刘宪权教授。我将学术上的困惑与刘老师进行交流，得到了刘老师的指导，并将《定罪方法导论》作为自己博士论文的选题。写作之初，我并没有意识到这个问题的宏大与困难。方法论与本体理论既有联系又有区别。方法论必须建筑在本体理论之上，但是方法论又有自己独特的体系与架构。写作的过程艰难而又曲折，几次甚至都想半途而废，刘老师精心的指导、同学们热情的帮助，使我最终完成了论文的写作并顺利通过了答辩。博士毕业后，我感到一些问题仍然没有想清楚、弄明白，所以一边工作一边继续思考，不断从实践中寻找方案并最终形成了本书。由于本书涉及的内容极广，加之自己能力水平有限，很多方面都没有进行深入的理论阐述，只是把自己作为一名司法工作者二十多年对一些问题的一些观点、想法提出来，结合实际案例，供大家讨论。本书初稿完成后，上海交通大学凯原法学院的于改之教授进行了细致的审阅,提出了很多中肯的意见,甚至是逐字逐句地修改,使我非常感动。二十年弹指一挥间,历尽千帆,归来仍然是少年。本书的完成,也算是自己二十多年刑事审判工作的一份总结吧。

图书在版编目(CIP)数据

定罪方法导论 / 徐世亮著. -- 上海 : 上海人民出
版社, 2025. -- ISBN 978-7-208-19346-8

Ⅰ. D924.134

中国国家版本馆 CIP 数据核字第 20251AU917 号

责任编辑　冯　静
封面设计　一本好书

定罪方法导论

徐世亮　著

出　　版	上海人民出版社	
	(201101　上海市闵行区号景路 159 弄 C 座)	
发　　行	上海人民出版社发行中心	
印　　刷	江阴市机关印刷服务有限公司	
开　　本	720×1000　1/16	
印　　张	17.5	
插　　页	5	
字　　数	221,000	
版　　次	2025 年 2 月第 1 版	
印　　次	2025 年 2 月第 1 次印刷	

ISBN 978 - 7 - 208 - 19346 - 8/D・4455

定　　价　98.00 元